财政引导基金协同风险投资提升创业质量的机理与对策研究

Research on the Mechanism and Countermeasures of Government Guiding Funds Cooperating with Venture Capital to Improve Entrepreneurship Quality

吴 斌 著

东南大学出版社
SOUTHEAST UNIVERSITY PRESS
·南京·

图书在版编目(CIP)数据

财政引导基金协同风险投资提升创业质量的机理与对策研究 / 吴斌著. -- 南京：东南大学出版社，2025.
2. -- ISBN 978-7-5766-1277-6

Ⅰ. F832.2；F832.48；F249.214

中国国家版本馆 CIP 数据核字第 2025PS1834 号

○ 国家社会科学基金一般项目（项目号：16BJY154）
○ 江苏省"双一流"建设补助经费——学术影响力提升计划（项目号：4314002111）

财政引导基金协同风险投资提升创业质量的机理与对策研究
Caizheng Yindao Jijin Xietong Fengxian Touzi Tisheng Chuangye Zhiliang De Jili Yu Duice Yanjiu

著　　者：	吴　斌
出版发行：	东南大学出版社
社　　址：	南京四牌楼 2 号　邮编：210096　电话：025-83793330
网　　址：	http://www.seupress.com
电子邮件：	press@seupress.com
出 版 人：	白云飞
经　　销：	全国各地新华书店
印　　刷：	广东虎彩云印刷有限公司
开　　本：	700 mm×1000 mm　1/16
印　　张：	16
字　　数：	314 千字
版　　次：	2025 年 2 月第 1 版
印　　次：	2025 年 2 月第 1 次印刷
书　　号：	ISBN 978-7-5766-1277-6
定　　价：	68.00 元

本社图书若有印装质量问题，请直接与营销部联系。电话(传真)：025-83791830

责任编辑：刘庆楚　责任校对：子雪莲　封面设计：毕真　责任印制：周荣虎

前　言

在中国,政府先后颁布实施的《创业投资企业管理暂行办法》和《关于创业投资引导基金规范设立与运作的指导意见》对推动创业发展起到了积极的作用。政府设立财政引导基金的初衷是弥补创业活动的资本缺口、促进风险投资发展。与此同时,包括 Research Policy 等期刊开始关注中国政府财政引导基金领域的研究。因此,无论是基于提高财政引导基金的运作效率还是促进风险投资与创业发展的内在需求,以及如何处理财政引导基金与风险投资、创业的关系,如何协同财政引导基金与风险投资提升创业质量,将是政府财政与创业管理部门、理论界与实务界的工作重点之一。

基于科学的理论基础构建财政引导基金与风险投资的协同模式成为当前亟待解决的问题：

(1) 支持创业尤其是高科技创业以促进产业转型升级带动区域经济可持续发展,被认为是国内财政引导基金的核心诉求；而风险投资机构不仅在资金支持方面,而且其专业化管理增值服务能够有效提升创业质量也成为普遍共识。因此,共同的使命与愿景导致财政引导基金与风险投资间具有逻辑联系的必然,并成为财政引导基金与风险投资协同的驱动力。

(2) 基于财政引导基金职能定位以及提升创业质量等动因,创业者普遍对政府扶持与职业风险投资机构从资金与管理等维度的有效支持具有更高的期盼。

(3) 研究显示,美国、欧盟等发达国家,正是由于具有财政引导特征的政府风险投资(Government Venture Capitalist,GVC)基金和风险投资之间具有互补特征,使得 GVC 与风险投资的有效协同对创业尤其是初创期高科技企业的成长发挥了重要的作用,并因此形成了美国小企业投资公司(Small Business Investment Corporation,SBIC)计划、以色列 YOZMA 基金等为代表的较为成功的发展模式。日臻完善的政府风险投资基金与风险投资的有效协同被认为是成就国外创业型知识经济社会的重要引擎,这一因素诱导并驱动了社会对协同的认同与共识的内在需求。

(4) 我国政府设立并运作的国内创业引导基金呈现出蓬勃发展态势。根据投中研究院统计,2007—2008年中央及地方新成立财政引导基金33只,基金规模接近200亿元,2018年到2020年6月期间全国共设立财政引导基金220只,基金总规模超过5 784亿元。然而,无论是对照西方发达国家的成功实践,还是中国政府的政策预期,当前存在的主要问题为：

其一,相当数量的财政引导基金与风险投资并没有投向创业项目或者是成长型企业,存在以追求短期盈利为目的、投资产业趋同的问题,加剧了产业同构。

其二,财政引导基金吸引包括风险投资在内的民间资本的拉动杠杆效应不显著,资金的使用效率并不高,偏离了引导基金的预期目标。

其三,理论界和实务界在财政引导基金与风险投资的协同机理、可行性与实施有效协同的路径等方面存在不同程度的认知差异,直接制约了创业的发展。

与国内蓬勃发展的财政引导基金及风险投资现实相比,相对滞后的理论研究凸显了对这一课题探讨的价值。因此,基于财政引导基金与风险投资协同现状评价,探讨财政引导基金协同风险投资支持创业的机理与对策有其必要性和紧迫性。

(5) 研究的机会：深入研究财政引导基金与风险投资协同机理,以及提升国内创业质量应对策略。

在国内,虽然对财政引导基金与风险投资支持创业的理论研究及改革对策已有所考察,但就财政引导基金与风险投资协同的内在机理,以及基于外部环境与内部资源互补性视角对协同的必要性与可行性的评价,并由此寻求有效对策仍有研究空间。本书将"财政引导基金协同风险投资支持创业：机理、实证与对策"作为研究对象,既是考虑到对当前国内研究的弥补,也是出于对现行的财政引导基金政策重投入轻管理,以及设计有效激励契约引导与集聚社会风险投资形成合力发展创业,发挥财政资金的杠杆效应的相关制度安排还有待完善的考虑。结合演化博弈与复杂网络方法,基于战略管理与合作联盟视角,由企业层次研究向具有公共财政性质的财政(政府)引导基金(LVC)领域延伸是一个值得深入探讨的课题。

(1) 为探究财政引导基金协同风险投资支持创业的内在机理,建立合作博弈模型分析激励不当、监管缺失滋生的逆向选择、道德风险及负效应,基于合作博弈以及复杂网络等方法,考察其对风险投资方、创业者努力水平、合谋倾向的影响,从而阐释提高 LVC 使用效果与效率的激励特征(产生条件和可能结果),为提炼出有效指导实践的对策奠定基础。

(2)基于机会主义视角,已有文献对风险投资进行了理论与实证研究,"脱实向虚"对经济高质量发展的负面影响引起了实务界的关注,对"脱实向虚"动因和后果的理论研究也成了学术界的热点。本书以 2015—2019 年 A 股制造业公司为研究对象,基于风险投资的视角探讨其可能对上市公司"脱实向虚"行为产生的影响。

(3)基于项目的筛选、资金投入、风险共担的预期,引导基金选择联合投资已成为一项重要的管理策略,而有效的资源与能力互补则是决定能否产生协同效应的决定因素。基于风险投资声誉视角的实证考察,利用中国 A 股市场财政引导基金联合风险投资的上市公司的样本实证检验发现,相比较与低声誉风险投资的合作,引导基金与高声誉风险投资合作绩效更优。

(4)选择 2010—2018 年在中小板和创业板 IPO 的企业为样本,通过 SFA 方法测度企业创新效率,从政治背景、政治层级、产权性质、地方债水平等维度,研究财政引导基金与企业创新效率之间的相关性,对其影响机制进行讨论。此外,从投后管理角度进一步讨论了财政引导基金控制权的门槛效应问题。

(5)基于长三角等地的统计和调查数据,利用 PLS 模型对影响协同效应的外部环境与内部因素进行调查实证,从中梳理出激励与约束要素并对其与创业质量的相关性进行计量分析。

(6)以长三角为例,基于外部环境与内部资源互补性视角评价协同的必要性与可行性,围绕动力、引领、运作、退出流程机制从政策、制度上有针对性地提出解决方案,寻求政府创业引导基金协同风险投资发展路径与对策。如果本书的研究对于上述问题的探讨是正确的,笔者希望能够借此对丰富激励理论在政府引导基金联合风险投资提升创业质量有一定的帮助。

目 录

第一章 绪论 ·· 1
  1.1 选题背景 ··· 1
  1.2 研究的需求与意义 ·· 3
    1.2.1 研究的需求 ·· 3
    1.2.2 理论意义 ··· 5
    1.2.3 现实意义 ··· 5
  1.3 研究的目的、方法 ·· 7
    1.3.1 研究目的 ··· 7
    1.3.2 拟解决的关键科学问题 ······································ 8
    1.3.3 研究思路与方法 ··· 8
  1.4 核心概念、核心观点与研究逻辑 ··································· 9
    1.4.1 核心概念的界定 ··· 9
    1.4.2 核心观点 ··· 9
    1.4.3 研究思路 ··· 9
  1.5 研究内容与创新 ··· 10
    1.5.1 机理分析 ··· 10
    1.5.2 实证考察 ··· 11
    1.5.3 对策研究 ··· 11
    1.5.4 各章内容 ··· 12
    1.5.5 可能的创新 ·· 14

第二章 文献综述 ··· 16
  2.1 关于财政引导基金的研究 ·· 16
    2.1.1 财政引导基金管理运作模式研究 ······················· 17
    2.1.2 财政引导基金绩效评价体系研究 ······················· 18
    2.1.3 财政引导基金效应研究 ··································· 19
  2.2 关于风险投资的研究 ·· 21

2.2.1　联合风险投资研究 ………………………………… 21
　　2.2.2　政府背景风险投资研究 ……………………………… 22
2.3　关于创业质量的研究 …………………………………………… 24
　　2.3.1　风险投资参与对被投资企业或创业创新的影响 ………… 25
　　2.3.2　财政背景的基金参与对被投资企业或创业创新的影响 …… 27
2.4　文献述评 ………………………………………………………… 30

第三章　国内财政引导基金、风险投资与创业质量的相关政策
　　　　——发展沿革与述评 …………………………………… 32
3.1　财政引导基金政策回顾 ………………………………………… 32
　　3.1.1　起步阶段(2002—2005年) …………………………… 32
　　3.1.2　探索阶段(2006—2010年) …………………………… 33
　　3.1.3　蓬勃发展阶段(2011—2016年) ……………………… 36
　　3.1.4　规范化与强监管发展阶段(2017—2020年) ………… 37
3.2　国内风险投资管理政策发展沿革 ……………………………… 40
　　3.2.1　探索阶段(1985—1996年)及其特征 ………………… 40
　　3.2.2　起步阶段(1997—2000年)及其特征 ………………… 42
　　3.2.3　风险投资业的调整阶段(2001—2003年)及其特征 … 44
　　3.2.4　高速发展与成熟阶段(2004—2010年)及其特征 …… 45
　　3.2.5　密集出台政策与风险投资发展的盘整阶段(2011—2013年)
　　　　　及其特征 ………………………………………………… 46
　　3.2.6　复苏阶段(2014年至今)及其特征 …………………… 49
3.3　政策述评 ………………………………………………………… 50

第四章　财政引导基金、风险投资与创业者合作博弈模型 ………… 52
4.1　引言 ……………………………………………………………… 52
4.2　基本假设与博弈分析框架 ……………………………………… 54
　　4.2.1　基本假设 ……………………………………………… 54
　　4.2.2　博弈分析框架 ………………………………………… 55
　　4.2.3　约束条件 ……………………………………………… 56
4.3　博弈模型 ………………………………………………………… 57
　　4.3.1　变量设定 ……………………………………………… 57
　　4.3.2　博弈规则 ……………………………………………… 58

		4.3.3	效用函数	59
		4.3.4	模型的求解与讨论	60
	4.4	结论		64

第五章 财政引导基金、风险投资与创业者联合的激励契约模型
——基于控制权安排的机理分析 …… 66

	5.1	引言		66
	5.2	变量设定		68
		5.2.1	联合风险投资参与方	68
		5.2.2	VC_1、VC_2 和 EN 努力水平	68
		5.2.3	努力成本	68
		5.2.4	项目质量的自然状态 θ	69
		5.2.5	项目价值	69
		5.2.6	VC_1、VC_2、EN 投入的资金比重	69
		5.2.7	控制权及股权溢价	70
	5.3	数学模型		70
		5.3.1	第一阶段	70
		5.3.2	第二阶段	71
	5.4	数值分析		74
	5.5	结论		77

第六章 复杂网络下财政引导基金引导的机理——理论模型与仿真 …… 79

	6.1	经济物理学的引入		79
	6.2	模型构建		81
		6.2.1	信息传播模型	81
		6.2.2	网络构建	84
		6.2.3	政府财政引导基金	85
		6.2.4	创业质量	85
		6.2.5	创业者	86
		6.2.6	决策模型	87
	6.3	模型仿真结果与分析		88
		6.3.1	模型参数设定	88
		6.3.2	模型情景模拟	89

6.4 研究结论 ·········· 97

第七章 风险投资参与是否影响企业"脱实向虚"？——基于国内资本市场的经验证据 ·········· 98

7.1 引言 ·········· 98
7.2 文献回顾 ·········· 100
    7.2.1 微观企业"脱实向虚"动机的研究 ·········· 100
    7.2.2 风险投资参与对企业产生何种影响的研究 ·········· 101
7.3 理论演绎与假设提出 ·········· 102
    7.3.1 实业企业"初心"难守 ·········· 102
    7.3.2 风险投资推波助澜 ·········· 104
    7.3.3 产权性质的差异对风险投资驱动企业"脱实向虚"的影响 ·········· 105
    7.3.4 市场竞争程度对风险投资驱动企业"脱实向虚"的影响 ·········· 106
7.4 研究设计 ·········· 107
    7.4.1 样本选取和数据来源 ·········· 107
    7.4.2 研究模型与变量定义 ·········· 107
7.5 实证结果与分析 ·········· 110
    7.5.1 变量描述性统计 ·········· 110
    7.5.2 风险投资持股比例与企业"脱实向虚"关系的检验 ·········· 111
    7.5.3 产权性质的差异对风险投资驱动企业"脱实向虚"的检验 ·········· 111
    7.5.4 市场竞争程度调节效应的检验 ·········· 112
7.6 进一步研究 ·········· 113
    7.6.1 CEO 技术背景 ·········· 114
    7.6.2 CEO 任职期限 ·········· 115
    7.6.3 CEO 教育水平 ·········· 116
    7.6.4 CEO 海外背景 ·········· 117
    7.6.5 CEO 贫困经历 ·········· 118
7.7 稳健性检验 ·········· 120
    7.7.1 变更衡量指标 ·········· 120
    7.7.2 子样本分析 ·········· 122
    7.7.3 解释变量滞后一期 ·········· 123

7.7.4　按照风险投资持股比例的大小进行分组回归分析 ……… 125
　　7.7.5　考虑遗漏变量问题 …………………………………… 126
　　7.7.6　在公司和年度层面对标准误进行双重聚类调整 ……… 128
7.8　本章结论 …………………………………………………… 128

第八章　财政引导基金联合风险投资形成了协同效应吗？
　　　　——基于风险投资声誉视角的实证考察 ……………… 130
8.1　理论分析与假设的提出 …………………………………… 131
　　8.1.1　财政引导基金联合风险投资能否形成协同效应 ……… 131
　　8.1.2　基于地区差异视角的协同效应的分析 ………………… 133
8.2　变量选择与研究设计 ……………………………………… 134
　　8.2.1　样本选取 ………………………………………………… 134
　　8.2.2　变量选取 ………………………………………………… 134
　　8.2.3　研究设计 ………………………………………………… 138
8.3　实证结果 …………………………………………………… 139
　　8.3.1　描述性统计 ……………………………………………… 139
　　8.3.2　实证检验 ………………………………………………… 140
　　8.3.3　稳健性检验 ……………………………………………… 143
8.4　结论与启示 ………………………………………………… 145
　　8.4.1　研究结论 ………………………………………………… 145
　　8.4.2　研究启示 ………………………………………………… 145

第九章　财政引导基金及其层级联合风险投资对企业创新效率的影响的实证检验 …………………………………………… 147
9.1　理论分析与假设的提出 …………………………………… 148
　　9.1.1　财政引导基金对企业创新效率的影响 ………………… 148
　　9.1.2　财政引导基金对不同产权性质企业创新效率的影响 …… 149
　　9.1.3　不同层级的财政引导基金对企业创新效率的影响 …… 151
　　9.1.4　地方债水平对不同层级财政引导基金与企业创新效率关系的影响 ………………………………………………… 153
9.2　研究设计 …………………………………………………… 155
　　9.2.1　样本选择和数据来源 …………………………………… 155
　　9.2.2　变量选择 ………………………………………………… 159
　　9.2.3　模型构建 ………………………………………………… 162

  9.3 实证检验 ·· 164
    9.3.1 描述性统计 ·· 164
    9.3.2 相关性检验 ·· 167
    9.3.3 随机前沿分析 ·· 170
    9.3.4 实证结果 ·· 170
    9.3.5 进一步研究：投后管理视角 ···································· 177
    9.3.6 稳健性检验 ·· 182
  9.4 研究结论 ·· 188

第十章　财政引导基金联合风险投资对创业质量的影响
    ——基于 PLS 模型对长三角地区成功创业者的实证调研 ········· 190
  10.1 理论分析与假设的提出 ·· 190
    10.1.1 财务支持 ··· 190
    10.1.2 交易流机会 ·· 192
    10.1.3 非财务资源 ·· 192
  10.2 研究设计 ·· 194
    10.2.1 相关变量的确定 ··· 194
    10.2.2 数据来源 ··· 196
  10.3 实证分析测量模型分析 ·· 197
    10.3.1 信度与效度分析 ··· 197
    10.3.2 结构模型分析 ·· 198
  10.4 实证结果及启示 ·· 200
    10.4.1 实证结果 ··· 200
    10.4.2 结论与启示 ·· 201

第十一章　财政引导基金协同风险投资提升创业质量对策
    ——基于江苏的实地研究 ··· 203
  11.1 专家问卷调查：对制约江苏财政引导基金发展的因素进行初步
     判断 ·· 204
  11.2 财政引导基金发展制约因素的实证调查 ··························· 204
  11.3 实证调查结论 ·· 206
    11.3.1 基于 GPEST（地理、政策、经济、社会、科技）分析 ········ 206
    11.3.2 基于江苏区域特征的分析 ··································· 206
  11.4 基于江苏调查分析的政策建议 ······································· 208

  11.4.1 基于制度设计等战略视角的管理建议 …………………… 208
  11.4.2 执行视角的管理建议 ……………………………………… 212
 11.5 结论 ……………………………………………………………… 213

第十二章 结论与建议 ……………………………………………… 215
 12.1 研究结论 ………………………………………………………… 215
  12.1.1 机理分析结论 ……………………………………………… 215
  12.1.2 实证结论 …………………………………………………… 216
  12.1.3 对策研究结论 ……………………………………………… 218
 12.2 政策建议 ………………………………………………………… 219
 12.3 研究局限 ………………………………………………………… 222
 12.4 后续研究展望 …………………………………………………… 222

参考文献 ………………………………………………………………… 224

第一章

绪 论

1.1 选题背景

在国外,政府风险投资基金的主要目标是扶持新兴产业的发展。不仅如此,研究表明,政府风险投资基金还具有有效的信息传递功能,即包括风险投资在内的社会资本投资者会因为政府风险投资基金的投入而加入政府支持的创业项目中,从而实现政府风险投资基金的引导作用,并促进地区经济发展[1]。在国内,以财政为主体出资建立的政府风险投资基金更强调其引导功能,对已经出台的中央与地方有关财政引导基金政策法规(表1-1)以及发展实践的梳理表明:目前,国内大部分财政引导基金将引导社会资本支持科技型中小企业自主创新,着力改善创业融资环境作为基本定位。

以江苏省为例,2007年底,江苏省财政厅与科学技术厅联合设立了江苏省科技型中小企业创业投资引导基金,并随后发布了《江苏省科技型中小企业创业投资引导资金管理暂行办法》及《江苏省科技型中小企业技术创新资金管理办法》来促进科技型中小企业发展。2010年底,省财政厅、省发展改革委联合发布了《江苏省新兴产业创业投资引导基金管理办法》,决定设立江苏省新兴产业创业投资引导基金,以有效引导创业投资资金向新兴产业领域的企业投入,培育壮大战略性新兴产业规模。中国的风险投资在发展之初就带有浓厚的政治色彩,在政府扶持风险投资发展的过程中,也产生了大量财政引导基金机构,根据《中国创业投资行业发展研究报告(2017)》显示,目前我国财政引导基金在风险投资市场的占比已经超过35%。根据清科研究中心发布的《2019年中国财政引导基金发展研究报告》,截至2019年上半年,国内共设立财政引导基金1 686只。从实践看,在已成立的引导基金中,经济发达、科技创新活跃程度高的苏州、上海、北京等地运行效果好于其他地区[2]。

在中国,政府先后颁布实施的《创业投资企业管理暂行办法》和《关于创业投资引导基金规范设立与运作的指导意见》对推动创业发展起到了积极的作用。政府设立财政引导基金初衷是弥补创业活动的资本缺口、促进风险投资发展[3-4]。与此同时,包括 Research Policy 等期刊开始关注中国政府财政引导基金领域的研究[5-6]。

2015年是我国财政引导基金发展的重要时点,在这一年,财政部出台了《政府投资基金暂行管理办法》,同年国务院在1月和9月的常务会议上分别决定设立400亿元规模的"国家新兴产业创业投资引导基金"和600亿元规模的"国家中小企业发展基金"。随着国家政策的出台和两大国家级引导基金的推出,国家鼓励政府参与风险投资的态度明确,各地政府纷纷响应,积极设立财政引导基金,其数量和规模呈现出爆发式的增长,有效解决了风险投资的市场失灵问题。根据CV-Source数据库统计显示,截至2015年,我国共成立了457只财政引导基金,目标规模达12 807亿元,其中最大的单只基金为"湖北长江经济带产业基金"。该基金由湖北省政府财政出资400亿元,向社会资本募集资金1 600亿元,基金规模达到2 000亿元,撬动资金杠杆率4倍。财政引导基金自2015年以来呈现井喷式发展,据清华大学中国金融研究中心发布的《财政引导基金报告》,截至2018年10月,全国共有2 041家财政引导基金,总募资规模达3.7万亿元,募资目标规模为11.8万亿元。由此可见,政府创业基金的投入带来了民营企业和社会资本的跟随投资,风险投资机构通过发现潜力公司、引导创新活动两种方式,极大地增加了中国创新活动的投入。

因此,无论是基于提高财政引导基金的运作效率还是促进风险投资与创业发展的内在需求,以及如何处理财政引导基金与风险投资、创业的关系,如何协同财政引导基金与风险投资提升创业质量,将是政府财政与创业管理部门、理论界与实务界的工作重点之一。

由此可见,支持创新成果商业化、产业化是国内设立财政引导基金的主要目的,财政引导基金并因此而区分为创新基金和创业投资引导基金。前者是指创新型中小企业在其尚未体现商业前景之前,政府给予的直接财政资金支持。其研究的价值在于,发挥财政引导基金扶持引领作用,形成与风险投资等社会资本的协同效应是提升创业质量的战略举措。

表 1-1　中国财政引导基金相关政策法规

时间	部门	文件
1985 年	国务院	《关于科学技术体制改革的决定》
1991 年	国务院	《国家高新技术产业开发区若干政策的暂行规定》
1995 年	中国人民银行	《设立境外中国产业投资基金管理办法》
1998 年	民建中央	《关于尽快发展我国风险投资事业的提案》
1999 年	科技部等七部委	《关于建立我国风险投资机制的若干意见》
2001 年	发展计划委员会	《产业投资基金管理暂行办法》
2001 年	证监会	《关于对证券公司参与风险投资进行规范的通知》
2003 年	科技部等五部委	《外商投资创业投资企业管理规定》
2005 年	发改委	《创业投资企业管理暂行办法》
2007 年	财政部、国家税务总局	《关于促进创业投资企业发展有关税收政策的通知》
2007 年	财政部、科技部	《科技型中小企业创业引导基金管理暂行办法》
2008 年	国务院	《关于创业投资引导基金规范设立与运作的指导意见》
2010 年	财政部	《政府性基金管理暂行办法》
2015 年	财政部	《政府投资基金暂行管理办法》
2016 年	国务院	《国务院关于促进创业投资持续健康发展的若干意见》
2016 年	发改委	《政府出资产业投资基金管理暂行办法》

1.2　研究的需求与意义

1.2.1　研究的需求

（1）支持创业尤其是高科技创业以促进产业转型升级带动区域经济可持续

发展被认为是国内财政引导基金的核心诉求;而风险投资机构在资金支持方面,其专业化管理增值服务能够有效提升创业质量也得到普遍共识[7-8]。在大众创业、万众创新的时代背景下,创新是经济可持续发展的核心驱动力。中美贸易战、华为被制裁等事件也给我们敲响了警钟:在新的世界竞争格局中,传统的模仿策略和组装策略已被淘汰,坚实的自主创新能力才是保证我国在激烈的国际竞争中抓住先机、赢得主动的先决条件。风险投资可以将人才、技术、资金等创新要素有机融合,是市场经济体制下支持科技成果转化的重要资本力量。

Gebhardt 和 Schmidt 认为,风险投资的高逐利性和高风险承受性可以有效促进企业创新[9];Keschnigg 认为,风险投资机构丰富的职业经验对企业创新起促进作用[10]。王兰芳和胡悦基于不同行业和地区视角,提出风险投资可以提升企业创新绩效,且对高声誉、高网络资本的风投机构更显著[11]。目前已有大量学者研究并普遍认可了风险投资对企业创新的促进作用,然而,考虑到我国国情的特殊性,风险投资和资本市场在我国的发展均有其独特的形态和路径,使得中国风险投资呈现出不同的特征。因此,共同的使命与愿景导致财政引导基金与风险投资间具有必然的逻辑联系,并成为财政引导基金与风险投资协同的驱动力。

(2) 基于财政引导基金职能定位以及提升创业质量等动因,创业者普遍对政府扶持与职业风险投资机构从资金与管理等维度的有效支持具有更高的期盼。

(3) 研究显示,美国、欧盟等发达国家,正是由于具有财政引导特征的政府风险投资(Government Venture Capitalist,GVC)基金和风险投资之间具有互补特征,使得二者的有效协同对创业尤其是初创期高科技企业的成长发挥了重要的作用,并因此形成了以美国小企业投资公司(SBIC)计划、以色列 YOZMA 基金等为代表的较为成功的发展模式[12-14]。日臻完善的政府风险投资基金与风险投资的有效协同被认为是成就其国外创业型知识经济社会的重要引擎,这一因素诱导并驱动了社会对协同的认同与共识的内在需求。

(4) 我国政府设立并运作的国内创业引导基金呈现出蓬勃发展态势[15]。根据投中研究院统计,2007—2008 年中央及地方新成立财政引导基金 33 只,基金规模接近 200 亿元,2009 年到 2013 年 12 月期间全国共设立财政引导基金 150 只,基金总规模超过 700 亿元,至 2019 上半年,财政引导基金已经突破

1 686只。然而,无论是对照西方发达国家的成功实践,还是中国政府的政策预期,当前存在的主要问题为:

其一,相当数量的财政引导基金与风险投资并没有投向创业项目或者是成长型企业,存在以追求短期盈利为目的、投资产业趋同的问题,加剧了产业同构。

其二,财政引导基金吸引包括风险投资在内的民间资本的拉动杠杆效应不显著,资金的使用效率并不高,偏离了引导基金的预期目标[16]。

其三,理论界和实务界在财政引导基金与风险投资的协同机理、可行性与实施有效协同的路径等方面存在的不同程度的认知差异,直接制约了创业的发展。

并且,与国内蓬勃发展的财政引导基金及风险投资现实相比,相对滞后的理论研究凸显了对这一课题探讨的价值。因此,基于财政引导基金与风险投资协同现状评价,探讨财政引导基金协同风险投资支持创业的机理与对策有其必要性和紧迫性。

1.2.2 理论意义

深度探讨"财政引导基金协同风险投资支持创业的机理",并因此"实证检验"影响协同的内外因素,在理论上有贡献。

通过财政引导基金的扶持引领聚集风险投资等社会资本形成合力以提升国内创业创新质量仍然是财政、科技、金融工作的重点和难点,也是促进区域经济可持续发展战略的重要支撑。为此,亟待厘清下列理论机理的关键问题:风险投资的联合如何产生协同效应?其内在机理如何?为此,本书拟将风险投资机构联合能提升创业企业价值界定为协同效应,探索性建立静态与动态的合作博弈模型,并展开协同机理的讨论,基于物理经济学构建复杂网络下的理论模型,演绎财政引导基金引导的机理,仿真其促进高质量创业的基本运作流程。

1.2.3 现实意义

厘清与考察财政引导基金协同风险投资提升创业质量的动因,构建顶层设计政策引领与解决方案。

《中国风险投资的演化和现状(2000—2017)》中的统计数据表明,2000年至2017年间,中国风险投资机构数量从106家增加到8863家,基金数目从164只增长至19139只,年均增长率分别为29.7%、32.3%;2000年的累计投资事件为143起,2017年为46357起,年平均增长率达到了40.5%。在中国,政府先后颁布实施的《创业投资企业管理暂行办法》和《关于创业投资引导基金规范设立与运作的指导意见》对推动创业发展起到了积极的作用。政府设立财政引导基金的初衷是弥补创业活动的资本缺口、促进风险投资发展[3-4]。因此,无论是基于提高财政引导基金的运作效率还是促进风险投资与创业发展的内在需求,以及如何处理财政引导基金与风险投资、创业的关系,如何协同财政引导基金与风险投资提升创业质量,将是政府财政与创业管理部门、理论界与实务界的工作重点之一。

随着财政引导基金的发展,近年来逐步形成了以深圳、上海、北京、天津、苏州等为代表的具有地域特征的财政引导基金的运作模式。经验表明:能否有效发挥财政引导基金对社会投资的基础示范引领职能,对集聚创业风险投资等社会资本供给的杠杆效应职能,以及提升创业质量起到重要的作用。因此,深入调查研究,提炼科学问题,探讨财政引导基金协同风险投资支持创业的内在机理,寻求适应国情的财政引导基金发展模式成为当务之急。

有针对性地提出解决方案,发挥财政引导基金扶持引领作用,形成与风险投资等社会资本的协同效应是提升创业质量的战略举措。虽然近年来已有关注国内财政引导基金与风险投资支持创业的理论与实证,但将两者结合起来对其能否发挥协同效应进行深入诠释与检验,对财政引导基金协同风险投资支持创业质量调查评估,并与实际经济后果实证对比寻求提升财政引导基金效率的对策研究尚不多见。本书将探讨财政引导基金如何发挥引领与扶持的理论机理并为此提供相关的经验证据,更重要的是借助协同预期调查与经济后果偏差核心概念深入剖析影响协同的关键因素,提炼出财政引导基金协同风险投资支持创业的机制与对策,为财政引导基金的可持续发展提供借鉴,并为完善科技金融提供可行的路径。由此,可凸显出本书的实际应用价值。

1.3 研究的目的、方法

1.3.1 研究目的

本书旨在探究提高财政引导基金使用效果与效率的内在机理,基于调查实证发现需要解决的关键问题,借此寻求财政引导基金协同风险投资的实现途径与方法,并从政策、制度上加以完善和落实,这是发挥财政引导基金扶持引导作用、支持创新要素向企业聚集、促进科技成果向现实生产力转化、催化创新经济的关键。

本书的核心思想是"财政引导基金与风险投资的协同是可以提升创业质量的";目的是发挥财政引导基金的引导功能;手段是建立有效的激励契约;基础是制度安排;核心是吸引民间风险资本进入。因此通过在股权、控制权、政策制定等多环节、多方位融入激励共赢理念来引导风险投资积极进入,借此形成合力提升创业质量,促进地区经济可持续发展。

(1) 分析政府创业引导基金在激励机制缺失下的行为特征和后果,基于合作博弈与复杂网络方法及对风险投资方、创业者努力水平、合谋倾向的影响,深入分析影响财政引导基金与风险投资协同的影响因素及其内在机理。通过构建复杂网络下的理论模型分析财政引导基金的引导机理,仿真其基本的演绎规律。

(2) 实证考察方面,其一,基于风险投资机会主义视角,风险投资参与是否导致了企业"脱实向虚"? 其二,财政引导基金联合风险投资是否导致了协同效应? 这一协同效应因风险投资声誉是否存在差异性? 其三,财政引导基金联合社会资本是否能够提升企业创新效率? 基于不同层级财政引导基金视角是否存在差异?

(3) 以长三角地区为例进行实地研究,基于文献支持与专家小组意见法确立了非财务资源激励、交易流机会、财务支持三个维度考察财政引导基金联合风险投资对创业质量的影响,并以此作为外生潜变量,选择曾经获得财政引导基金的长三角地区成功创业者进行问卷调查,通过构建偏最小二乘法模型(PLS)对财政引导基金联合风险投资对创业质量的影响因素进行实证检验。

计量分析其与创业质量的相关性,揭示长三角地区政府创业引导基金的现状及运行模式及对当地经济的影响。

(4) 从战略视角和执行视角分别提出完善财政引导基金的制度安排策略和激励契约设计方案。基于江苏的实地考察,提出政府创业引导基金协同风险投资发展路径与对策,并为政府决策提供借鉴。

1.3.2 拟解决的关键科学问题

(1) 基于风险投资方、创业者努力水平、风险投资方与创业者之间合谋倾向及动态控制权配置等核心概念,构建合适的理论模型演绎财政引导基金与风险投资协同机理。

(2) 基于实现财政引导基金与风险投资协同外部政策等环境与内部资源互补的调查实证,分析财政引导基金与风险投资协同现状,结合不同的利益相关者对协同的期望,确定财政引导基金与风险投资实现协同支持创业目标相适应的切实目标。

(3) "对策"需要科学构建和合理设计,以发挥政府创业引导基金的引导功能,实现可持续发展。为此,需要将财政引导基金纳入不同层级政府特定公共财政体系之中,并对其进行绩效测评,并因此提出循序渐进的有针对性的不同层面财政引导基金协同风险投资支持创业的实施路径与对策。

1.3.3 研究思路与方法

(1) 基本思路

基于财政引导基金扶持引领效果不显著以及缺乏与风险投资有效协同等现实提出问题,将发挥财政引导基金的引导功能作为研究关键点构建模型,结合长三角地区财政引导基金管理实践梳理分析问题,得出解决问题的思路。

(2) 研究方法

主要有文献归纳、比较研究、理论分析(公共选择理论、委托代理理论、不完全契约理论、公共财政理论、合作博弈理论、激励理论等)、社会调研、系统建模和实证检验等。

1.4 核心概念、核心观点与研究逻辑

1.4.1 核心概念的界定

基于国内外文献和实际调查进行文献综述,界定中国发展政府创业引导基金制度环境、财政引导基金与风险投资方协同机理等概念。目的是厘清有价值命题,确定研究内容。

本书将财政引导基金支持创业定位为:当创新已经初步体现商业前景,此时,需要由政府设立、市场化运作的政策性财政引导基金,其目的在于通过扶持创业企业发展,引导包括风险投资在内的社会资金进入创业投资领域,发挥财政资金的杠杆效应。其基本功能为:政府创业投资引导基金在增加创业投资资本供给的同时,克服了市场配置情况下的市场失灵问题,从而解决了种子期、起步期的创业企业的融资瓶颈问题。目前国内财政引导基金联合风险投资模式可以归纳为:参股、融资担保及跟进投资等,其中跟进投资仅限于风险投资企业投资创业早期企业或高新技术创业企业,引导基金按适当股权比例向创业企业投资,而参股是引导基金最常见的运作模式。

1.4.2 核心观点

基于公共财政理论、不完全契约理论、激励理论、合作博弈,借鉴 Arping 的研究并考虑到财政引导基金具有的公共财政性质[17],本书拟将财政引导基金作为联合投资的主导投资方,风险投资、创业者作为社会投资方,探索性地引入财政引导基金、风险投资、创业者努力水平以及可能存在的风险投资与创业者合谋倾向等变量,建立合作博弈模型,阐释激励机制设计不当与监管缺失的行为特征和后果。探讨财政引导基金能力协同风险投资提升创业质量的内在机理(产生的条件和可能的结果),由此梳理出影响引导基金、风险投资方、创业者有效协同的关键因素,这为提炼出实现财政引导基金与风险投资有效协同促进创业水平提升的对策研究奠定了理论基础。

1.4.3 研究思路

研究的技术路线如图 1-1 所示:

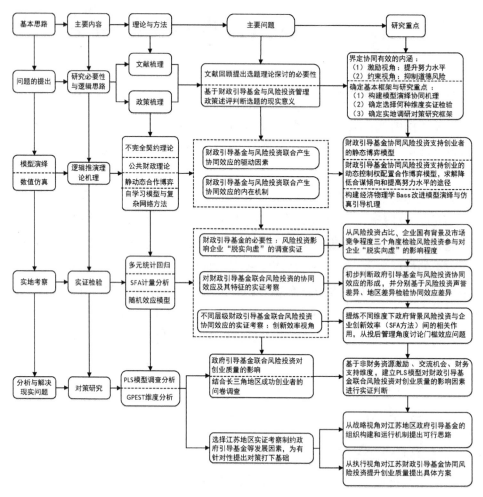

图 1-1 技术路线图

1.5 研究内容与创新

1.5.1 机理分析

通过财政引导基金的扶持引领聚集风险投资等社会资本形成合力以提升国内创业创新质量仍然是财政、科技、金融工作的重点和难点,也是促进区域经济可持续发展战略的重要支撑。为此,理论机理方面亟待厘清下列关键问题:(1)基于什么样的驱动因素,导致了财政引导基金与风险投资的联合能够产生协同效应?(2)其内在机理如何?

为此,本书拟将风险投资机构联合能提升创业企业价值界定为协同效应,探索性建立静态与动态的合作博弈模型,并展开协同机理的讨论。深度探讨"财政引导基金协同风险投资支持创业的机理",并因此"实证检验"影响协同的内外因素,力求在理论上有贡献。

(1) 财政引导基金协同风险投资支持创业合作博弈模型。结合公共选择及委托代理理论,建立静态的合作博弈模型演绎财政引导基金、风险投资、创业者等利益相关者因激励缺失滋生的逆向选择、道德风险及负效应,阐述有效协同的必要性和重要性。

(2) 财政引导基金协同风险投资支持创业的动态控制权配置博弈模型。在满足财政引导基金、风险投资、创业者效用函数及相关约束条件下,建立博弈模型,借此求解降低合谋倾向和提高努力水平的途径。

(3) 风投机构接收财政引导基金的信号信息的过程,可以将其视为信息扩散的过程。关于信息扩散的过程,Bass扩散模型因其在描述真实世界的信息扩散过程中的良好表现而闻名,它最初是受到流行病模型的启发。借鉴Goldenberg等人提出的一种考虑信息传播的Bass改进模型[18],笔者将尝试在经济物理学的基础上探讨财政引导基金的引导机理。

1.5.2 实证考察

(1) 基于风险投资机会主义视角,风险投资参与是否导致了企业"脱实向虚"?

(2) 财政引导基金联合风险投资是否导致了协同效应?这一协同效应因风险投资声誉是否存在差异性?

(3) 财政引导基金联合社会资本是否能够提升企业创新效率?基于不同层级财政引导基金视角是否存在差异?

1.5.3 对策研究

(1) 基于非财务资源激励、交易流机会、财务支持三个维度,考察财政引导基金联合风险投资对创业质量的影响,结合长三角地区成功创业者进行问卷调查,建立 PLS 模型对财政引导基金联合风险投资对创业质量的影响因素进行实证判断。

（2）基于 GPEST（地理、政策、经济、社会、科技）分析视角,对制约财政引导基金发展的因素进行实证考察。战略视角：江苏地区财政引导基金区域协调层面的制度设计；执行视角：江苏政府创业引导基金的运作模式设计。由此提出了促进风险投资发展的政策建议,以帮助企业成功实现融资,提高经营效率,优化各方利益,最终促进我国风险投资理论研究和风险投资业的发展。进一步地,在对江苏财政引导基金的发展现状进行综合评价的基础上,结合江苏经济现状与存在的区域差异化特征,就如何提高政府创业引导基金的运行效果与效率,从组织构建与运行机制等方面提出了具体的政策建议。

1.5.4　各章内容

本书以探讨财政引导基金协同风险投资提升创业质量为基本主线,共分 12 章：

第一章　绪论

提出相关的研究背景、研究意义、研究内容以及技术路径,基于可能的创新成果进行展望。

第二章　文献综述

系统地梳理联合风险投资、财政引导基金、政府创业引导基金联合风险投资已有研究,提出本书的研究方向。

第三章　国内财政引导基金、风险投资与创业质量的相关政策——发展沿革与述评

高质量的政策引领,是促进财政引导基金集聚风险投资等社会资本,并通过有效的制度安排优化资源配置提升创业质量的重要前提。本章基于对财政引导基金、风险投资与创业质量的相关政策的梳理、发展沿革与述评,为后续的理论研究及高质量的管理实践提供参考。

第四章　财政引导基金、风险投资与创业者合作博弈模型

本章探索性地将财政引导基金联合民间风险投资作为研究对象,将具有政府背景的引导基金作为主导型风险投资,民间风险投资作为辅助型风险投资,由此建立的合作博弈模型证明：有效激励契约设计是实现民间风险投资选择财政引导基金合作而不是与风险企业家合谋获取私人收益的基础。

第五章　财政引导基金、风险投资与创业者联合的激励契约模型——基于控制权安排的机理分析

本章将具有公共财政性质的财政引导基金作为风险投资(VC)中的主导型投资者 VC_1，将联合风险投资方设定为辅助型风险投资 VC_2，在对财政引导基金下联合风险投资激励契约不同阶段的特征进行刻画的基础上，将 VC_1 界定为财政引导基金给予 VC_2 和 EN（风险企业家）的控制权溢价，讨论了满足 VC_1、VC_2 和 EN 效用函数及设定的约束条件，借此建立的模型推演了：VC_1 对 VC_2 和 EN 实施的股权溢价行为使得 VC_2 和 EN 在获得了更多的控制权后，由此获得激励的内在机理及呈现的特征。

第六章　复杂网络下财政引导基金引导的机理——理论模型与仿真

考虑到政府的行政能力和信誉的差异，财政引导基金会产生不同的作用。拟基于经济物理学视角，构建信息传播的 Bass 改进模型，通过复杂网络方法演绎与仿真财政引导基金的引导机理。

第七章　风险投资参与是否影响企业"脱实向虚"？——基于国内资本市场的经验证据

基于风险投资的视角探讨其可能对上市公司"脱实向虚"行为产生的影响。拟考察：(1)风险投资参与程度（股权投资的比例）是否与企业"脱实向虚"正相关？(2)相比较国有企业，风险投资对非国有企业"脱实向虚"是否影响更显著？

第八章　财政引导基金联合风险投资形成了协同效应吗？——基于风险投资声誉视角的实证考察

(1)财政引导基金联合风险投资是否形成了协同效应，财政引导基金联合不同声誉的风险投资是否存在差异？(2)基于地区差异视角，东部、中部、西部地区的财政引导基金联合风险投资形成的协同效应是否存在差异？

第九章　财政引导基金及其层级联合风险投资对企业创新效率的影响的实证检验

选择资本市场的经验证据，通过 SFA 方法测度企业创新效率，从政治背景、政治层级、产权性质、地方债水平等维度，研究财政引导基金与异质性的风险投资联合对企业创新效率的影响，对其影响机制进行讨论。此外，拟从投后管理角度进一步讨论政府背景风险投资控制权的门槛效应问题。

第十章　财政引导基金联合风险投资对创业质量的影响——基于 PLS 模型对长三角地区成功创业者的实证调研

本章拟基于文献支持与专家小组意见法确立了非财务资源激励、交易流机会、财务支持三个维度，考察财政引导基金联合风险投资对创业质量的影响，并将这三个作为外生潜变量，选择曾经获得财政引导基金的长三角地区成功创业者进行问卷调查，通过构建PLS模型对财政引导基金联合风险投资对创业质量的影响因素进行实证检验。

第十一章　财政引导基金协同风险投资提升创业质量对策——基于江苏的实地研究

基于GPEST（地理、政策、经济、社会、科技）分析视角，本章对制约财政引导基金发展的因素进行了实证考察。在对江苏财政引导基金的发展现状进行综合评价的基础上，结合江苏经济现状与存在的区域差异化特征，就如何提高政府创业引导基金的运行效果与效率，从组织构建与运行机制等方面提出了具体的政策建议。

第十二章　结论与建议

本章是全书的总结，是基于前述研究的进一步归纳，由此提出了促进风险投资发展的政策建议，以帮助企业成功实现融资，提高经营效率，优化各方利益，最终促进我国风险投资理论研究和风险投资业的发展。

1.5.5　可能的创新

本书拟将风险投资机构联合能提升创业企业价值界定为协同效应，探索性地建立静态与动态的合作博弈模型展开协同机理的讨论。深度探讨"财政引导基金协同风险投资支持创业的机理"，并因此"实证检验"影响协同的相关因素，期待有所创新。

（1）视角创新

基于对影响财政引导基金协同风险投资因素的分析，建立理论模型分析其协同机理，从而为财政引导基金的发展模式选择提供理论基础。以长三角地区为例进行实地研究，结合理论分析与调查实证提出具体的政策建议，实现风险资本与财政引导基金合作共赢，落实引导功能支持高质量创业，有现实借鉴价值。有利于拓展战略联盟理论的研究领域，即从注重企业层次研究向具有公共财政性质的财政引导基金领域延伸；加深对财政引导基金协同风险投资支持创业必要性的判断，更好地把握促进财政引导基金与风险投资发展的基本规律。

（2）机理分析与实证考察

基于风险投资机会主义视角,实证考察风险投资参与企业股权投资后是否存在"脱实向虚"现象;基于风险投资声誉视角,考察财政引导基金联合风险投资是否导致了协同效应,以及基于不同层级财政引导基金与风险投资联合是否能够提升企业创新效率等。实证考察财政引导基金与风险投资实现协同的必要性与影响因素。

通过合作博弈模型分析协同机理,诠释合谋倾向与努力水平高低差异对协同效应的影响,分析合作契约是否以及如何影响协同效应;借鉴Goldenberg等人提出的一种考虑信息传播的Bass改进模型,讨论复杂网络下财政引导基金的引导机理与仿真[18]。这将为政府创业引导基金发展模式选择奠定理论基础。

（3）技术创新

引入合谋倾向及财政引导基金、风险投资、创业者努力水平等变量,以及动态控制权配置核心概念,基于合作博弈思想建立财政引导基金协同风险投资模型;基于经济物理学视角,改进的Bass模型探讨了复杂网络下财政引导基金的引导机理,动态演绎与仿真财政引导基金产生有效引导风险投资提升创业质量的前提与行为特征;基于战略与执行视角设计财政引导基金产生有效引导风险投资提升创业质量的可行方案,实现关键技术创新。

第二章

文 献 综 述

基于本书的研究内容和思路设计,本章主要聚焦于财政引导基金、风险投资、创业质量三个方面,对过往的国内外相关研究进行梳理。

2.1 关于财政引导基金的研究

财政引导基金的概念在 20 世纪 50 年代由发达国家率先提出。美国在 1958 年提出小企业投资公司(SBIC)计划,以增加创业投资市场的资本供给为目的,为小企业投资公司提供规定额度的融资支持。随后英国、德国、以色列等陆续推出扶持创投领域发展的引导基金。21 世纪伊始,基于对创业投资领域的扶持,国内出台了相关政策增加了财政投入。投资模式的选择上,主要是通过设立不同层级的国有创投机构,直接参与创业投资活动,初期的财政投资并没有强调发挥撬动社会资本的作用。2005 年,"创业投资引导基金"开始出现在一些政府红头文件与政策中,明晰了各级财政创业投资引导基金的功能:发挥引导功能,促进更多的社会资本聚集来支持创业与创新。2008 年,国务院批准发布《关于创业投资引导基金规范设立与运作的指导意见》,标志着引导基金正式进入规范发展的阶段。该指导意见指出:(1)作为政策性基金,实现引导功能。政府设立引导基金应该基于市场化方式运作,主要宗旨是通过资金扶持促进创业投资企业的发展,鼓励与引导社会资本进入创投。(2)发挥公共财政功能,实现引导功能。财政引导基金不直接从事具体创投业务,以发挥杠杆放大效应为宗旨,创业创新的不确定性以及可能产生的正外部性,使财政引导基金的参与实现了公共财政的部分功能。财政引导基金扶持种子期、起步期等创业早期的企业,能够弥补创业投资企业主要投资于成长期、成熟期和重建企业的资金不足,从而解决市场配置创业投资资本的市场失灵问题。

迄今为止,国内现行的财政引导基金根据投资方向和重点分为三大类:创业投资引导基金、产业投资引导基金和天使投资引导基金。创业投资引导基金,主要通过参股、融资担保、跟进投资等方式与创业投资企业合作,原则上基金不直接参与创业投资,不以传统的盈利考核为目的,而以引导社会资金进入创业投资领域实现高质量创业为目的。产业投资引导基金,由政府发行基金份额设立基金公司,与基金托管人(第三方)签署委托代理契约托管基金资产,由托管的第三方具体从事包括基础设施投资、创业投资、企业并购重组等,重点在于推动战略性新兴产业与产业转型等。天使投资引导基金是由政府设立带动社会资本参与的天使投资母基金,其投资项目主要是初创期企业的股权投资,以激发创业活力,助推创新型经济高质量发展。

关于财政引导基金,已有国内外学者进行了大量研究,主要包括三方面内容:财政引导基金管理运作模式研究、绩效评价体系研究和效应研究。

2.1.1　财政引导基金管理运作模式研究

伴随着 2000 年以来大量出台的国内创业投资引导基金政策文件,针对引导基金的运作模式研究逐渐增多起来。一方面基于正外部效应、信息不对称、代理问题,梳理国内引导基金的运作模式,并提出策略建议。主要包括:陈和认为政府相关职能部门存在自身制度与运营能力的局限,难以适应创业投资经营管理复杂环境要求,因此,政策性引导基金可以通过提供资金,给予相关优惠等发挥作用,促进创业投资行业的发展[19];张静等构建了政府创业投资引导基金的基本框架后建议,要提高创投引导基金运行效率,发挥创投引导基金的杠杆效应,应该委托专业机构实施专业管理[20];李朝晖基于创投引导基金的管理模式分析指出,基于有效的激励约束机制,解决政府和引导基金管理机构(包括对合格的引导基金管理机构的筛选)之间的委托代理问题,是实现创投引导基金政策目标的关键所在[21];张华和王杰基于政府创业投资引导基金的委托管理和自我管理模式,分析了影响两种模式选择的因素,结合山东省政府创业投资引导基金实践进行了评述[22];谭中明和朱忠伟总结了上海、深圳、杭州、苏州和成都五地的财政引导基金运作模式及其特点,分析了各区域引导基金的优劣势,提出了改进财政引导基金运作模式的策略,对比了 4 种模式的激励约束机制,并提出管理模式选择建议[23]。

相比较而言,国外市场经济比较发达的财政引导基金起步早、机制与管理体制相对较成熟,因此,结合国外文献,国内学者的研究大多集中在如何借鉴国外引导基金运作模式领域,包括模式的选择与如何提升引导基金运作效率等。比如:陈士俊和柏高原比较了澳大利亚 IIF 引导基金和 PSF 引导基金、芬兰 FII 引导基金运作模式的差异与各种特征,肯定了上述引导基金对解决创业投资市场失灵、补充早期阶段创业投资不足的优势,提出了国内可借鉴的模式选择相关参考建议[24];庞跃华和曾令华基于比较美国的融资担保模式、以色列的基金参股模式、英国的复合支持模式后,分析了国内现有的运作模式的局限,基于基金运作效果提升视角,他们建议国内应选择以参股模式为主的引导基金模式[25];陈少强等基于区域布局、分类、产业分布分析了国内已有的财政引导基金现状与问题,结合对国外财政引导基金的考察后指出,国内财政引导基金普遍存在财力与物权不匹配、管理滞后、市场边界不清等亟待解决的问题,建立要素匹配与风险责任分配相匹配的财政引导基金管理机制势在必行[26]。

2.1.2 财政引导基金绩效评价体系研究

将财政引导基金绩效评价体系研究区分为基金与基金项目展开绩效评价。

第一,财政引导基金绩效评价体系的研究。李洪江构建创业投资引导基金绩效评价体系指标,包括政策产业导向指标、政策支持方向指标、杠杆效应指标、基金价值指标、风险控制指标[27]。李洪江和鲍晓燕认为,构建政府导向型创业投资基金绩效评价指标体系是财政引导基金绩效评价体系的核心[28]。梁娟和孔刘柳认为,基金绩效评价体系应该包含业务指标、管理指标和效益三大类,并提出了具体的二级和三级细化指标,这一内容对进一步完善引导基金的绩效考核评价体系有一定的启发意义[29]。

第二,针对基金项目的绩效评价研究。David 等考察了美国 SBIC 项目绩效评价内容后指出,项目绩效主要应该基于创新情况、商业化程度、社会综合效益和经济收益等展开评价[30]。Douglas 基于引导基金对早期投资和科技型企业的投资的差异分析,结合退出方式和退出效果讨论了引导基金项目绩效,其以澳大利亚 280 个风险投资机构对 845 个样本企业实证检验发现,政府基金参与种子期项目投资的概率高于其他基金 46.1%,对生物等高科技项目投资的概率也高出 33.5%。政府基金参与的创投机构对吸引其他投资者的联合投资起到了积极的影响[5]。Anthony 和 Sunil 基于以色列的 Yozma 基金项目的实地考察,对完全由政府投入的该基金进行多方面的绩效评价:①基金引导效应的考察,包括管理的资本情况、合作的创投机构情况;②基金财务绩效的考察,包括参与对项目的成功率的影响、实现 IPO 情况等[31]。刘春晓等构建了基于平衡计分卡的政府创业投资引导基金绩效评价体系,结合北京市新兴产业创业投资引导基金参股基金实际案例,通过 TOPSIS 模型考察了该基金的实际绩效情况[32]。

2.1.3 财政引导基金效应研究

(1) 国外财政引导基金效应评价的实证文献

这一领域的研究大多数是基于实证考察的成果。国外学者结合财政引导基金参与的投资项目作为样本进行实证检验,主要集中在财政引导基金对被投资项目的作用机制和政策效应方面。对于财政引导基金的政策是否能够产生积极效应并没有取得普遍一致的结论。

Jeffrey 发现,美国小企业创新研究计划(SBIR)对促进并吸引民间资本进行创业投资发挥了杠杆作用,尤其是针对种子期和初创期企业杠杆作用更加显著[33]。结合澳大利亚 1997 年设立的政府创新投资基金计划(IIF),Douglas 将 1982—2005 年 280 只私募股权和风险资本投资的 845 家创新企业作为样本,对其进行实证分析发现,IIF 对初创高科技企业吸引社会资本融资产生激励作用。与欧洲国家同类型的引导基金相比,上述激励作用并没有得到证实[5]。Marc 等结合英国企业投资计划(EIS)对相关样本企业进行了实证研究,结果显示引导基金能够提升固定资产投资水平、增加被投资企业的就业岗位和销售额,却削弱了被投资企业的盈利能力[34]。Leleux 和 Surlemont 将欧洲引导基金投资项目的企业作为研究样本,实证发现,引导基金与私人创投没有统计意义上的相关性,引导基金对私人创投也未发生资本的引领作用[1]。Benoit 和 Bernard 对 1990—1996 年德国等 15 国风险资本参与投资项目的样本分析后发现,公共性质的财政基金对私人资本没有产生挤出效应,整体上,虽然财政投入有助于提升社会价值,但财政资本往往投入滞后,对创业创新引领作用不明显[35]。

Terttu 等发现,政府财政投入的风险资本在欧洲普遍发挥了积极的作用[36]。主要表现为:对于缓解欧洲科技型中小企业资金缺口产生了积极的政策效应,并因此促进了这些初创企业绩效的提升。不仅如此,Massimiliano 和 Anita 发现,引导基金具有明显的引领效果,获得引导基金投入的项目因此提高了获得风险投资的可能性[37]。在引导基金效应评价上,Cumming 等发现,财政引导基金联合风险投资与被投资企业绩效呈正相关[38]。Cumming 和 Walz 实证发现,政府风险投资基金的参与有利于缓解企业融资约束,也因此促进了创业企业的成长[39]。Terttu等实证发现,财政性质的风险投资基金参与对被投资企业的价值增值作用低于专业的风险投资机构,其重要的功能主要体现在弥补被投资企业融资缺口、促进社会资本集聚于被投资项目上[36]。

(2)国内对财政引导基金效应的实证考察

国内学者对财政引导基金效应的讨论主要是基于宏观和微观层面视角。杨敏利等以2000—2011年间的省际面板数据,通过构建联立方程,对政府创业投资引导基金是否形成了社会资本对创投领域的引导作用进行了实证显示,区域上引导作用存在明显差异,表现为挤出效应发生在创投发展成熟区域,而引导作用则发生在创投发展相对落后的区域[40]。陈旭东和刘畅基于2006—2015年省级面板数据,对各地区政府设立创业投资引导基金与创业活跃度相关性及地区差异性展开了实证考察,发现国内财政引导基金整体上能够对创业活跃度产生正向促进效果。这一效果存在明显的区域差异,引导基金对创业活跃度的影响呈现出东、中、西部递减变化趋势。另一方面,创业活跃度与政府创业投资引导基金规模出现了所谓的"倒U型"关系[41]。

微观层面上,房燕和鲍新中选择7个创业投资成熟区作为样本,利用随机效应模型分析了政府创业投资引导基金对创投资本的引导作用,并对区域GDP的促进作用进行了实证检验,他们发现,政府创业投资引导基金能够促进区域GDP的增长,引导创投资本作用并不显著,并且出现了明显的区域差异[42]。施国平等结合双重差分模型,实证分析了财政引导基金对创投机构投向早期和高科技企业的引导作用,结果显示,创业投资引导基金对国有背景创投和私人创投的引导作用并不相同,相对于私人机构的早期投资,对国有背景机构的早期投资推动作用更强;无论是国有背景机构还是私人创投机构,引导基金对推动这两类机构向科技型企业的投资影响均不显著[43]。董建卫等基于融资差异视角,考察了是否接受创业投资引导基金投资的两类创业企业的融资差异与行为特征[44]。冯冰等实证检验了财政引导基金是否对被投资企业产生了激励效应与认证效应,进一步检验了相关的良性循环假说[45]。邓晓兰和孙长鹏选取1995—2016年大中型工业企业作为样本,通过面板回归展开的检验发现,在促进企业创新推动产业升级方面,财政引导基金的参与能够起到显著的推动作用[46]。陈旭东等通过建立回归模型检验发现,对于缓解企业融资约束与提升区域企业创新水平,财政引导基金作用显著,但该效应也存在另外一种约束效应,即强化了低融资约束企业的后天优势,难以弥补高融资约束企业的先天不足。国内也有部分学者发现,财政引导基金并不总是产生正向效应[47]。倪文新等结合西部地区现状,他们发现,由于决策中行政色彩浓厚,在这些地区,财政引导基金的引导机制作用不明显,难以发挥有效聚集社会风险资本的引领效用[48]。李丹丹和杨大楷实证后发现,引导基金抑制了风险投资的发展,他们对此的解释是,国内引导基金设立时间较短,缺乏经验且监管质量不高[49]。

2.2 关于风险投资的研究

2.2.1 联合风险投资研究

(1) 联合动因。早期 Lerner 的"选择假设"解释了联合动因,即联合是风险投资机构有利于项目筛选的结果[50];Casamatt 和 Haritchabalet 指出,规避信息披露带来的潜在竞争,选择联合投资是风险投资避免过度竞争彼此妥协的结果[51];Brander 等认为,共同的项目增值预期、管理的互补性促成了风险投资的联合投资[52];Wright 和 Lochett 指出,联合投资能填补财务资源的空缺,使风险投资得以保持足够的投资数量和规模;Bachmann 等认为,联合投资作为一种能够改变风险投资预期的声誉抵押机制,在风险投资项目后期的价值增值效应更显著[53];Dimov 和 Milanov 发现,联合投资的可能性与项目创新程度正相关,项目创新程度越高,不确定性越高,基于分担风险的动因,风投机构选择联合投资的需求越大[54]。

(2) 联合对象的选择。Lockett 和 Wright 指出,联合对象的选择主要是基于合作伙伴能否提升被投资项目的价值或者对成功 IPO 等退出做出的贡献的考虑[55]。Pollock 等发现,风险投资机构合作伙伴往往是那些与投资银行和投资者有着良好人脉者,以及那些在风险投资机构领域里的位高权重者[54,56-58]。对于主导投资方而言,可以基于不同的投资项目去选择合适的联合对象,也可以选择具有互补专业知识、管理技能的合作者[53,59];基于战略联盟视角,主导投资方偏好与那些前期有过直接或间接联系、彼此间相互信任的企业合作[59-61];或者选择那些在投资关注点、成功经验等经历相近者合作,因为这有利于帮助其快速地实现战略目标[60,62]。

(3) 契约安排。Cumming 指出,基于避免信息不对称带来的道德风险,以及聚集更多风险投资的考量,主导型风险资本家适合签订优先股契约,辅助型风险投资适合签订可转换债券契约[63];Arping 认为,为了使停止投资对其他合作者产生的威胁有更大效用,主导型风险投资适合选择可转换优先股和清算优先权,而辅助型风险投资则适合选择优先股[17]。

(4) 联合效应。联合的方式(包括控制权安排等)、联合的规模以及联合的构成与被投资企业能否成功 IPO,并对实现 IPO 时间及概率等有直接的影响,即联合风险投资支持的企业更易以 IPO 的形式退出[52,64-67]。不仅如此,联合投资对被投资企业绩效的提升同样也有促进作用[58,68-70]。Megginson 和 Weiss 指出,由于强化了风险投资机构的认证、监督作用,并因此使其获得了更多的声誉资本,联合有助于保证退出过程中估价的质量和正确性,从而减少因信息不对称而造成的折价并提高投资的回报[71]。根据 Tian 对 Venture Economics 1980—2005 年间的数据统计发现,选择风险投资联合的创业企业远高于其他,这种情况在有风险投资背景的且成功 IPO 的企业中同样成立[72]。

2.2.2 政府背景风险投资研究

早期的学者普遍认为政府干预风险投资能够促进和补充非政府背景风险投资的发展。1958 年,美国政府成立了 SBIC 小企业投资公司计划,利用杠杆优势极大地促进了中小企业的发展。1993 年,以色列政府使用公共资金发起了 Yozma 计划,催化了以色列风险投资行业的迅速成长。1997 年,澳大利亚政府建立了 IIF 计划,促进了该国风险投资的蓬勃发展。

(1) 发展动因。政府风险投资基金是政府解决创业型企业"融资缺口"和促进创业型企业成长的金融支持手段。Mote 认为,政府风险投资基金具有吸引社会资本的导向效应,以及促进对新兴产业和创业企业发展的支持效应,并因此推动了中小高科技企业技术创新以及地区的经济增长[73]。

(2) 基金效应。大部分学者认为,政府背景风险投资可以解决资金缺口、市场失灵问题,缓解企业融资困境,对社会资本形成引导作用,最终带来社会效益,促进经济发展。然而部分学者认为政府背景风险投资存在一定的限制,如可能对非政府背景风险投资产生挤出效应,政府背景风险投资不如非政府背景风险投资"聪明",其管理人员的能力常常受到质疑,如是否有能力筛选优质企业并帮助其增值。

政府背景风险投资的合理性和适当性一直是学术界辩论的焦点。Bertoni 等发现欧洲各国政府试图通过财政引导基金投资初创企业,以填补非政府背景风险投资留下的投资缺口,但并未发现政府背景风险投资的引导效应,效果不尽如人意[14]。提出政府背景风险投资规模与效率负相关,建议政府多采取财政补贴等间接措施促进中小企业的发展。

(3) 绩效评价。在企业经营绩效方面,Lerner 通过对受到美国政府背景风险投资计划——SBIC 项目资助的企业进行跟踪研究,发现受到 SBIC 资助的企业更容易吸引非政府背景风险投资,实现更高的销售增长并创造更多的就业机会[74]。Grilli 和 Murtinu、Alperovych 等分别以欧盟、比利时企业为样本,研究发现相较于政府背景风险投资,受到非政府背景风险投资基金资助的被投资企业表现出更好的经营绩效[13,75]。姚婷将政府与非政府背景风险投资从经营绩效的角度进行了对比,发现我国政府背景风险投资在一定程度上背离了其政策初衷,以逐利为要义的非政府背景风险投资更能适应市场化运作的需要,对企业经营绩效的促进效果更明显,进一步研究发现政府参股的混合风险投资的企业效率值最高,因为可以通过分摊风险、共享资源,充分发挥复合背景的优势[76]。

(4) 有效性研究。创新市场存在市场失灵问题,由此推动了政府背景风险投资的产生。然而政府介入风险投资是否具备有效性仍具有一定的争议。在实际中风险投资被认为是高科技初创企业的基本资金来源,而信息不对称很可能是造成市场失灵的原因之一[77-80]。即对于新兴的高科技企业,潜在投资者很难恰当地通过有效的信息建立投资信心,这直接导致了私人投资不足的现象。服从于新古典经济理论,政府干预的最主要也是最重要的理由就是市场资源配置不能实现帕累托最优,这也是为什么大多数国家在实践中认同政府背景的风险投资发挥示范和鼓励作用[1]。这种积极作用可以从两个角度发挥:其一,Lerner 认为具有政府背景的风险投资在技术决策方面具有专家资源优势,有能力挑选出行业中尚未被发现的优质投资项目,促进经济创新能力和竞争力的正向发展[74]。同时政府背景的风险投资在市场中存在一定的认证效果,能缓解私人创业资本与新兴企业的信息不对称程度。其二,市场上存在"鸡蛋悖论",即可能是由于资金不足导致企业发展困难,也可能是有潜力的投资目标少带来的无项目可投。Grillil 和 Murtinu 认为政府背景的风投可以通过补足资金供给来解决这类问题[13]。

此外,考虑到企业技术创新实际上具有公共物品的属性,这意味着公司研发所产生的创新知识,不仅会为自身带来经济收益,而且会由于知识溢出对其他领域企业发挥正外部性作用,同时,促进当地经济增长、创造新工作岗位等,即搭便车现象的产生[81-82]。尤其是对于科技型小企业来说,资金支持往往能带来多倍的社会回报。这是因为对于那些自身技术创新可以同时被运用于其他领域的企业,其具有更广泛的技术外溢,并能更大限度地改善社会福利[83-84]。

2.3 关于创业质量的研究

创业创新正成为国家战略,越来越多的创业者参与其中,如何基于创新驱动、产业转型视角提升创业质量,引起了学术界与实务界的普遍关注。事实上,高质量的创业本身就是一个复杂的系统工程。Douglas 等指出,社会、环境、技术、人力资本等因素共同影响创业成功与否。国内外对于创业质量的研究,主要集中在高质量的创业如何界定、提升创业质量的路径、高质量创业的生态环境的影响因素、不同利益相关者与创业质量相关性等[86]。

宋正刚等认为,有效实现技术创新与非技术创新有机融合,是提升创业质量的决定因素,创业者需要基于用户需求,权衡好产品或者服务的新颖性与实用性要求[86]。制造企业应该区分不同类型确定其创新策略演化路径。谢智敏等基于创业生态系统理论,结合 QCA 方法,解构了多重创业生态影响因素,并因此分析了影响国内城市创业质量的机理与形成机制。他们得出的结论显示,传统的市场规模、硬件设施、金融资本、人力资本、政府规模甚至是互联网基础并非构成城市高创业质量的必要条件。他们认为,需要基于创业生态系统视角去解读城市高创业质量形成机理,驱动城市高创业质量的路径包括智力—资金—政府驱动型、资金—网络驱动型和网络—政府驱动型;驱动城市非高创业质量的路径则包括市场—网络抑制型、资金—网络抑制型和市场—智力抑制型[87]。

周莉和许佳慧发现,创业投资机构对企业渐进式创新、突破式创新、整体技术创新能力能够产生促进作用,尤其是促进渐进式创新的效果更显著[88]。他们将这一机理解释为,基于财务资源效应、声誉资源效应、信息不对称弱化效应等,创业投资机构的参与对提升创业企业整体技术创新能力有明显的帮助,而信息不对称弱化和财务资源效应促进了创业项目的突破式创新,渐进式创新则受到财务资源效应和声誉资源效应的积极影响。

2.3.1 风险投资参与对被投资企业或创业创新的影响

在大众创业、万众创新的时代背景下,创新是经济可持续发展的核心驱动力。中美贸易战、华为被制裁等事件也为我们敲响了警钟:在新的世界竞争格局中,传统的模仿策略和组装策略已经被淘汰,坚实的自主创新能力,才是保证我国在激烈的国际竞争中抓住先机、赢得主动的先决条件。前述表 1-1 为国内近年来重要风险投资的相关政策法规文件。

类似于对比金融中介,风险投资表现的两面性体现在:基于战略投资角色通过增值服务来提升企业绩效,或者基于财务投资角色成为不当行为的利益攫取者。归纳起来,风险投资与创业质量关系的相关文献主要集中于两大维度。肯定风险投资参与能够提升创业质量研究者大多数基于"认证监督说"和"增值服务说"进行理论诠释与实证检验。经验丰富的风险资本所增加的价值不仅在于其"硬"融资方面,还在于其"软"咨询和知识角色。风险资本家除了提供资金外,还提供一些关键服务,如帮助公司制定业务战略、填补管理团队、促进多方合作等。他们认为,风险投资可以将人才、技术、资金等创新要素有机融合,是市场经济体制下支持科技成果转化的重要资本力量。作为积极的参与者,风险投资发挥了专业优势促进了创业质量的提升。Gompers 等发现,风险投资能够发挥专业投资优势,如"认证监督说"体现在并购的尽职调查中,风险投资机构能够准确识别与判断收购方企业评估价值。防范了支付过高并购价格导致的财务损失,减小了并购风险。相比较低声誉的风险投资机构,高声誉的风险投资在并购决策中体现的监督和治理作用更显著[89]。Chemmanur 等发现,风险投资参与对提高私营企业全要素生产率起到了积极的作用,通过提高销售促进了被投资企业的整体效率[90]。Gebhardt 和 Schmidt 认为,风险投资的高逐利性和高风险承受性可以有效促进企业创新,认为风险投资机构丰富的职业经验对企业创新起促进作用[9]。王兰芳和胡悦基于不同行业和地区视角,提出风险投资可以提升企业创新绩效,且对高声誉、高网络资本的风投机构更显著[11]。

国内文献方面,董静等结合中国中小板和创业板上市公司经验证据,证实了风险投资机构的增值效应,即风险投资机构通过其有效的增值服务提升了创业企业绩效,并且风险投资机构所具备的行业专长越高,对被投资企业的影响越显著[91]。李善民等发现,风险投资机构具有咨询功能并且表现出属地差异,他们研究发现,风险投资机构利用信息优势和广泛的网络资源对被投资企业的并购管理起到了积极的影响[92]。异地风险投资机构具有"增值服务说"功能有效地体现在,规避了异地并购风险,能够提升异地并购绩效。

综上所述,上述文献不同程度地肯定了风险投资的行业分析及专业投资能力经验,基于风险投资机构信息分析、资源(包括网络、融资等)、人力资本优势等,积极参与被投资企业的公司治理和经营管理,实证肯定了风险投资机构所谓的"增值服务说",并且其"增值服务"与风险投资的背景、声誉、控制权、持股比例具有显著的相关性。

另一类文献则是质疑了风险投资参与对提升被投资企业绩效有积极作用,这些文献大多数基于风险投资"逐名说"与"利益攫取者"视角展开讨论。利益攫取者的主要观点认为,为了扩大市场份额以及提高产品与服务知名度,并非战略投资者的风险投资机构往往急于求成,选择短期内让被投资企业快速上市,并通过套现获得高额的财务回报。风险投资的这种激进行为导致了被投资企业长期绩效的下降。温军和冯根福分析了风险投资对企业创新的作用机理的影响,研究显示,风险投资的增值效应对创新增量的影响不足以抵消攫取效应的消极影响,风险投资的参与实际上是抑制了中小企业的创新水平。"利益攫取者"的风险投资追求短期利润,并不关注被投资企业的长期可持续高质量增长[93]。

对于风险投资和创业质量的相关性,漆苏和刘立春基于创业板中 427 家上市公司的经验数据,实证考察了新创企业专利与企业风险投资估值的相关性。结果显示,新创企业的专利能够吸引风险投资,不仅如此,专利还对被投资的新创企业价值评估产生了提升作用。这一提升效应与创业者的创业经验无显著相关性,对实力更强的风险投资以及早期投资轮表现得更显著[94]。操武认为,风险投资参与创业企业的管理,可分为风控投入和增值投入。研究发现,作为中介和正向调节变量,风险投资风控投入和增值投入对被投企业技术商业化绩效、运营管理能力起到了积极的影响[95]。赵淑芳检验创业投资异质性对被投企业创新绩效的影响,实证发现,创业投资持股比例与财务绩效有负向影响;对研究投入与开发投入均产生影响,对研究投入的作用效果更为明显[96]。

基于风险投资阶段选择对企业创新能力影响视角,孙德峰等发现企业上市后三年的创新产出与风险投资阶段选择之间没有显著的相关性,风险投资的进入能够培育企业创新能力,其强度受介入阶段的影响,风险投资阶段选择对企业上市后创新能力没有体现出差异[97]。

2.3.2 财政背景的基金参与对被投资企业或创业创新的影响

已有文献梳理发现,国内外学者关于财政引导基金是否促进企业技术创新"激励效应"分为两类观点。具有"激励效应"者认为,政府背景的财政引导基金对风险投资与创业创新的支持,能够对民间风险投资起到示范和引领作用,对缓解创新活动正外部性以及市场失灵有积极的作用。不具有"激励效应"者认为,政府背景的财政引导基金往往基于非市场化目的,会偏离市场资源配置目标,从而扭曲了投资行为,并因此对社会资本产生"挤出"效应,难以对被投资企业创新产生预期的激励效果。

(1) 肯定激励效应

为了进行创新活动,创业公司需要制定长期的战略,借助丰富的资源和能力,政府背景的财政引导基金和非政府背景风险投资能够对创新贡献起到一定的补充作用。与非政府背景风险投资相比,得到政府支持的风险投资能够接触到不同的关系网,拥有不同的技能和经验,并以不同的方式支持其投资组合公司。他们具有投资者与经营者的双重身份,深厚的技术背景叠加专业的管理知识的复合背景使他们对公司运营有深刻见解,能够提升被投资企业的管理水平。

首先,政府背景风险投资具有更广泛的影响力,与区域创新体系内其他参与者的联系和互动更加密切,如大学实验室、大学孵化器和科技园等区域创新机构。政府背景风险投资能够有效推动技术在高校、研究所及企业之间的整合,促进技术转让合同和专利申请数量的增加。许昊等研究发现政府与民营背景的联合是最有利于企业创新的风险投资形式[98]。唐曼萍等运用行业数据检验发现,相比较传统行业,政府背景风险投资能够促进高新技术行业创新,私人和混合背景对促进高新技术行业创新无影响[99]。Pierrakis 和 Saridakis 认为,相较于非政府背景风险投资,政府背景风险投资更积极地开展创新,更频繁地与科研院所互动,更快速地在不同主体间传递信息,可以有效地促进技术扩散[100]。与非政府背景风险投资相比,政府背景风险投资往往有软目标,如投资大学附属公司或特定地理区域,其可能本就来自熟识区域创新机构,他们与当地的创新主体联系的途径更多、意愿更强、频率更高。成果和陶小马基于创业板公司数据进行实证研究,结果表明,政府背景风险投资能够显著促进被投资企业的创新投入,但应警惕可能出现的逆向选择问题;非政府背景风险投资没有对促进企业创新投入产生积极影响,表现出"盘剥"行为甚至因此抑制了企业创新投入[101]。

其次,政府背景风险投资可以获得更多的政治资源,为被投资企业提供更多的增值,可以更好地促进企业创新。相较于非政府背景风险投资,政府背景风险投资可以通过政治关联为被投资企业提供政治资源,对企业创新有着举足轻重的影响。风险投资机构投资创业企业以后,会通过派出董事进驻管理等形式参与被投资企业的经营管理,并带来融资支持、税收优惠等额外资源。现有研究普遍认为,政治关联能直接或间接地缓解融资约束,促进企业创新。王珍义等认为,政治关联对研发效率的促进作用主要通过融资便利性体现[102]。罗明新基于多重理论整合的视角,提出了政治关联影响企业创新的作用机理:政治关联—资源获取—创新投入—创新绩效。乐菲菲等认为政治关联对创业板企业研发效率有着滞后的积极影响[104]。陈鑫等基于2006—2015年中国省级面板数据进行实证研究,发现国有风险投资不仅有助于推动所在地区技术进步,而且还存在显著的空间溢出效应,对邻近地区技术水平也有积极影响[105]。

此外,近年来也有学者从政府与社会资本联合风险投资的角度开展了相关研究。大部分学者认为,政府与非政府背景风险投资联合可以将社会效益与经济效益相结合,提高企业创新能力。政府背景风险投资可以利用政治关联并分担创新风险,非政府背景风险投资可以有效弥补政府背景风险投资业务能力方面的不足。马嫣然等以研发投入为中介变量,实证发现政府背景风险投资对创新产出作用最显著,其次为外资,民营最低[106]。陈鑫等基于空间相关性提出政府背景风险投资能有效提升非政府背景风险投资对创新的边际贡献[105]。章妍珊研究了政府背景风险投资的资金和创新引导效应,发现财政引导基金对非政府背景风险投资具有资金引导效应,并显著促进其滞后一期的创新产出[107]。唐曼萍等基于行业差异性,检验了政府背景风险投资对促进高新技术行业创新的积极影响[99]。黄嵩等认为政府和非政府联合风险投资的效果优于独立基金的形式,在联合风险投资中,财政引导基金作为领投方的背书作用更强,优于其作为跟投方的投资效果[108]。

最后,政府背景风险投资明确或隐含地具有支持发明和创新的使命,与独立于资金提供方并拥有纯粹财务目标的非政府背景风险投资不同,政府背景风险投资必须对国家设定的政策目标做出反应。具体地说,非政府背景风险投资只有在创新能增加投资回报时才会积极推动创新,而政府背景风险投资会持续对发明和创新本身感兴趣。这主要有两个原因:一是由于知识外溢,发明和创新的社会价值超过了企业自身所获得的价值,解决这种市场失灵是创建政府背景风险投资的根本原因之一;二是知识溢出具有非常重要的本地成分,这意味着发明和创新的正外部性将使当地公司受益最大,因此政府背景风险投资有动机支持发明和创新,因为它们对区域或国家经济发展有帮助。相对而言,企业创新的超额利润会随着技术扩散而消失,非政府背景风险投资为了减少超额利润的损失,倾向于督促被投资企业加强产权保护,限制技术创新的扩散。黄福广等研究发现,相比较非国有风险资本,国有风险资本更倾向于对早期创业阶段的企业投资[109]。相较于国有直投,财政引导基金更倾向于对企业早期阶段和高科技行业投资,支持了"修正效应"假说。相较于国有直投,财政引导基金发挥了引导作用,更多地吸引了后续风险资本的跟投,验证了"激励效应"假说。委托高声誉风险投资机构管理的财政引导基金,市场化运作管理模式使得资本的筛选和增值作用显著,支持了"声誉假说",财政引导基金的引导功能得以实现。

(2) 质疑激励效应

然而,也有部分学者对政府背景风险投资的效果提出了质疑,他们认为,相较于非政府背景风险投资管理人员的业绩压力和资金压力,政府背景风险投资的资金多为政府划拨,管理人员多为政府委派,管理经验和职业胜任能力相对不足,绩效激励措施缺位,导致政府背景风险投资在项目筛选和培育过程中动力不足,无法有效促进创新。蔡地等区分风险投资为本土、外资、政府和民营背景,实证检验发现,政府背景与被投资企业创新效率负相关,其中,外资背景风险投资对研发投入的促进作用最显著[110]。Fabio等以欧洲生物医药企业为样本,他们发现政府背景风险投资对企业创新没有产生显著的促进作用,基于政府背景风险投资与非政府背景风险投资联合投资体的检验显示,由于产生了资源互补作用,联合特征对促进创新产生强增值效应[111]。苟燕楠和董静研究发现,在扶持技术创新上,国有风险投资并没有起到价值增值作用,其与被投资企业专利产出和研发投入没有显著相关性[112]。蔡地等的估计结果表明,政府背景风险投资与企业研发投入不显著负相关,国有风险投资显著降低了研发投入对企业经营绩效的边际贡献[110]。王兰芳和胡悦发现,相对于非国有风险投资,国有风险投资对创新产出的影响更弱[11]。

（3）门槛效应的检验

部分学者对政府风险投资与技术创新之间可能存在的门槛效应展开了实证检验。门槛效应表现为,当政府风险投资规模低于门槛值时,风险投资的融资支持和增值作用有限,更多表现为盘剥行为,会抑制企业技术创新;但当政府风险投资规模超越门槛值后,融资支持和增值作用会促进企业进行技术创新。国内外学者过往的研究证实了这一判断：Brander 等以加拿大的风险投资机构为样本,证实了国有背景风险投资资本挤出效应的有限性[113];刘亮和刘碧波认为在风险投资行业发展的不同阶段,政府所应承担的角色不同[114]。在投资行业发展的初期,国有背景的风险投资机构承担了对私有资本机构的示范和引导作用。但是当风险投资市场规模到达一定程度后,政府资本无法满足行业进一步扩张所需的资金需求时,政府应更多承担制度供给者的角色,否则会对私有资本造成挤出效应。张岭等发现风险投资能够降低技术不确定性并提高其对创新失败的风险容忍度,进而有利于提高创新绩效;政府效率强化风险投资对创新绩效的支持效应,政府监管弱化风险投资对创新绩效的支持效应[115]。

2.4 文献述评

随着风险投资行业的发展,风险投资规模不断拓展,在资本市场的参与度不断深化,国内外学者普遍关注到了风险投资的不同背景对被投资企业的影响问题。目前已有学者基于政府和非政府背景,从资本市场表现、经营绩效、企业创新、信息披露、融资效果等多个角度开展了相关研究,研究内容丰富,但尚未形成一致结论。

回顾企业创新的相关文献,不同学者从影响企业创新的内外部因素方面开展了丰富研究,外部影响因素包括税收优惠、政府补贴、知识产权、区域环境等,内部影响因素包括管理层特征、要素禀赋结构、研发人员类型、财务绩效、融资约束等。然而相对较少的学者关注了这些因素对政府背景风险投资与创新绩效相关性的影响,产权性质、市场化程度、地方债水平等因素是否会加强或削弱二者之间的关系,这些因素是否会对政府背景风险投资与创新导致的调节效果产生影响,这些都是值得进一步研究的问题。

目前学术界普遍认同了风险投资对企业创新的促进作用,为研究风险投资机构的不同背景与企业创新的关系提供了基础的理论框架。但由于样本及方法选择的差异,政府背景财政引导基金与企业创新的关系尚存在争议,学术界尚未达成统一结论,主要分为三种观点:政府背景促进企业创新;政府背景抑制创新;政府背景对创新绩效没有影响。此外,大部分研究忽略了政府背景风险投资内部层级的异质性,在政府背景风险投资内部进行划分,探究不同层级政府背景风险投资行为差异的研究相对较少。

结合国内已有文献,本章对国内文献简要述评如下:

(1)尚停留于定性分析层面,局限于宏观现象论述,系统性不足,缺乏有效的分析方法和工具,引导基金绩效有待实证检验。

(2)系统分析财政引导基金协同风险投资内在机理不够,解决思路过分倚重政府投入和补贴,由此可能造成财政引导基金缺乏造血功能和可持续性。

(3)理论上没能完全厘清财政引导基金、风险资本、创业三者之间的相关性,对其协同机理的研究尚处于初期讨论阶段。

第三章

国内财政引导基金、风险投资与创业质量的相关政策
——发展沿革与述评

高质量的政策引领,是促进财政引导基金集聚风险投资等社会资本,并通过有效的制度安排优化资源配置提升,创业质量的重要前提。表现为:(1)高质量的财政引导基金管理政策是引导民间资本实现高质量创业项目的决策指南;(2)促进财政引导基金协同社会风险投资提升创业创新质量,实现有效的资源互补行动指南。

笔者认为,财政引导基金、风险投资相关政策预期包括:(1)充分发挥财政引导基金引导协同职能,能够通过市场参与主体实现经济、社会调控的多重目标;(2)提高财政引导基金的运行效率,发挥政府资金杠杆作用,积极引导社会资本投资于创业风险投资业,促进地方政府创业风险投资业和经济发展。本章基于对财政引导基金、风险投资与创业质量的相关政策的梳理,发展沿革与述评,为后续的理论研究与提供高质量的管理实践提供参考。

3.1 财政引导基金政策回顾

3.1.1 起步阶段(2002—2005年)

2002年,由中关村管委会设立的中关村创业投资引导基金开创了我国财政引导基金的先河。该引导基金由北京地方财政出资5亿元,由中关村管委会下属的北京中关村创业投资发展中心运营。在后续的五年时间里,经过积极探索,引导基金先后形成了三种运营模式:跟进投资、种子基金、参股创业投资,分别对应着成长期企业、初创期企业、重点产业领域的高新技术企业。其中以第三种模式引导基金出资额最多,达到1.65亿元,引进外部资金3.85亿元。中关

村创业投资引导基金的探索运营逐步走出一条由易到难、由简到繁的发展之路,并取得了良好的成就。

2002年,全国人民代表大会常务委员会第二十八次会议通过了《中华人民共和国中小企业促进法》,中央财政设立国家中小企业发展专项基金来支持中小企业的发展,地方政府则应该结合区域实际予以财政支持。以促进高质量发展国有创业投资企业为目的,鼓励创业投资企业更好地投资中小企业(尤其是中小高新技术企业),2005年,发改委联合十部委共同发布了《创业投资企业管理暂行办法》,初步拟定"国家与地方政府可以设立创业投资引导基金,通过参股和提供融资担保等方式扶持创业投资企业的设立与发展"。以此为契机,长三角与珠三角等沿海发达城市也开始了各自的创业引导基金摸索之路。

3.1.2 探索阶段(2006—2010年)

(1) 政府通过财政出资设立创业投资引导基金

2007年7月,旨在支持科技型中小企业创新创业目标,由中央财政安排的首个1亿元国家级创业投资引导基金正式启动。在地方政府层面,值得称道的是2006年10月上海浦东新区政府设立的"浦东新区创业风险投资引导基金"。该政策性专项资金总规模达到10亿元。"浦东新区创业风险投资引导基金"设立伊始,即明确了其基本发展模式是:以引导海内外创业投资资本、管理机构和高水平的人才聚集为目的,通过发展创业投资,促进浦东新区产业转型,构建浦东新区高新技术产业高地。在契约层面,原则上引导基金不直接进行项目投资决策,通过与创投企业(海内外创投企业)签订合作投资协议,确定合作方式与投资比例。在操作管理层面,则是由浦东新区创业风险投资引导基金与海内外创投企业共同出资设立专门的创业风险投资基金,并委托有合作投资协议的创投企业对投资基金进行管理,与创业投资基金及其管理机构建立战略合作关系,参照现代公司治理原则进行协同有效管理。在投资层面,浦东新区引导基金重点投资领域包括生物医药、新能源与新材料、集成电路、软件、科技农业等。

自2005年起,国家陆续出台了一系列规范性文件,表3-1是2005—2019年出台的相关财政投资(引导)基金管理政策。2008年国务院发布了《关于创业投资引导基金规范设立与运作的指导意见》,该指导意见首次明晰了财政引导基金的资金来源、性质与宗旨、运作原则与方式,并对创业投资引导基金投资领域等给出了相关建议,提出了基金的设立、运作和风险控制、退出机制等流程基本原则与规范。由此标志着我国财政引导基金步入了规范发展的阶段,也为各地方(地级市及以上)设立引导基金提供了政策参考。

表 3-1 2005—2019 年出台的相关财政投资(引导)基金管理政策

序号	文件	发布时间	发布单位
1	《创业投资企业管理暂行办法》	2005-11-15	发改委等
2	《电子信息产业发展基金管理办法》	2007-12-10	财政部、信息产业部
3	《科技型中小企业创业投资引导基金管理暂行办法》	2007-7-6	财政部、科技部
4	《关于创业投资引导基金规范设立与运作的指导意见》	2008-10-18	发改委、财政部、商务部
5	《科技型中小企业创业投资引导基金股权投资收入收缴暂行办法》	2010-12-9	财政部、科技部
6	《国家科技成果转化引导基金管理暂行办法》	2011-7-4	财政部、科技部
7	《新兴产业创投计划参股创业投资基金管理暂行办法》	2011-8-17	财政部、发改委
8	《关于促进股权投资企业规范发展的通知》	2011-11-23	发改委办公厅
9	《国家科技成果转化引导基金设立创业投资子基金管理暂行办法》	2014-8-8	科技部、财政部
10	《私募投资基金管理人登记和基金备案方法(试行)》	2014-2-7	中国证券业协会
11	《私募投资基金监督管理暂行办法》	2014-8-21	证监会
12	《国务院关于大力推进大众创业万众创新若干政策措施的意见》	2015 年	国务院
13	《政府投资基金暂行管理办法》	2015-11-12	财政部
14	《关于财政资金注资政府投资基金支持产业发展的指导意见》	2015-12-25	财政部
15	《政府出资产业投资基金管理暂行办法》	2016-12-30	发改委
16	《政府出资产业投资基金信息登记指引(试行)》	2017 年	发改委

(续表)

序号	文件	发布时间	发布单位
17	《关于做好政府出资产业投资基金绩效评价有关工作的通知》	2018年	发改委
18	《关于进一步明确规范金融机构资产管理产品投资创业投资基金和政府出资产业投资基金有关事项的通知》	2019年	发改委、中国人民银行、财政部、银保监会、证监会、外汇局

(2) 联合国家开发银行设立政府创业投资引导基金

这一时期,另一个发展模式是联合国家开发银行设立政府创业投资引导基金。基于《关于实施〈国家中长期科学和技术发展规划纲要(2006—2020年)〉若干配套政策的通知》,由政府创投引导基金形成的满足公司的资本金要求是公司型基金在最初设立母基金时,可以向国家开发银行申请软贷款。2006年3月,由国家开发银行与中新创投合作形成的"苏州工业园区创业投资引导基金",目标投资规模为10亿元;2007年2月,总规模为20亿元的天津市滨海新区创业风险投资引导基金得以创立;2007年8月,国家开发银行也与山西省政府共同设立了山西省创业风险投资引导基金,首期规模为8亿元。

这一时期国内财政引导基金存在以下特征:

① 基金类型上以创业投资引导基金为主。相比较以往的PPP基金和产业引导基金,地方政府对创业投资引导基金有更多的自主权,运作机制较灵活。

② "园区化"特征。基于更好地满足创业融资需求,促进创业投资机构与创投人才向"产业园""科技园"聚集,引导基金较多集中于属地的科技园或工业园运营。即通过发挥创业投资引导基金引导功能,促进科技园与产业园区相关要素得以有效配置,满足"产业园""科技园"的高质量发展要求,并因此实现园区发展与引导基金双赢良性循环。

③ 积极探索适应区域经济发展的创业引导基金运作模式。这一时期,基于循序渐进与有序发展相结合的原则,各地结合实际试图选择适合本地区的创业引导基金运作模式。经过积极探索与实践,地方引导基金的组织形式推出了有限合伙制或公司制运作模式,创业引导基金也出现了参股、融资担保、跟进投资等多种运作方式,形成了深圳模式、上海模式、天津模式、北京模式等几种运作

模式。这为后期完善财政引导基金管理的法律法规提供了实践参考,对财政引导基金规范化工作也起到了积极的作用。

3.1.3 蓬勃发展阶段(2011—2016年)

2010年开始,中央财政开始发力,先后设立了多种中央性质的投资基金。2011年,财政部出资5亿元成立了中国文化产业投资基金。随后,国家层面上,为助推现代农业、集成电路等产业的高质量发展,中央财政陆续设立了现代种业发展基金、中国农业产业发展基金、国家集成电路产业投资基金等。

2014年中国经济进入了新常态,由传统的要素、投资驱动转型到创新驱动成为国家发展战略。2015年国务院推出了《关于大力推进大众创业万众创新若干政策措施的意见》,高质量发展创业投资引导基金成为高质量推进大众创业、万众创新,实施创新驱动发展国家战略的必要与重要手段。这一时期的相关政策引领主要内容包括:

(1) 建立和完善创业投资引导基金成为共识

将构建高质量创业投资引导机制作为国家创新驱动发展战略的驱动力,并将其相关政策引领作为重要理念,这一观念不仅仅停留在相关职能部门共识层面,更应将高质量发展新兴产业创业投资引导基金和中小企业发展基金贯彻在实践中。这一时期,在中央层面,基金总规模分别高达400亿元、600亿元的国家新兴产业创业投资引导基金和国家中小企业发展基金先后设立。在地方层面,以各地级市发起的创业投资引导基金迎来了高速发展阶段。根据清科集团旗下私募通数据显示,截至2015年12月底,国内设立的各级财政引导基金已达780只,基金规模为21834.47亿元。

(2) 结合供给侧结构性改革,探索财政资金协同多渠道资本实现合作共赢的有效方式

2015年,随着提高供给质量优化经济结构的供给侧结构性改革的推进,围绕"中国制造2025",国家提出了以节能环保、新兴信息产业、生物产业、新能源、新能源汽车、高端装备制造业和新材料为主的七大战略新兴产业,产业转型升级成为经济工作的重点。2015年,财政部、发改委、中国人民银行《关于在公共服务领域推广政府和社会资本合作模式指导意见》指出,结合供给侧结构性改革,需要积极探索财政资金协同多渠道资本实现合作共赢的有效方式。财政资金如何有效撬动社会资金和金融资本参与创业创新与创业转型升级,无论是治

理模式还是激励约束机制的制度创新都应该得到鼓励与支持。

2016年,发改委颁布实施的《政府出资产业投资基金管理暂行办法》,首次阐释了产业投资基金内涵、组织形式、募集登记、投资运作终止、绩效评价、行业信用建设、监督管理等具体内容。值得重视的是,这一暂行办法支持并鼓励地方政府在承担有限损失的前提下,通过实施有效甄别机制,选择和有专业投资管理经验的金融机构合作共同发起基金,在此基础上,吸收更多声誉较好、专业能力更强的风险投资机构等社会资本参与,提升创业创新质量与项目管理水平。

这一阶段财政引导基金政策的主要特征有:

① 政策鼓励因地制宜,倡导财政引导基金形成模式多样化、层次差异化和区域特色化

这一阶段财政引导基金的蓬勃发展,一方面,体现在财政引导基金数量和规模的迅速增长上。2015年和2016年,财政引导基金分别新设374只和511只,已经远远超过2015年前引导基金市场存量总和,到位资金规模达到万亿元。另一方面,政策引领重视鼓励财政引导基金的市场化长效运行机制的探索,发挥并强化各项引导基金的杠杆作用,通过协同联动促进引导基金蓬勃发展。

由于政策的推动以及各地的积极探索,财政引导基金呈现了模式多样化、层次差异化和区域特色化的特点。早期具有的"园区化"创业投资引导基金,演化为产业引导基金、PPP基金、创业引导基金"三驾马车"并存的局面。

② 形成地区差异的"因地施策"财政引导基金

地方财政引导基金"因地施策"是这一阶段政策的主要特征。以长三角和珠三角等东部发达省份为例,这些地区形成了旨在发展高科技、实现经济转型的以产业类、创投类为主的财政引导基金模式。中西部地区则以PPP基金模式为主,主要原因在于:其一,地区经济发展阶段差异,导致了财政引导基金的投资模式与重点不同;其二,地方政府"因地施策",财政引导基金体现了地方财政预算特征;其三,财政引导基金不同程度对地区财政资金的投入方式转变起到了积极的影响,"因地施策"财政引导基金也因此促进了财政投资有效性的改善。

3.1.4 规范化与强监管发展阶段(2017—2020年)

(1) 具有股权投资特征的财政引导基金再次出现快速增长

2016—2020年,逆全球化思潮以及伴随着三期叠加的国内经济新常态,"三去一补"和供给侧改革成为中国经济高质量发展的破解之道。原财政部部长楼继伟表示,加快发展财政引导基金是实施供给侧改革、促进产业迈向中高端的重要举措,也是转变政府职能、提升财政治理能力与效率的重要制度创新。基于供给侧改革与精准支持大众创业、万众创新政策背景,各地具有股权投资特征的财政引导基金再次出现快速增长。2016年成立了中国PPP基金,注册资本就达到1800亿元,仅仅三年,到2019年12月底,PPP基金累计项目总投资超13000亿元,决策投资项目达到154个,覆盖28个省(自治区、直辖市)的100多个地市。

(2) 基于"疏堵结合"原则,密集出台以"堵"为主的强监管规范管理文件

规范管理文件则以强化治理规范化与强监管要求为重点。面临快速增长的财政引导基金(尤其是地方财政出资的引导基金)可能出现的风险约束机制缺失问题,中央等相关管理部委基于"疏堵结合"原则,密集出台了系列规范化与强监管规范管理文件。2017年,财政部联合五部委出台了《关于进一步规范地方政府举债融资行为的通知》,以"堵"为主,强化并规范了地方政府与社会资本方的合作行为。《关于进一步规范地方政府举债融资行为的通知》明确规定,地方政府不得变相通过借贷资金方式设立各类投资基金,明令禁止地方政府利用PPP、各类投资基金等方式变相成为违法违规举债行为,对变相举债等违法融资行为列举了详细清单。

(3) 基于"疏堵结合"原则,密集出台以"疏"为主的财政基金治理规范管理文件

以"疏"为主,强化并规范了地方政府与社会资本方的合作行为。其一,政务公开信息公开改革。2017年,国家发改委出台了《政府出资产业投资基金信息登记指引(试行)》,强调了跨部门监管和信息公开透明原则。其二,对财政引导基金管理人提出了规范管理要求。发改委发布了《关于做好政府出资产业投资基金绩效评价有关工作的通知》,强化了对财政引导基金的绩效评价考核机制。2018年,中国人民银行等监管部门颁布实施的《关于规范金融机构资产管理业务的指导意见》,则对财政引导基金资本的参与方提出了进一步规范要求,财政部同年也发布了《关于规范金融企业对地方政府和国有企业投融资行为有关问题的通知》,要求相关财政资金的参与方按照金融机构"资本穿透"原则加强资金的投向管理。2019年,国家发改委等六部门出

台了《关于进一步明确规范金融机构资产管理产品投资创业投资基金和政府出资产业投资基金有关事项的通知》,强化了金融机构资管产品对投资财政引导基金的风险防范与管理力度。上述规范化与强监管政策产生了明显的成效,以深圳为例,仅2019年9月,深圳市财政引导基金就清理了25只子基金。

这一阶段财政引导基金的主要特征有:

① "风险导向"与"疏堵结合"相结合的政策引领,使财政引导基金步入"降温"式的规范化发展阶段

由于强化了监管措施,对财政引导基金和相关合作的金融与非金融机构提出了规范化要求,财政引导基金(尤其是地方财政)规模和数量发展开始"降温"。表现为:一方面,地方融资平台收缩了投融资规模,开始进行市场化转型的体制机制改革;另一方面,随着这一阶段的国家减税降费改革,较大的地方财政压力倒逼着财政引导基金着手进行深化改革,一些地方开始出现财政引导基金"募资难,投不出"现象。进一步地,面临"一行两会"和外管局颁布的资管新规的严约束,部分可能引发金融风险的地方政府融资平台下的类金融公司得到清理,相关产业投资基金也得到了有效的治理。

② 政策协同还原财政引导基金对促进经济高质量发展的引擎职能

政府风险投资基金设立的初衷是弥补创业活动的资本缺口、促进风险投资发展、发挥有效的信息传递功能,成为经济高质量发展的引擎。而实现这一功能,就必须要求政府多部门联合协作,基于长效管理的要求规范财政引导基金的发展。然而,对财政引导基金的理论认识与实践经验准备不足,尤其是在快速发展阶段,地方政府具有"大跃进"特色的引导基金和基金投资项目存在许多金融隐患,甚至有可能集聚更大的金融风险。

防范化解重大风险攻坚战,特别是针对金融领域风险,成为近几年国家治理层面的重要任务。在快速发展阶段,地方政府"风起云涌"成立的引导基金项目存在着不少的金融隐患。在笔者看来,2016—2020年出台的相关政策,更重要的是开始出现了政策协同效应。相关部门联合出台了PPP基金项目库,着手建立了产业投资基金信息化登记备案库。由于大多是国家多部门联合协作的结果,在某种程度上,这些政策引领无疑对还原财政引导基金促进经济高质量发展的引擎职能产生了积极的影响。

3.2 国内风险投资管理政策发展沿革

3.2.1 探索阶段(1985—1996年)及其特征

(1) 政策回顾

创业投资引导基金在国际上亦称为"母基金",最早发端于美国,1958年美国国会通过了小企业投资公司计划,目的在于解决中小企业融资困难的问题。该计划由小企业管理局(SBA)负责执行,向小企业投资公司(SBIC)提供优惠贷款,通过SBIC向中小企业提供股本资金和长期信贷资金来满足中小企业的融资需求,从而扶持中小企业的发展。1985年,美国对这一计划进行了改革,由政府直接出资的方式改为债券融资担保方式,即由政府担保SBIC到市场上发行长期债券,这不仅拓宽了SBIC的融资渠道,而且降低了小企业投资计划的风险。1994年,SBA对这一计划进行了进一步改革,在债券融资担保模式的基础上,采用股权融资担保模式来对SBIC提供支持。股权融资担保即采取参与型证券方式,由SBA以有限合伙人股份、优先股和根据盈利支付债券三种形式购买或担保SBIC发行的参与式证券,使SBIC获得最高2倍于私人缴付资金的杠杆资金。SBIC计划自实施以来,效果显著,培育了Apple、Intel、Federal Express、American Online等多家国际知名公司,创造了超过100万个新就业岗位。

自20世纪90年代以来,世界各国也开始纷纷采用引导基金的方式来扶持中小企业发展,成功的例子有以色列的YOZMA基金、澳大利亚的IIF基金等,同样也有不成功的例子,如芬兰的FII基金。

以色列政府创业投资基金(YOZMA)于1993年设立,它通过参股支持方式来引导民间资金,共设立了10家商业性创业投资基金,基金成熟后又把政府股份出售给社会资本,极大地推动了以色列高科技产业的发展。

澳大利亚创新投资基金项目(Innovation Investment Fund,简称IIF)自1997年开始实施,旨在培养投资于早期创业企业的基金管理人,发展一个持续的、投资于创业企业早期的创业投资产业。该计划自运行以来,效果良好,多家基金管理人获得了政府颁发的执照,负责管理IIF参与投资的混合基金,进一步的基金管理人选拔培养计划也正在开展中。

芬兰政府为了促进本国创业投资产业的发展,尤其是解决那些高科技、中小规模企业股权资本不足的"市场失灵"问题,出资建立了芬兰产业投资有限公司(Finnish Industry Investment,简称FII)。由于芬兰引导基金政策要求FII的运作必须从长远来看保持盈利,且FII与私人资本享有相同的分配权力,且实际投资于"市场失灵"领域的资金仅占资金份额的少数,因此FII并没有有效地实践其初衷,很好地促进创业投资产业的发展。

基于国际经验的考察,政府推动对促进风险投资业发展起到了重要与积极的作用。成功的风险投资业发展经验表明,高质量的风险投资政策红利表现为:一方面,提升了创业创新质量;另一方面,也促进了风险投资业的发展。

1985年,中共中央发布了《关于科学技术体制改革的决定》,官方首次引入风险投资概念。同年9月份,第一家从事风险投资业务的金融机构中国新技术创新投资公司(CVIC)经国务院批准正式成立。1985—1996年是中国风险投资业由政府推动发展的十年,由计划经济向市场经济转轨期间,风险投资体制机制仍然处在探索发展阶段。相继成立的风险投资公司大多由政府主导,展开了风险投资管理实践。

与此同时,基于推动高新技术产业发展的相关风险投资法律建设工作也方兴未艾。政府相继颁布了《国务院关于批准国家高新技术产业开发区和有关政策规定的通知》(1991)、《关于加速科技进步的决定》(1995)、《促进科技成果转化法》(1996)等法律法规。国家开始在北京、深圳等地试点,创办具有孵化器特征的科技园区,通过在科技园区引入风险投资促进高科技企业发展。截至1996年底,主要以内资为主的风险投资机构数量、已投风险投资项目数、总投资金额并没有取得更大的突破。表3-2为1985—1996年中国风险投资相关政策。

表3-2 1985—1996年中国风险投资相关政策

政策名称	出台时间	政策内容
《关于科学技术体制改革的决定》	1985年3月13日中共中央颁布	对于变化迅速、风险较大的高技术开发工作,可以设立创业投资给予支持
《关于进一步推进科技体制改革的若干规定》	1987年1月20日国务院颁布	要增加对中间试验、生产工艺的开发,以及技术成果商品化、产业化的资金支持。对高新技术和高新技术产业,应选择重点,大幅度提高投资强度,并逐步实施风险投资

(续表)

政策名称	出台时间	政策内容
高技术研究发展计划（863计划）	1986年3月国务院颁布	以前沿技术研究发展为重点，统筹部署高技术的集成应用和产业化示范，充分发挥高技术引领未来发展的先导作用
高新技术产业发展计划（火炬计划）	1988年8月经国务院批准，国家科委颁布	实施科教兴国战略，贯彻执行改革开放的总方针，发挥我国科技力量的优势和潜力，以市场为导向，促进高新技术成果商品化、高新技术商品产业化和高新技术产业国际化
《国务院关于批准国家高新技术产业开发区和有关政策规定的通知》	1991年国务院颁布	有关部门可以在高新技术产业开发区建立风险投资基金，用于风险较大的高新技术产业开发，条件成熟的高新技术产业开发区可创办风险投资公司
《科学技术进步法》	1993年7月2日第八届全国人民代表大会常务委员会通过	用法律的形式明确科学技术的战略地位，科学技术是第一生产力，需要优先发展
《关于加速科技进步的决定》	1995年5月6日中共中央、国务院颁布	强调要发展科技风险投资事业，建立科技风险投资机制。金融机构要支持科技事业的发展，发展科技风险投资事业，建立科技风险投资机制
《促进科技成果转化法》	1996年5月15日全国人民代表大会常务委员会发布	国家鼓励设立科技成果转化基金和风险基金，其资金来源由国家、地方、企业、事业单位以及其他组织或者个人提供，用于支持高投入、高风险、高产出的科技成果的转化，加速重大科技成果的产业化

（2）探索阶段风险投资管理政策特征

第一，风险投资理论研究尚不充分，政策大多数是基于市场经济国家经验借鉴的结果。从实践方面考察，政策对于推动风险投资行业市场化的效果并不十分理想。

第二，由于观念及体制上的约束，相关资本市场尚不成熟，知识产权与市场契约关系不健全，市场经济分配制度有待完善。这一阶段国内风险投资政策尚存在缺乏系统性体系、配套政策不完善等局限。

3.2.2 起步阶段（1997—2000年）及其特征

（1）政策回顾

1998年，全国政协一号提案《关于尽快发展我国风险投资事业》是一个具有里程碑式的政策引领,对推动中国风险投资业起到了十分重要的影响。由此中国风险投资业发展开始了全面起步阶段。1997—1998年是缓慢发展阶段,风险投资开始向全国辐射,深圳、上海等地的风险投资业开启了快速发展阶段,在政府主导下,中西部等其他地区也开始建立由区域地方财政出资的风险投资机构。1999—2000年,随着信息技术和生物科技产业的加速发展,国家和各地政府陆续出台了高科技计划,导致了国内风险投资业整体上步入了数量高速增长的所谓黄金时期。1999年底,超过1亿元规模的风险投资基金已超30只。1999—2000两年间风险投资机构数量增加了51家,2000年,我国已有百余家风险投资机构,风险资本累计达到80亿元。这一阶段主要政策见表3-3。

表3-3 1997—2000年中国风险投资相关政策

政策名称	出台时间	政策内容
《关于尽快发展我国风险投资事业》	1998年3月全国政协一号提案	极大地鼓舞了我国发展风险投资的热情,全国范围内掀起了一股对风险投资进行考察研究和尝试的浪潮
《关于建立风险投资机制的若干意见》	1999年12月30日科技部、国家计委、国家经贸委、财政部、中国人民银行、税务总局、证监会发布	研究制定有利于风险投资发展的财税、金融扶持政策,对国内风险投资的发展形成了明确的政策导向,从法律层面上明确了风险投资的重要意义,并提出了指导、规范我国风险投资发展的基本原则
《关于加强技术创新,发展高科技,实现产业化的决定》	1999年8月20日中共中央、国务院颁布	培育有利于高新技术产业发展的资本市场,逐步建立风险投资机制
《深圳市创业资本投资高新技术产业暂行规定》	2000年10月11日深圳市政府相关部门发布	我国第一部地方地方性创业投资规章

另一个标志性的事件是1998年,中国第一家风险投资机构中创公司倒闭,催生了对中国规范化法制化发展风险投资的强烈需求。社会各界普遍对缺乏市场活力的政府主导型风险投资机构向市场化转型有了更多的期许。1999年颁布实施的《关于建立风险投资机制的若干意见》,对风险投资体系框架提出了基本指南,强化了私人风险资本参与创业投资激励机制,对完善风险投资退出机制也提出了指导性意见,使风险投资机构的管理制度和运作模式等也有了改善。

(2) 起步阶段风险投资管理政策特征

重点是对风险投资业开展理论上的研究和实践经验总结工作。

第一,风险投资法制建设属于初期阶段。正式的法律制度或政策条文不多,理论研究相对滞后,相关政策也主要是基于实践经验总结的结果。

第二,开始与国际风险投资机构展开合作,政府相关职能部门对风险投资业加大了研究力度。

第三,风险投资具有明显的波动性与行业投资特征。随着互联网的兴起,风险资本开始大力追捧互联网投资;由于创业板的设立,风险投资普遍追逐投资创业板企业。

第四,着手起草投资基金法、建立担保体系等,与风险投资配套的促进科技创新和科技成果产业化的法律条文不断完善。加强了对风险投资行业的法律保障,规范了风险投资融资、退出流程,普遍重视风险投资发展法制环境的建设。

3.2.3 风险投资业的调整阶段(2001—2003年)及其特征

(1) 三年调整阶段

2001年开始,伴随着互联网泡沫在全球蔓延,风险投资业与IT产业都经历了2001—2003年的三年寒冬期。互联网产业的波动对风险投资造成了比较消极的影响,风险投资业也开始了三年周期的调整阶段。期间对风险投资行业影响较大的法规包括:规范信托基本关系的《信托法》(2001)和《中小企业促进法》(2002),这对促进中小企业的发展起到了重要的作用。

(2) 三年调整阶段的政策特征

第一,启动了针对外资或合资风险投资机构的法规体系建设。2001年颁布实施的《关于设立外商投资创业投资企业的暂行规定》,为境外资本进入创业投资行业提供了必要的法律保障。伴随着风险投资业的调整,这一阶段,财政投入的风险投资基金占比开始降低,而外资或合资风险投资机构数量有所上升。境外资本的投入与引领,使整个风险投资行业投资主要集中在IT软件、医疗保健、新材料和现代制造业4个行业,对优化产业结构的国内经济转型产生了积极的影响。

第二,不同行政地域的风险投资政策亟待协调与完善。随着境外资本进入创业投资行业,以及地方政府对发展新产业的期盼,深圳、天津、上海、江苏、河南等地区都出台了促进风险投资发展的政策法规。然而,由于缺乏充分的论证与必要的协调,不同地区(内外资性质)的创业投资税收政策缺乏一致性、中央与地方法规之间沟通不畅、政府不同部委之间政策难以协同,都导致了居高不下的风险投资制度运行成本以及国内当时现实存在的较重的创业投资机构赋税问题等,对风险投资行业的高质量发展产生了消极影响。

3.2.4 高速发展与成熟阶段(2004—2010年)及其特征

(1) 高速发展阶段(2004—2008年下半年)

2003年底开始,全球IT产业与资本市场开始全面复苏,早期在中国从事风险投资的投资者开始大量成功(高额盈利)地从资本市场退出。2004年,国内外风险资本的投资额突破10亿美元,达到12.05亿美元,比2003年上升了28%,迎来了中国风险投资业的投资高潮。创业投资再次进入一个高速发展期。

2005年2月19日国务院发布了《关于鼓励支持和引导个体私营等非公有制经济发展的若干意见》,该意见进一步放宽了非公有制经济的市场准入门槛,也拓展了风险资本的投资领域。2005年11月,首部《创业投资企业管理暂行办法》的颁布,对促进风险投资行业步入法制化规范化健康发展起到了积极的作用。

温家宝总理在2007年政府工作报告中提到要积极发展创业风险投资。2007年财政部、国家税务总局联合颁布实施《关于促进创业投资企业发展有关税收政策的通知》,为促进社会资本参与创投,降低了创投基金和创投企业税负。

(2) 成熟阶段(2008年下半年—2010年)

2008年下半年,受美国蔓延到全球的金融危机影响,国内外风险投资市场的投资强度不同程度地出现了下降趋势,国内风险投资界也出现了短暂的衰退和调整。然而,这一短暂的调整与"洗牌"时间并不很长,受2009年10月30日中国创业板正式开通交易事件触发,以及2010年全球经济回暖,中国中央与地方政府加大了风险投资财政引导基金的引导力度,与此同时,越来越多的社会资本开始快速进入风险投资领域,国内风险投资很快步入了一个快速发展并逐渐成熟的新阶段。这一阶段的主要政策见表3-4。

表3-4 2008年下半年—2010年中国风险投资相关政策

政策名称	出台时间	政策内容
《关于关于创业投资引导基金规范设立与运作指导意见》	2008年10月18日,国家发改委、财政部、商务部	对我国风险投资引导基金做出了政策性的弥补

(续表)

政策名称	出台时间	政策内容
《关于促进自主创新成果产业化若干政策的通知》	2008年12月18日,国家发改委、科技部、财政部、教育部、中国人民银行、国家税务总局、知识产权局、中科院、工程院	对创新技术成果实现产业化有着直接推动的作用
《关于加快培养和发展战略性新兴产业的决定》	2010年10月19日,国务院	鼓励金融机构加大信贷支持,发挥多层次的资本市场的融资功能,大力发展创业风险投资和股权投资基金;引导和鼓励社会资金投入
《中共中央关于制定国民经济和社会发展第十二个五年规划的建议》	2010年10月18日,中共中央第十七届五中全会	明确指出"要促进科技和金融结合,培育和发展创业风险投资"
《促进科技和金融结合试点实施方案》	科技部、中国人民银行、中国银监会、中国证监会、中国保监会国科发财〔2010〕720号	进一步明确了我国风险投资的未来发展方向
《关于豁免国有创业投资机构和国有创业投资引导基金国有股转持义务有关问题的通知》	2010年10月13日,财政部、国资委、证监会、社保基金会财企〔2010〕278号	在一定程度上提高了国有风投机构的积极性,鼓励引导国有风投机构加大对中早期项目的投资

（3）高速发展与成熟阶段政策特征

第一,逐渐形成了支持风险投资发展的法规体系。《创业投资企业管理暂行办法》《证券法》《公司法》相继修订完成,国内基本上形成了基本政策到位,配套法规比较齐全的支持风险投资发展的政策框架体系,为高质量发展风险投资支持中小企业尤其是科技型中小企业提供了法律保障。

第二,结合风险资本特征,出台了旨在促进风险投资行业发展的相关激励政策。

3.2.5 密集出台政策与风险投资发展的盘整阶段（2011—2013年）及其特征

2011—2013年,基于对风险投资规范化与高质量发展政策预期,国内密集出台了若干与风险投资相关的法律法规,见表3-5。

表 3-5　2011—2013 年中国风险投资相关政策

政策名称	出台时间	政策内容
《关于进一步规范试点地区股权投资企业发展和备案管理工作的通知》	2011 年 2 月 23 日,发改委办公厅	一方面,对试点地区股权投资企业的募资和投资运作进行规范和指导,促进试点地区股权投资市场的持续健康规范发展;另一方面就备案管理程序做出规定,使现行备案管理工作规范化和制度化
《关于豁免国有创业投资机构和国有创业投资引导基金国有股转持义务有关审核问题的通知》	2011 年 2 月 22 日,财政部	就创投机构的备案、年检要求、投资时点、被投资企业规模、国有股的回拨或解冻、申报资料、引导基金审核要求及资料报送等做出了明确的规定
《国家科技成果转化引导基金管理暂行办法》	2011 年 7 月 7 日,财政部	为加速推动科技成果转化与应用,引导社会力量和地方政府加大科技成果转化投入,中央财政设立国家科技成果转化引导基金(以下简称转化基金),主要用于支持转化利用财政资金形成的科技成果。另外,明确了转化基金的支持方式,包括设立创业投资子基金、贷款风险补偿和绩效奖励等
《关于鼓励和引导民营企业发展战略性新兴产业的实施意见》	2011 年 7 月 13 日,发改委	战略性新兴产业扶持资金等公共资源对民营企业同等对待,保障民营企业参与战略性新兴产业相关政策制定,支持民营企业提升创新能力,扶持科技成果产业化和市场示范应用,鼓励发展新型业态,引导民间资本设立创业投资和产业投资基金,支持民营企业充分利用新型金融工具融资,鼓励开展国际合作加强服务和引导
《新兴产业创投计划参股创业投资基金管理暂行办法》	2011 年 8 月 17 日,财政部、发改委	明确财政资金参股创投基金的重点投资方向应集中于节能环保、生物与新医药、新材料、新能源汽车等战略性新兴产业;但不得投资上市企业、房地产及其他创基金或投资性企业,并强调需重点扶持初创期及早中期的企业成长
《关于促进科技和金融结合加快实施自主创新战略的若干意见》	2011 年 10 月 20 日,科技部、财政部、中国人民银行、国务院国资委、国家税务总局、中国银监会、中国证监会、中国保监会	强调要培育和发展创业投资,提出不仅要充分发挥创业投资引导基金的重要作用,而且要充分发挥国有创业投资的重要作用,推动国有创业投资机构加大对初创期科技型中小企业的投资力度,鼓励民间资本进入创业投资行业等

(续表)

政策名称	出台时间	政策内容
《国务院关于鼓励和引导民间投资健康发展的若干意见》	2010年5月1日，国务院	这一文件让民间资本正式进入了监管的范围，并为民间资本的发展打开了正式的"窗口"。该通知支持民营企业上市和再融资，鼓励民间资本参股证券期货经营机构，其中对于参股证券公司，提出要简化证券公司增资扩股等行政许可事项，便利民间资本参与证券公司增资扩股
《关于保险资金投资股权和不动产有关问题的通知》	2012年7月16日，中国保险监督管理委员会	一是大大放宽了针对股权投资和不动产投资的限制；二是规范风险管理，强化了风险控制的要求，调整放松了部分投资限制，拓宽了投资领域
《基金管理公司特定客户资产管理业务试点办法》	2012年9月27日，中国证券监督管理委员会	第九条明确指出资产管理计划资产可投资于"未通过证券交易所转让的股权、债券及其他财产权利"，这意味着公募基金投资范围将从二级市场向股权投资领域延伸，公募基金管理公司可设立直投公司参与
《关于鼓励和引导民间资本投资公路水路交通运输领域的实施意见》《关于鼓励和引导民间资本投资铁路的实施意见》《关于社会资本举办医疗机构经营性质的通知》《关于鼓励和引导民间资本进入银行业的实施意见》等	2012年，交通部、中国人民银行等	鼓励和引导民间资本投资于各个领域
《关于进一步做好股权投资企业备案管理工作的通知》	2013年3月18日，发改委	对进一步做好股权投资企业备案管理工作进行了具体部署，以有序推进全国股权投资企业备案管理工作
《中华人民共和国证券投资基金法》	2003年10月28日，第十届全国人民代表大会常务委员会第五次会议通过	将私募基金纳入监管，放松对基金公司的管制，放开基金从业人员投资证券资格，提升基金持有人权利，同时，放开了基金经理及其亲属证券投资资格

(续表)

政策名称	出台时间	政策内容
《关于私募股权基金管理职责分工的通知》	2013年6月28日,中央编办印发	该通知明确证监会负责私募股权基金的监督管理,实行适度监管,保护投资者权益;发改委负责组织拟订促进私募股权基金发展的政策措施,会同有关部门研究制定政府对私募股权基金出资的标准和规范;两部门要建立协调配合机制,实现信息共享
《关于金融支持小微企业发展的实施意见》	2013年8月8日,国务院办公厅	为民间资本进入金融领域打通了渠道;将进一步丰富小微企业金融服务机构种类,支持在小微企业集中的地区设立村镇银行、贷款公司等小型金融机构,推动尝试由民间资本发起设立自担风险的民营银行、金融租赁公司和消费金融公司等金融机构

(1) 配套激励政策,支持风险投资对新兴产业与中小企业创新投入

2011—2013年,全球经济发展处于低增长阶段,国内经济宏观调控压力增大。国内IPO表现低迷,私募资金下滑明显,风险投资处在低谷,风险投资行业出现了明显的盘整期。为此,政府出台了较多的配套激励政策,引导与支持风险投资对新兴产业和中小企业的创新投入。2011年科技部颁布了《关于进一步促进科技型中小企业创新发展的若干意见》,以及科技部和财政部联合印发了《国家科技成果转化引导基金管理暂行办法》、财政部与发改委联合印发《新兴产业创投计划参股创业投资基金管理暂行办法》,对新兴产业与中小企业创新投入的风险投资给予了多方位的政策支持。

(2) 规范风险投资基金发展模式,促进风险投资的专业化转型

针对前期高速发展的风险投资发展过程中普遍存在的、偏离预期投资(转投房地产和委托理财业务等)方向等问题,这一时期相关部门推出了系列的监管和规范政策,2012年,中国证监会正式对外发布了《非上市公众公司监督管理办法》,将非上市公众公司纳入了法制化监管体系中。这些政策引领对鼓励风险投资探索与创新投资方式、推动风险投资的专业化转型产生了积极的影响。

3.2.6 复苏阶段(2014年至今)及其特征

2014年开始,"大众创业,万众创新"的创新驱动战略成为经济高质量发展的

顶层设计,由此国内风险投资业全面进入了发展的黄金期。风险投资机构、风险投资规模、风险投资基金也得以迅猛增长,风险投资行业处在全面复苏阶段。

(1) 高增长伴随着高风险,风险投资步入强监管时期

与风险投资行业高增长相伴的是,2014—2015 年国内发生的多起互联网金融领域违规事件,非法集资和违约时有出现,影响了风险投资行业声誉。为了促进风险投资健康发展,政府对风险投资的管理也进入了强监管时代。中国证券投资基金业协会加大创业投资行业监管力度,先后制定了《基金从业资格考试管理办法(试行)》和《私募投资基金募集行为管理办法(试行)(征求意见稿)》。2016 年 9 月 20 日,国务院印发《关于促进创业投资持续健康发展的若干意见》,基于投资主体、资金来源、政策扶持、法律法规、退出机制、市场环境、双向开放及行业自律与服务八个方面,提出了具体的建设性的监管指导意见。

(2) 落实风险投资各项优惠政策,监管进入规范、透明、高效的新阶段

2019 年 1 月 24 日,多部门联合发布《关于创业投资企业个人合伙人所得税政策问题的通知》,进一步扩大了创投企业和天使投资者税收优惠(投资抵扣、个人合伙人所得税)范围。2019 年 10 月 25 日,随着全面深化新三板改革的正式启动,也推动了国内对风险投资在内的基金监管的改革。2019 年 11 月 22 日,发改委、商务部正式出台《市场准入负面清单(2019 年版)》,对企业从事私募基金管理,有了更透明公正的市场准入规则,负面清单的推出进一步消除了行业准入的隐性壁垒,标志着监管进入规范、透明、高效的新阶段。

3.3 政策述评

科学合理的财政引导基金与风险投资管理政策引领是促进高质量创业创新的行动基础。基于历史的维度,本章通过对国内财政引导基金、风险投资管理政策对创业创新的支持引领相关文献的梳理,笔者发现,相关政策随着实践的发展与对高质量创业认识的不断深化,国内政策呈现出如下特征:

(1) 政策的目标定位。创业创新的不确定性及其可能产生的正外部效应,通过财政引导基金参与创业创新具有了公共经济学的理论基础。从相关政策的发展沿革考察,遵循的逻辑是:早期出台的财政引导基金政策更强调引领风险资本对高质量创业创新的必要性,发展迄今,引导基金政策目标定位逐渐清

晰并已经形成政策共识。即：充分发挥财政引导基金的积极的信号作用和深层次的引导作用。

（2）阐释财政引导基金"有所为与有所不为"正成为政策关注的重点。已有政策逐渐聚焦到公共财政的到位与缺位领域。一方面,政府部门应充分发挥其在社会服务、市场监管、经济调节等方面的主导作用,解决市场失灵、资源配置低效率、挤出效应等问题。另一方面,财政引导基金通过设立财政引导基金等方式,以引导为主,以政府参股的形式参与（而不是直接管理）风险投资,控制政府资本持股比例（而不是成为主要股权投资人）,积极引入社会资本,实行以社会资本为主、政府资本为辅的混合所有制的风险投资股权结构,引导和推动社会资本投向处于初创期的优质企业,在政府正外部性投资的引导下,鼓励更多的高质量创业。

（3）政策引领逐渐聚焦于财政引导基金使用效果与效率行动纲领。由政府设立、市场化运用的政策性财政引导基金,目前政策引领重点聚焦于如何高质量扶持创业企业发展,引导包括风险投资在内的社会资金进入创业投资领域,发挥财政资金的杠杆效应行动纲领。提出了包括参股、融资担保及跟进投资等国内财政引导基金联合风险投资模式,并阐释了如何因地制宜地探索不同区域不同层级财政引导基金联合风险投资运作模式。

（4）政策引领内容逐渐转向制度安排策略和激励契约设计基础方案。包括财政引导基金激励机制缺失下的可能道德风险（防范风险投资机会主义等）与逆向选择（甄别高质量的创业创新项目）,提出财政引导基金与风险投资协同的可行的激励机制。近期出台的一些政策还提出了政府创业引导基金的发展路径与对策。

（5）财政引导基金管理更重视引入市场化机制体制。政策鼓励财政引导基金可采取委托管理、引入职业经理人等模式,通过市场化机制体制创新,基于职业专业管理视角,将引导基金运作管理匹配给合格的管理机构和管理者管理,通过构建有效激励与约束机制,实现财政引导基金与专业管理者的合作共赢,实现长期良性运作。政府部门主要负责参与创业创新项目的宏观方向、战略政策与投资规划的审议,确保基金不出现方向性的偏离。在执行层面,则不干涉创业企业的具体运作。

第四章

财政引导基金、风险投资与创业者合作博弈模型

本章将财政引导基金联合民间风险投资如何通过合作促进高质量创业作为研究对象,探索性地将具有政府背景的财政引导基金界定为主导型风险投资(LVC),民间风险投资界定为辅助型风险投资(NLVC),以及需要获得引导基金与风险投资资金支持的创业者(EN)。考虑到主导型风险投资(LVC)资金来源于政府背景的财政投资,特殊的身份决定了 LVC 是资金风险更大的(类似于天使投资人)承担者,吸引民间风险资本 NLVC 加入的引领者,以及促进创业者(EN)与 NLVC 提高努力水平的激励者。基于 LVC 以提升创业质量为目的,LVC 初期不以获利为目的。辅助型风险投资(NLVC)与创业者(EN)的合谋会导致财政引导基金投资失效。本章拟构建财政引导基金、风险投资与创业者合作博弈模型,阐释并分析在财政引导基金主导并决定辅助型风险投资(NLVC)与创业者(EN)股权份额的前提下,创业者(EN)持股比例对财政引导基金投资失效是否产生影响?相关契约安排如何影响 LVC、NLVC、创业者(EN)的合作行为?

4.1 引　言

创业创新正成为产业转型与企业高质量发展的主要驱动力。着眼于合作共赢共担风险,财政引导基金、民间风险投资与创业者形成的联合体正成为一种常见的投资策略。美国、以色列、加拿大等市场经济国家较早地出现该联合投资体,这种联合投资体对创业初期、中期和后期产生了积极的影响[116]。梳理已有相关文献,该领域研究包括:

(1)联合的动因。Lerner 指出,风险投资选择联合是基于财务资源与非财务资源的约束,为规避单独投资的高风险,迅速在所投资项目获得成功以证实

能力,选择联合是一个能够实现声誉从而具有"饰窗"(window dressing)效应的合理决策;Brander 等认为,联合风险投资形成的互补资源与管理服务有利于提升投资项目价值,是各方决定选择联合投资的重要动因;Bachmann 和 Schindele 认为,风险投资以及创业团队基于提升声誉资本视角,选择组成联合体能够促进各方都得到更高的声誉资本[117]。如果联合投资形成的声誉资本足够高,则有利于防范知识产权专利技术流失的风险,因为联合体声誉资本足够高,多个风险投资与创业者预期到技术窃取将导致过高的个人声誉损失的机会成本,尤其是能够形成对创业者技术保护机制,即可以理解为具有更高专业技术的创业者产生了预期抵押机制。Casamatta 和 Haritchabalet 指出,基于甄选创业者创业质量的识别需要,高声誉高能力的风险投资会联合同类的高声誉高能力的风险投资。联合投资不仅是避免过度竞争、彼此妥协的结果,更是促进投资高质量项目报团取暖的必然要求[51]。

(2) 契约安排。Admati 和 Pfleiderer 区分了主导型与辅助型的风险投资,对主导型风险投资而言,给辅助型风险投资分配一个相对固定的权益比率,这一契约安排有利于辅助型风险投资积极参与投资项目[118];Cumming 建立的理论模型逻辑推演显示,主导型风险资本为了吸引更多风险投资的参与,降低了参与投资的机构出现信息披露不当等道德风险,合理的契约安排是主导型风险资本实施优先股契约,辅助型风险投资选择可转换债券[119];Arping 认为,最优联合风险投资契约安排是:主导型风险投资选择的可置信威慑是具有可转换优先股和清算优先权的,辅助型风险投资则拥有优先股[17]。

随着联合风险投资的不断发展,近年来,越来越多具有政府背景的财政引导基金加入联合风险投资中。正是由于欧盟等发达国家和地区的政府背景的财政基金引导私人投资方面的出色表现,由此对众多的初创高科技企业的成长起到了积极促进作用,形成了包括美国的小企业投资公司(SBIC)和以色列 YOZMA 成功引导基金发展模式。2005 年和 2008 年,中国政府先后颁布了《创业投资企业管理暂行办法》和《关于创业投资引导基金规范设立与运作的指导意见》,中央和地方纷纷通过财政出资建立创业投资引导基金。已有资料显示,一些创业引导基金促进了国内风险投资业的发展,提升了国内创业创新质量。

基于学术界关于财政引导基金机理的讨论,如第二章所述,更多集中于引导基金功能与目标定位以及激励契约设计问题。与本章相关的文献包括，孟卫东等通过建立模型，推演财政资金对私人资本的不同补偿机制，以及可能因此导致的激励强度差异对被投资企业的影响[120]。鲜有文献关注到政府财政引导基金、民间风险投资、创业者之间合理激励契约的机理分析。按照笔者的理解，政府背景的财政引导基金具有的公共财政性质决定了其参与联合投资表现特征为：其一，引领风险投资聚集；其二，构建合理的激励契约促进民间风险投资、创业者共同努力提升创业创新质量。借鉴 Arping 的文献[17]，笔者探索性地将财政引导基金联合民间风险投资作为研究对象，将具有政府背景的引导基金作为主导型风险投资，而将民间风险投资作为辅助型风险投资，借此建立的合作博弈模型试图讨论：怎样的激励契约才能实现具有公共财政性质的财政引导基金与创业者之间的有效合作？换言之，这一契约设计是否可以使得民间风险投资如实地显示真实信息，而不会通过与创业者的合谋行为来获取私人收益，从政府那里"窃取"机会成本，最终发生背离行为。

4.2　基本假设与博弈分析框架

4.2.1　基本假设

（1）财政引导基金为主导型风险投资（LVC），民间风险投资为辅助型风险投资（NLVC），以及创业者（EN），三者对被投资项目的成功未来整体价值预期具有相同的认知。

（2）创业者（EN）的创业成功存在不确定性，项目的成功率与其努力水平呈正相关。即：创业者（EN）越努力，表现为创业项目的期望价值也越大。

（3）LVC、NLVC 和 EN 在创业项目上的合作表现为可观察的合作协议或合同，LVC 可供选择的方案是决定是否投资，NLVC 可供选择的方案是与 LVC 合作或是与 EN 合谋；EN 可供选择的方案是接受或拒绝 LVC 的股权安排比例的合作协议。若创业者（EN）接受股权安排比例，则表现为其获得激励从而努力工作；若拒绝，则表现为创业者（EN）将获得负激励，从而选择与辅助型风险投资（NLVC）合谋，可能发生攫取主导型风险投资（LVC）财政引导基金的不当利益行为。

4.2.2 博弈分析框架

本章基于上述假设,构建如图 4-1 所示的三阶段动态博弈模型,LVC 为局中人 1,NLVC 为局中人 2,EN 为局中人 3。

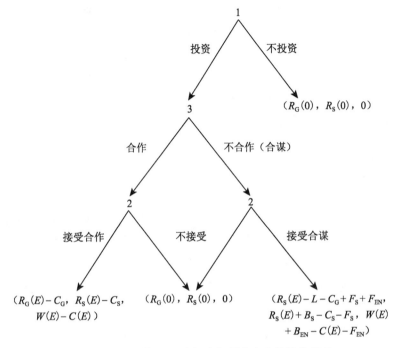

图 4-1 引导基金、风险投资与创业者合作博弈框架

博弈第一阶段,主导型风险投资(LVC)选择是否参与投资创业者(EN)所从事的创业项目。如果主导型风险投资(LVC)不参与项目时,其收益为 $R_G(0)$;辅助型风险投资(NLVC)收益为 $R_S(0)$,创业者(EN)收益为 0,$R_G(0)$ 的大小受目前商业银行存款利率和相关投资机会成本等因素影响。

主导型风险投资(LVC)选择参与投资后,博弈开始进入第二阶段。此时,创业者(EN)选择是否接受主导型风险投资(LVC)提出的合作方案;第三阶段中,辅助型风险投资(NLVC)在创业者(EN)选择合作的前提下可以选择是否同意合作,如果合作,财政引导基金、民间风险投资与创业者均可获得较高的预期收益,其中主导型风险投资收益为 $R_G(E)$,成本为 C_G,辅助型风险投资(NLVC)获益为 $R_S(E)$,成本为 C_S,创业者(EN)获益为 $W(E)$,创业者(EN)努力程度带来的负效用的努力成本为 $C(E)$,主导型风险投资、辅助型风险投

资的收益分别是 $R_G(E)-C_G$ 和 $R_S(E)-C_S$，创业者（EN）的收益是 $W(E)-C(E)$。如果选择不合作，项目难以成功，联合风险投资也无法取得成功，若创业者（EN）与辅助型风险投资共同选择合谋将给主导型风险投资带来的损失为 L，而创业者（EN）、辅助型风险投资则将分别攫取私人收益 B_S 和 B_{EN}，这一不当利得存在被主导型风险投资监管发现，面临的负效用为分别得到罚金 F_S 和 F_{EN} 的风险。此时主导型风险投资的收益为 $R_S(E)-L-C_G+F_S+F_{EN}$，辅助型风险投资的收益为 $R_S(E)+B_S-C_S-F_S$，创业者（EN）的收益为 $W(E)+B_{EN}-C(E_m)-C(E_q)-F_{EN}$。若辅助型风险投资拒绝与创业者（EN）合谋，则财政引导基金、民间风险投资与创业者将无法达成合作，其收益与第一阶段主导投资者不接受投资相同。

4.2.3 约束条件

给定主导型风险投资在第一阶段进行投资，第二阶段如果创业者（EN）与辅助型风险投资（NLVC）选择合谋获得的不当收益小于等于三者合作的收益时，则创业者（EN）会选择合作而不是进行合谋。不等式（4-1）界定为：创业者（EN）与辅助型风险投资（NLVC）合作的"激励相容约束"条件，不等式（4-2）界定为：辅助型风险投资（NLVC）与创业者（EN）合作的"激励相容约束"条件，即：

$$W(E)-C(E) \geqslant W(E)+B_{EN}-C(E)-F_{EN} \quad (4-1)$$

$$R_S(E)-C_S \geqslant R_S(E)+B_S-C_S-F_S \quad (4-2)$$

（4-3）和（4-4）为 NLVC 与 EN 愿意接受风险投资"参与约束"的条件。

$$W(E)-C(E) \geqslant 0; \quad W(E)+B_{EN}-C(E)-F_{EN} \geqslant 0 \quad (4-3)$$

$$R_S(E)-C_S \geqslant R_S(0); \quad R_S(E)+B_S-C_S-F_S \geqslant R_S(0) \quad (4-4)$$

考虑到主导型风险投资（LVC）的资金来源于政府背景的财政投资，特殊的身份决定了主导型风险投资（LVC）是资金风险更大的（类似于天使投资）承担者，吸引民间风险资本 NLVC 加入的引领者，以及促进创业者（EN）与辅助型风险投资（NLVC）提高努力水平的激励者。基于 LVC 以提升创业质量为目的，主导型风险投资（LVC）初期不以获利为目的，即 $R_G(E)-C_G \geqslant R_G(0)$，$R_S(E)-L-C_G+F_S+F_{EN} \geqslant R_G(0)$ 不作为必要条件。

4.3 博弈模型

4.3.1 变量设定

（1）未曾考虑资金利息，即资金利息成本为 0。

（2）主导型风险投资（LVC）的投资量为 I_G，在定义的投资范围内满足连续条件，且 $I_G \geqslant 0$；p 表示主导型风险投资（LVC）监管发现辅助型风险投资（NLVC）与创业者（EN）合谋的概率，p 越大意味着辅助型风险投资（NLVC）与创业者（EN）合谋被发现的概率越高，此时主导型风险投资（LVC）产生的监督成本也越高。令 $M(p)$ 表示主导型风险投资（LVC）的监督成本，且 $M'(p) > 0$，$M''(p) > 0$，当 $p=0$ 时，$M(0)=0$，而当 $p=1$ 时，$M(1)=\infty$，可令 $M(p) = \dfrac{mp}{1-p}$，其中 m 为常系数；r 表示主导型风险投资（LVC）决定的创业者（EN）所占股权比例，$0 \leqslant r < 1$。

（3）创业者（EN）的努力水平为 e，努力程度在定义域范围内连续，且 $e \geqslant 0$；$C_E(E)$ 表示创业者（EN）的努力成本，即努力给其带来的负效用，可令 $C_E(E) = \dfrac{1}{2} u e^2$，其中 u 为常数。而 C_{EN} 表示创业者（EN）在创业项目中倾向于与辅助型风险投资（NLVC）合谋的程度的度量系数，$C_{EN} \geqslant 0$。

（4）辅助型风险投资（NLVC）的投资金额可定为 I_S，投资金额在定义域范围内连续，且 $I_S \geqslant 0$；C_S 表示辅助型风险投资（NLVC）与创业者（EN）在创业项目中倾向于与 EN 合谋的程度的度量系数，$C_S \geqslant 0$。

（5）创业者创业项目最终可实现的价值为 $\widetilde{R}$，该价值的大小取决于：

其一，是创业者（EN）投入的努力水平 e，且 $\widetilde{R}_e > 0$，$\widetilde{R}_{ee} < 0$；

其二，是财政引导基金主导型风险投资（LVC）、辅助型风险投资（NLVC）投入的资金 I_G 与 I_S，且 $\widetilde{R}_{I_G} > 0$，$\widetilde{R}_{I_G I_G} \leqslant 0$；$\widetilde{R}_{I_S} > 0$，$\widetilde{R}_{I_S I_S} \leqslant 0$；

其三，是辅助型风险投资（NLVC）与创业者（EN）的合谋倾向 C_S 和 C_{EN}，且 $\widetilde{R}_{C_S} < 0$，$\widetilde{R}_{C_S C_S} \leqslant 0$；$\widetilde{R}_{C_{EN}} < 0$，$\widetilde{R}_{C_{EN} C_{EN}} \leqslant 0$；

其四，是自然状态（state of nature），其基于不确定性因素 θ 来衡量，表现为外部环境对创业项目的影响。本章仅仅考虑外部环境的直接影响，体现为项目剩余索取权收益，未曾考虑外部环境对项目的控制权收益、控制权成本产生的相关影响。由此本章模型将 θ 基于乘积的形式,确定为剩余索取权收益函数。其中 $\theta \sim E(\lambda)$,$\lambda=1$,假设 θ 服从 $\lambda=1$ 的指数分布,密度函数表示为:$f(\theta) = \begin{cases} e^{-\theta}, & \theta > 0, \\ 0, & \theta \leqslant 0, \end{cases}$ 当 $\theta=1$ 时,不确定性因素对创业项目收益不会产生影响;当 $\theta < 1$ 时,表示外部环境对创业项目产生了不利的影响,此时,外部环境的不确定性导致创业项目收益减少;而当 $\theta > 1$ 时,表示外部环境对创业项目产生了积极的影响,此时,外部环境导致项目增加收益。此时 $\widetilde{R} = \int_0^{+\infty} R(I_G, I_S, e, \theta, C_{EN}, C_S) f(\theta) d\theta$。

(6) B_{EN} 与 B_S 分别表示进行合谋为 EN 和 NLVC 带来的私人收益,L 表示合谋为 LVC 带来的损失,$L = B_{EN} + B_S$。不妨设 $B_{EN} = aI_G C_{EN} C_S$,其中 a 是常数;同理 $B_S = bI_G C_{EN} C_S$,b 亦为常数。F_{EN} 与 F_S 分别为 LVC 发现合谋行为后对 NLVC、EN 的罚金,其中 $F_{EN} = kpC_{EN}^2 C_S$,$F_S = kpC_S^2 C_{EN}$,k 假设是惩罚系数。

4.3.2 博弈规则

博弈三方为主导型风险投资(LVC)、辅助型风险投资(NLVC)和创业者(EN),其中,辅助型风险投资(NLVC)与创业者(EN)都是追求自身收益最大化的理性个体,三者之间存在序贯博弈关系,见图 4-2。其中,主导型风险投资(LVC)向创业者(EN)提供最初的资金和决策支持,辅助型风险投资(NLVC)为创业者(EN)后续发展提供资金和智力资本的支持。

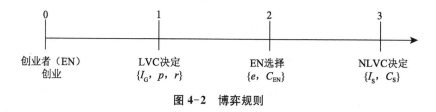

图 4-2 博弈规则

0 阶段为项目初始期,创业者(EN)着手创业,创建了一个企业,创业者申请财政引导基金可得到最初的资金支持。

第 1 阶段,财政引导基金考察决定给予创业者(EN)项目的初始投资金额 I_G、创业者(EN)所占有的股权份额 r,另外,财政引导基金监管部门发现辅助型风险投资(NLVC)与创业者(EN)合谋行为概率为 p。

第 2 阶段,创业者(EN)基于 LVC 投资决策 I_G,p,r 选择努力水平 e,决定与辅助型风险投资(NLVC)合谋攫取不当利得的合谋倾向系数为C_{EN}。

第3阶段,辅助型风险投资(NLVC)观察到LVC和创业者(EN)的策略选择后,决定是否继续对创业者(EN)投资I_S,是否选择与创业者(EN)合谋,合谋倾向系数为C_S。

4.3.3 效用函数

(1) 参与者形成的局中人的集合$N=1,2,3$,1为财政引导基金形成的主导型风险投资(LVC),2为基于引导基金聚集形成的辅助型风险投资(NLVC),3为具备部分企业家特征的创业者(EN)。

(2) 财政引导基金形成的主导型风险投资(LVC)的决策变量为$\{I_G, p, r\}$,辅助型风险投资(NLVC)的决策变量为$\{I_S, C_S\}$,创业者(EN)的决策变量为$\{e, C_{EN}\}$。

(3) 主导型风险投资(LVC)的效用函数为:

$$U_1 = (1-r)\frac{I_G}{I_G+I_S}\widetilde{R} - M(p) - I_G + F_{EN} + F_S - L$$
$$= (1-r)\frac{I_G}{I_G+I_S}\widetilde{R} + \frac{mp}{1-p} - I_G - (a+b)I_G C_{EN} C_S +$$
$$kpC_{EN}^2 C_S + kpC_S^2 C_{EN} \qquad (4-5)$$

辅助型风险投资(NLVC)的效用函数为:

$$U_2 = (1-r)\frac{I_G}{I_G+I_S}\widetilde{R} + B_S - I_S - F_S$$
$$= (1-r)\frac{I_G}{I_G+I_S}\widetilde{R} + bI_G C_{EN} C_S - I_S - kpC_S^2 C_{EN} \qquad (4-6)$$

创业者(EN)的效用函数为:

$$U_3 = r\widetilde{R} + B_{EN} - C(e) - F_{EN} = r\widetilde{R} + aI_G C_{EN} C_S - \frac{1}{2}ue^2 - kpC_{EN}^2 C_S \qquad (4-7)$$

创业项目整体的效用函数(即局中人1,2,3相互合作形成合作联盟时,联盟形成合作,此时产生的效用函数)为:

$$U_{1,2,3} = U_1 + U_2 + U_3 = \widetilde{R} - M(p) - C(e) - I_G - I_S \qquad (4-8)$$

4.3.4 模型的求解与讨论

模型里面形成的联合投资中,若 LVC、NLVC、EN 只考虑自身的利益,通常得局部最优解或 Nash 均衡解,无法实现整体收益最大化。考虑目标为整体利益最大化的决策准则选择的合作博弈模型,目标函数表现为联合体整体形成的创业项目整体的效用函数 $U_{1,2,3}$ 的最大化:

$$\max U_{1,2,3} = \max\{\widetilde{R} - M(p) - C(e) - I_G - I_S\}$$

据此推断,目标函数实现最优的一阶条件是:

$$\frac{\partial U_{1,2,3}}{\partial e} = \widetilde{R}_e(I_G, I_S, e, \theta, C_{EN}, C_S) - ue = 0$$

$$\frac{\partial U_{1,2,3}}{\partial I_S} = \widetilde{R}_{I_S}(I_G, I_S, e, \theta, C_{EN}, C_S) - 1 = 0$$

$$\frac{\partial U_{1,2,3}}{\partial I_G} = \widetilde{R}_{I_G}(I_G, I_S, e, \theta, C_{EN}, C_S) - 1 = 0$$

即:

$$\widetilde{R}_e(I_G, I_S, e, \theta, C_{EN}, C_S) = ue \qquad (4-9)$$

$$\widetilde{R}_{I_S}(I_G, I_S, e, \theta, C_{EN}, C_S) = 1 \qquad (4-10)$$

$$\widetilde{R}_{I_G}(I_G, I_S, e, \theta, C_{EN}, C_S) = 1 \qquad (4-11)$$

计算式(4-8)关于 e 的二阶导数,即模型假设 $\widetilde{R}_e > 0, u > 0$,可得 $\widetilde{R}_{ee}(I_G, I_S, e, \theta, C_{EN}, C_S) - u < 0$; $\widetilde{R}_{I_G I_G} < 0, \widetilde{R}_{I_S I_S} < 0$,同理 $\frac{\partial^2 U_{1,2,3}}{\partial I_G^2} < 0, \frac{\partial^2 U_{1,2,3}}{\partial I_S^2} < 0$,此时两项二阶条件同样成立。

又因为 $\widetilde{R}_{C_S} < 0, \widetilde{R}_{C_{EN}} < 0$,所以 C_{EN} 和 C_S 取定义域内最小值 0 时发现 $\widetilde{R}$ 达到最大,即 $U_{1,2,3}$ 最大。

据此推断,$M'(p) > 0, p$ 取定义域内最小值时 $U_{1,2,3}$ 最大。可令 e^*, I_G^*, I_S^* 为符合(4-9)、(4-10)和(4-11)表达式的最优合作解,同时满足 $C_{EN} = C_S = 0, p = 0$。

上述最优合作解的界定为:主导型风险投资(LVC)、辅助型风险投资

(NLVC)、创业者(EN)不存在信息不对称的情况,即在三方信息共享前提下实现,任何双方均可观察到另一方的行为,因此,决定选择对所投资的创业项目最有利的努力水平。然而,主导型风险投资(LVC)、辅助型风险投资(NLVC)、创业者(EN)存在信息不对称,三方不选择实现创业项目价值最大化的努力水平,单方(辅助型风险投资或者创业者)或者双方(辅助型风险投资与创业者)合谋理性行为包括:将采取满足自身或者局部(双方而不是三方)的效用最大化原则行动,在偏离信息对称的情况下得到三方合作的均衡最优解,滋生道德风险形成代理成本问题。

基于前面假设,按照博弈时序性,由于主导型风险投资(LVC)具有政府财政背景,财政引导基金初始阶段通常不考虑盈利,将这一条件引入,即加入此条件求 Nash 均衡解,并与前述的三方最优合作解差异对比。换言之,笔者是将 LVC 是否考虑自身利益最大化的求解进行对比分析。根据式(4-5)可得

$$\max U_1 = \max\left\{(1-r)\frac{I_G}{I_G+I_S}\widetilde{R} - \frac{mp}{1-p} - I_G - (a+b)I_G C_{EN}C_S + kpC_{EN}^2 C_S + kpC_S^2 C_{EN}\right\} \quad (4-12)$$

将式(4-12)对 I_G, p 各求偏导,得

$$\frac{I_G}{I_G+I_S}\widetilde{R}_{I_G} + \frac{I_S}{(I_G+I_S)^2}\widetilde{R} = \frac{1+(a+b)C_{EN}C_S}{1-r} \quad (4-13)$$

$$\frac{m}{(1-p)^2} = kC_{EN}C_S(C_{EN}+C_S) \quad (4-14)$$

然后,创业者(EN)根据 LVC 给出的决策集 $\{I_G, p, r\}$,理性决定其努力程度和合谋倾向 $\{e, C_{EN}\}$,实现自身效用最大化,依据式(4-7)可得

$$\max U_3 = \max\left\{r\widetilde{R}(I_G, I_S, e, \theta, C_{EN}, C_S) + aI_G C_{EN}C_S - \frac{1}{2}ue^2 - kpC_{EN}^2 C_S\right\} \quad (4-15)$$

将式(4-15)对 e 和 C_{EN} 分别求偏导,得

$$r\widetilde{R}_e(I_G, I_S, e, \theta, C_{EN}, C_S) = ue \quad (4-16)$$

$$r\widetilde{R}_{C_{EN}}(I_G, I_S, e, \theta, C_{EN}, C_S) + aI_G = 2kpC_{EN} \quad (4\text{-}17)$$

同理，NLVC 在 LVC 和 EN 已经决策后，可推测创业者（EN）投入的努力水平与不合作（合谋）的倾向，决定满足自身利益最大化的策略集 I_S, C_S，可根据式（4-6）得出：

$$\max U_2 = \max\left\{(1-r)\frac{I_S}{I_G+I_S}\widetilde{R} + bI_G C_{EN} C_S - I_S - kpC_S^2 C_{EN}\right\}$$
$$(4\text{-}18)$$

将式（4-18）分别对 I_S 和 C_S 求偏导，得

$$\frac{I_S}{I_G+I_S}\widetilde{R}_{I_S} + \frac{I_G}{(I_G+I_S)^2}\widetilde{R} = \frac{1}{1-r} \quad (4\text{-}19)$$

$$(1-r)\frac{I_S}{I_G+I_S}\widetilde{R}_{C_S}(I_G, I_S, e, \theta, C_{EN}, C_S) + bI_G = 2kpC_S \quad (4\text{-}20)$$

令 I_G^{nash}, p^{nash}, I_S^{nash}, C_S^{nash}, e^{nash}, C_{EN}^{nash} 分别为满足式（4-13）~（4-20）联立方程组的均衡解，根据式（4-1）~（4-4），可得如下约束条件：

$$r[\widetilde{R}(I_G, I_S, e, \theta, 0, 0) - \widetilde{R}] - aI_G C_{EN} C_S + kpC_{EN}^2 C_S \geq 0 \quad (4\text{-}21)$$

$$(1-r)\frac{I_S}{I_G+I_S}[\widetilde{R}(I_G, I_S, e, \theta, 0, 0) - \widetilde{R}] - bI_G C_{EN} C_S + kpC_S^2 C_{EN} \geq 0$$
$$(4\text{-}22)$$

推论 1：在三方信息完全对称的合作博弈模型中，可达到均衡解的 $e^* > e^{nash}$，表现为：此时 NLVC 与 EN 将不采取合谋行为，主导型风险投资（LVC）无须对投资项目进行监督。

证明如下：若 $e^* \leq e^{nash}$，$u > 0$，则 $ue^{nash} \geq ue^*$。由式（4-9）与式（4-16）可知，$r\widetilde{R}_e(I_G, I_S, e^{nash}, \theta, C_{EN}, C_S) \geq \widetilde{R}_e(I_G, I_S, e^*, \theta, C_{EN}, C_S)$，又 $\widetilde{R}_{ee} < 0$，所以可得 $\widetilde{R}_e(I_G, I_S, e^{nash}, \theta, C_{EN}, C_S) \leq \widetilde{R}_e(I_G, I_S, e^*, \theta, C_{EN}, C_S)$，而 $r \in [0,1)$，必使得 $r\widetilde{R}_e(I_G, I_S, e^{nash}, \theta, C_{EN}, C_S) < \widetilde{R}_e(I_G, I_S, e^*, \theta, C_{EN}, C_S)$，可以推出此时假设不成立，因此得到 $e^* > e^{nash}$，且此时 $C_{EN} = C_S = 0$，$p = 0$，以上推论成立。

推论 2：通过观察式（4-14）可知，主导型风险投资（LVC）监督成本随 C_{EN} 和 C_S 是正相关关系，C_{EN} 和 C_S 需要以乘积表达式出现，可以理解为，合谋是彼

此双方共同选择的行为，同时进行才有效。换言之，假设其中一方存在很低的合谋倾向，即使另一方合谋倾向再高，也将难以导致合谋的产生。

推论3：在 LVC、NLVC、EN 三者各自追求自身最大化利益的 Nash 均衡中，EN 被分配的股权比例，对 EN 自身努力水平有直接影响，对 EN 与 NLVC 的合谋倾向也有显著相关，表现为：C_S 和 e 与 r 呈正相关，却与 C_{EN} 呈负相关。

证明如下：式(4-16)中 $r = \dfrac{ue}{\widetilde{R}_e(I_G, I_S, e, \theta, C_{EN}, C_S)}$，因为 $\widetilde{R}_e$ 关于 e 单调递减，又 $\widetilde{R}_e > 0, e > 0, u > 0$，所以上式右侧关于 e 单调递增，可得 r 与 e 呈正相关。

式(4-17)中 $r = \dfrac{2kpC_{EN} - aI_G}{\widetilde{R}_{C_{EN}}(I_G, I_S, e, \theta, C_{EN}, C_S)}$，因为 $\widetilde{R}_{C_{EN}}$ 关于 C_{EN} 单调递减，又 $\widetilde{R}_{C_{EN}} < 0$，所以上式右侧关于 C_{EN} 单调递减，可推出 r 与 C_{EN} 呈负相关。

式(4-20)中 $r = 1 - \dfrac{2kpC_S - bI_G}{\dfrac{I_S}{I_G + I_S}\widetilde{R}_{C_S}(I_G, I_S, e, \theta, C_{EN}, C_S)}$，因为 $\widetilde{R}_{C_S}$ 关于 C_S 单调递减，又 $\widetilde{R}_{C_S} < 0$，所以上式右侧关于 C_S 单调递增，可推出 r 与 C_S 呈正相关。

据此推断，若 LVC 决定增加 EN 的股权比例，则会降低创业者(EN)与辅助型风险投资(NLVC)的合谋倾向，也能够因此提高 EN 的努力水平；与此同时，将降低辅助型风险投资(NLVC)的期望收益，提高 NLVC 的合谋意愿。

推论4：当 LVC 察觉到 NLVC、EN 的合谋倾向 C_{EN}，C_S 过大时，会适当减少投资 I_G；而当 NLVC 察觉到分配给 EN 的持股比例 r 过高时，也会减少资金投入 I_S。

证明如下：考察等式(4-13)，$\dfrac{I_G}{I_G + I_S}\widetilde{R}_{I_G} + \dfrac{I_S}{(I_G + I_S)^2}\widetilde{R} = \dfrac{1 + (a+b)C_{EN}C_S}{1 - r}$，可将等式左侧对 I_G 求导计算，得到 $\dfrac{2I_S}{(I_G + I_S)^2}\widetilde{R}_{I_G} + \dfrac{I_G}{I_G + I_S}\widetilde{R}_{I_G I_G} - \dfrac{2I_S}{(I_G + I_S)^3}\widetilde{R}$，化简得 $\dfrac{2I_S}{(I_G + I_S)^2}\left(\widetilde{R}_{I_G} - \dfrac{1}{I_G + I_S}\widetilde{R}\right) + \dfrac{I_G}{I_G + I_S}\widetilde{R}_{I_G I_G}$。由于 $\widetilde{R}_{I_G}$ 关于 I_G 单调递减，$\widetilde{R}_{I_G I_G} \leqslant 0$，由此 $\dfrac{I_G}{I_G + I_S}\widetilde{R}_{I_G I_G} \leqslant 0$，需要继续考虑 $\widetilde{R}_{I_G} - \dfrac{1}{I_G + I_S}\widetilde{R}$ 的大小。

$I_G + I_S = 0$ 时，$\tilde{R} = 0$，$\dfrac{1}{I_G + I_S}\tilde{R}$ 为 $(0,0)$ 与 $(I_G + I_S, \tilde{R})$ 两点之间连线的斜率。

结合图 4-3 可以推断，凸函数在 (X, Y) 处导数斜率小于其两点连线的斜率。因此 $\tilde{R}_{I_G} - \dfrac{1}{I_G + I_S}\tilde{R} \leqslant 0$，即可得

$$\dfrac{2I_S}{(I_G + I_S)^2}\tilde{R}_{I_G} + \dfrac{I_G}{I_G + I_S}\tilde{R}_{I_G I_G} - \dfrac{2I_S}{(I_G + I_S)^3}\tilde{R} \leqslant 0$$。故等式(4-13)左侧关于 I_G 单调递减，即：如果 C_{EN}、C_S 数值较大，则 I_G 会相应减小。

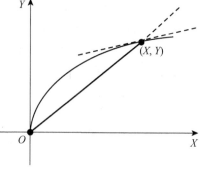

图 4-3　合谋倾向斜率比较图

同理进一步推演可得，当 r 值减小时，随着等式(4-13)右侧值的增大，将会导致左侧值也相应增加，即：此时保持其他变量不变时，I_S 将会随之减小。

4.4　结　论

(1) 在信息完全对称的情况下，财政引导基金形成的主导型风险投资(LVC)、辅助型风险投资(NLVC)、创业者(EN)构建的完全合作博弈模型中，创业者(EN)有更多的努力付出。即：在信息对称的合作博弈中，三方为了达到联盟形成的效用最大化，不存在道德风险，任何一方没有采取合谋的动机，主导型风险投资无须对辅助型风险投资(NLVC)、创业者(EN)单方或者双方合谋倾向进行监督，产生了合作共赢的结局。

(2) 辅助型风险投资(NLVC)和创业者(EN)中其中一方合谋倾向的增加将导致主导型风险投资(LVC)监督成本的增加，LVC 是财政引导基金，理论上属于公共财政支出的组成部分，监督成本的增加降低了财政支出效率。进一步地，合谋滋生的道德风险也增加了财政引导基金使用中的代理成本，虚耗了社会资源，政府支持创业的资金其投入产出效率下降，并会进一步导致创业质量下降。

(3) 创业者(EN)持股比例为核心变量，假定具有政府背景的主导型风险投

资(LVC)能够确定创业者持股比例。本章考察发现,分配给创业者(EN)的股权比例越高,创业者的积极性越高,EN努力水平也会随着持股比例的增加而增加,从而能够抑制其合谋行为,降低道德风险。但创业者(EN)持股比例增加的另外一个负效用是:降低了辅助型风险投资(NLVC)的努力水平,也会有所增加其合谋倾向,并因此减少辅助型风险投资(NLVC)的资金投入。当辅助型投资者感到分配给创业者(EN)的持股比例过高时,也会减少资金投入。

第五章

财政引导基金、风险投资与创业者联合的激励契约模型
——基于控制权安排的机理分析

本章将具有公共财政性质的财政引导基金作为风险投资（VC）中的主导型投资者 VC_1，将联合风险投资方设定为辅助型风险投资 VC_2，在对财政引导基金下联合风险投资激励契约不同阶段特征进行刻画的基础上，将 VC_1 界定为财政引导基金给予 VC_2 和 EN 的控制权溢价，讨论了满足 VC_1、VC_2 和 EN（创业者）效用函数及设定的约束条件，借此建立的模型推演了：VC_1 对 VC_2 和 EN 实施的股权溢价行为使得 VC_2 和 EN 在获得了更多的控制权后，VC_2 和 EN 由此获得激励的内在机理及呈现的特征。

5.1 引 言

围绕风险投资控制权配置及契约安排相关文献，大多数学者主要是基于不完全契约理论[121-122]分析框架展开讨论的。这一领域的研究主要集中在：

（1）风险投资控制权配置影响因素。Chan 等推演了控制权配置受 EN 技能水平的影响，并在 VC 与 EN 之间呈投资阶段性的动态相机抉择特征[123]；Dewatripont 和 Tirole 揭示了 VC 与 EN 具有的现金流和控制权分离特征[124]。王声凑和曾勇结合可转换证券与替换权、清算权特征解释了 VC 和 EN 出现的现金流权与控制权不一致的现象[125]。Kaplan 和 Strömberg 发现，风险投资控制权合约与被投资企业的财务及非财务业绩相关[126]。吴斌和刘灿辉基于中国深市中小板块市场风险投资持股的样本企业实证发现：EN 人力资本特征（平均受教育程度、平均年龄）与控制权配置显著相关[127]。吴斌和黄明峰发现，风险投资持股与被投资企业绩效显著负相关，高管团队受教育水平和政治背景与被投资企业控制权比例显著负相关[128]。Black 和 Gilson 发现，高声誉的 VC 占

据与 EN 讨价还价的强势地位,从而能够获得更多的控制权[78]。Baker 和 Gompers 检验发现,由于有更强的讨价还价能力,高声誉的 VC 能够借此增加其在董事会内成员的数量[129]。

(2) 融资方式与控制权安排。Schmidt 构建了多阶段融资模型发现,给定 VC 和 EN 的初始投资,后期 VC 是否追加投资,是基于项目赢利的信号传递机制决定的。因此,前期盈利成为影响 VC 决策的重要因素,也由此决定 VC 的控制权比例[130]。Gebhard 和 Schmidt 分析了债务、权益和可转换债券融资契约安排对风险投资企业控制权配置的影响,可转换债券具有控制权动态转移特征,从而能够对 VC 和 EN 双方的投资高效率产生正激励作用[9]。王声凑和曾勇基于多阶段投资分析了影响 VC 和 EN 现金流权和控制权转移的相关因素,诠释了控制权配置机理,分析了控制权阶段转移的效应[125]。吴斌等讨论了可转换债券如何对 VC 和 EN 控制权相机转移产生影响,以及如何对 VC 与 EN 所付出的努力水平产生作用[131]。

(3) 风险投资联合动因与控制权安排。Brander 等认为,形成资金和人力资本优势是风险投资选择联合的主要动因,达到项目投资预期的 VC 会继续选择联合,并能够因此提升自身效用和项目价值[52];Bachmann 和 Schindele 认为,有高声誉预期的 VC 和 EN 会选择联合,较好知识产权保护有利于形成声誉抵押机制,即:脱离联盟将导致 VC 和 EN 承担过高的个人声誉损失,也因此强化了联合的稳定性[117]。Casamatta 和 Haritchabalet 认为,高质量的 VC 会聚类选择与高质量的 VC 合作,此种联合是 VC 之间规避过度竞争而相互妥协的结果[51]。控制权安排方面,Cumming 将 VC 区分为主导型与辅助型风险投资,为了防范 EN 的道德风险以及吸引更多的联合风险投资,主导型风险投资应该选择优先股契约,而辅助型风险投资则更适合于可转换债券契约[132]。Arping 将主导型风险投资的中断投资产生的可置信威胁作为条件,将最优联合风险投资契约合约界定为:主导型 VC 拥有可转换优先股和清算优先权,辅助型 VC 拥有优先股[17]。Manigart 和 Lockett 实证发现,改善投资组合管理是联合投资的主要动因[53]。Gompers 等研究发现,在联合风险投资中,VC 的声誉与其拥有董事席位的时间呈显著正相关[133]。

与上述文献不同的是,本章选择的视角是财政引导基金、风险投资与创业者联合的激励契约,财政引导基金具有公共财政性质,其参与联合风险投资与其他主体存在诸多差异[120]。为此,笔者探索性地将具有公共财政性质的财政引导基金作为风险投资(VC)中的主导型投资者 VC_1,将联合风险投资方设定为辅助型风险投资 VC_2,在对财政引导基金下联合风险投资激励契约不同阶段特征进行刻画的基础上,借此建立的基于控制权安排的理论模型试图澄清:在满足 VC_1、VC_2 和 EN 效用函数及设定的约束条件下,将 VC_1 界定为财政引导基金给予 VC_2 和 EN 的控制权溢价,为鼓励 VC_2 和 EN,VC_1 将对 VC_2 和 EN 释放更多的股权。随着 VC_2 相对投资比重的增加,VC_1 对 VC_2 实施的股权溢价及 VC_2 在获得了更多的控制权后,是否能够由此使 VC_2 获得了激励从而追加联合投资金额提高努力水平?这一机制是否能够抑制 EN 的道德风险?如果是,这一激励效果会呈现什么样的特征?

5.2 变量设定

5.2.1 联合风险投资参与方

借鉴 Cooper 和 Ross[134]和 Schmidt[130]等文献,假定如下:EN 与 VC 都是风险中性者,EN 作为创业者,缺乏资金,无可抵押资产,不考虑从传统金融部门获得贷款,项目付诸实施,需获得资金支持。VC 与 EN 的努力投入难以适时观察,可在项目阶段完成后评价。EN 初始的投资资金从 VC(分别是政府财政 VC_1、风险投资 VC_2)中获得,若 VC 提供资金,则 VC 与 EN 形成委托代理关系。

5.2.2 VC_1、VC_2 和 EN 努力水平

EN 无资金投入,努力水平为 e_{EN},且 $e_{EN} \in [0,1]$;VC_1 努力水平为 a_1,且 $a_1 \in [0,1]$;VC_2 努力水平为 a_2,且 $a_2 \in [0,1]$。

5.2.3 努力成本

EN 努力带来的成本(负效用)为 $C_{EN}(e_{EN}) = \frac{1}{2}ue_{EN}^2$,$C_{EN}(e_{EN}) > 0$。VC 努力带来的成本(负效用)为 $C_{VC_i}(a_i) = \frac{1}{2}v_ia_i^2$,$C_{VC_i}(a_i) > 0$,$u > 0$,$v_i > 0$,

u、v_i 分别为 EN 和 VC 的努力成本系数,即 EN 和 VC 的努力成本效率。

5.2.4 项目质量的自然状态 θ

项目价值为 $\tilde{R}$,$\tilde{R}$ 取决于以下不确定因素:(1)VC 与 EN 努力水平;(2)自然状态 θ(state of nature),$\theta \in [0, \bar{\theta}]$,分布函数 θ 为 $F(\theta)$,$0 \leqslant F(\theta) \leqslant 1$,EN 和 VC 均清楚自然状态 θ 及分布 $F(\theta)$,项目价值 $\tilde{R} = \int_0^{\bar{\theta}} R \mathrm{d}F(\theta)$。

5.2.5 项目价值

项目价值 $\tilde{R}$ 是凹函数,为 e_{EN} 和 a_i 的递增函数,可连续微分两次,即:

$$\frac{\partial \tilde{R}}{\partial e_{EN}} = \tilde{R}'_{e_{EN}} > 0, \quad \frac{\partial \tilde{R}}{\partial a_i} = \tilde{R}'_{a_i} > 0$$

$$\frac{\partial^2 \tilde{R}}{\partial e_{EN}^2} = \tilde{R}''_{e_{EN}} < 0, \quad \frac{\partial^2 \tilde{R}}{\partial a_i^2} = \tilde{R}''_{a_i} < 0$$

5.2.6 VC_1、VC_2、EN 投入的资金比重

EN(创业者)初始投资的资金需求为 I_1,第二阶段资金需求为 I_2。第一阶段,EN(创业者)拥有人力资本,投入资金为 0,VC_1、VC_2 资金投入分别为 I_{11} 和 I_{21},且 $I_{11} + I_{21} = I_1$;第二阶段,EN 资金投入为 I_{EN},VC_1、VC_2 资金投入分别为 I_{12} 和 I_{22},且 $I_{EN} + I_{12} + I_{22} = I_2$。满足如下条件时,EN(创业者)与 VC_1、VC_2 在第二阶段的投资继续进行。

(1) $I_{12} + I_{22} + I_{EN} > I_{11} + I_{21}$,即 $I_2 > I_1$;

(2) $\dfrac{I_{22} + I_{EN}}{I_{12} + (I_{22} + I_{EN})} > \dfrac{I_{11}}{I_{11} + I_{21}}$,即 $\dfrac{I_{22} + I_{EN}}{I_2} > \dfrac{I_{11}}{I_1}$;

若 VC_2 和 EN 投资(第二阶段)占第二阶段总投资比大于 VC_1 投资(第一阶段)占第一阶段总投资比时,为激励 VC_2 和 EN 提高努力水平,VC_1 给予 VC_2 和 EN 股权溢价激励(VC_2 和 EN 也因此获得了更多的控制权)。对于 $\dfrac{I_{22} + I_{EN}}{I_2} - \dfrac{I_{11}}{I_1}$,考虑取值范围为 $\dfrac{I_{22} + I_{EN}}{I_2} - \dfrac{I_{11}}{I_1} \in (0, 0.5)$。当 $\dfrac{I_{22} + I_{EN}}{I_2} - \dfrac{I_{11}}{I_1} > 0$ 时,假设 VC_1 对 VC_2 和 EN 实施的股权溢价为 $k_0 + \left[\dfrac{I_{22} + I_{EN}}{I_2} - \dfrac{I_{11}}{I_1}\right] \Big/ n_0$,其中 k_0、n_0 为

常数。

5.2.7 控制权及股权溢价

不失一般性,控制权与股权成正比,控制权产生了控制权收益,假定一份股权同时有相应的一份控制权,若股权比例为 m,控制权变量为 g,努力成本系数为 l,且 g,l,m 满足 $\frac{\partial g}{\partial m}>0,\frac{\partial l}{\partial g}<0,\frac{\partial^2 l}{\partial g^2}>0$,并可假设 $g=m,m\in[0,1]$,同时假设 $l=1-\sqrt{2g-g^2}$。

5.3 数学模型

5.3.1 第一阶段

(1) 三方信息完全对称的情况

初始投资阶段假设三方信息完全对称,则 VC_1 净效用为 $\varphi_1 \widetilde{R}_1 - \frac{1}{2}v_{11}a_1^2$, VC_2 净效用为 $\varphi_2 \widetilde{R}_1 - \frac{1}{2v}v_{21}a_2^2$,EN 净效用为 $\varphi_3 \widetilde{R}_1 - \frac{1}{2}u_1 e^2$,则

$$\begin{aligned}
&\text{Max}(U_{VC_1}+U_{VC_2}+U_{EN})\\
&=\text{Max}[\varphi_3 \widetilde{R}_1 - C_{EN}(e)]+[\varphi_1 \widetilde{R}_1 - C_{VC_1}(a_1)]+[\varphi_2 \widetilde{R}_1 - C_{VC_2}(a_2)]\\
&=\text{Max}[\widetilde{R}_1 - C_{VC_1}(a_1) - C_{VC_2}(a_2) - C_{EN}(e)]
\end{aligned} \tag{5-1}$$

对式(5-1)中 e 求偏导,可得

$$\frac{\partial \widetilde{R}_1}{\partial e}=\frac{\partial C_{EN}(e)}{\partial e}=u_1 e, \text{ 即 } e=\frac{1}{u_1}\frac{\partial \widetilde{R}_1}{\partial e} \tag{5-2}$$

对式(5-1)中 a_1 求偏导,可得

$$\frac{\partial \widetilde{R}_1}{\partial a_1}=\frac{\partial C_{VC_1}(a_1)}{\partial a_1}=v_{11}a_1, \text{ 即 } a_1=\frac{1}{v_{11}}\frac{\partial \widetilde{R}_1}{\partial a_1} \tag{5-3}$$

对式(5-1)中 a_2 求偏导,可得

$$\frac{\partial \widetilde{R}_1}{\partial a_2} = \frac{\partial C_{VC_2}(a_2)}{\partial a_2} = v_{21}a_2, \text{即} a_2 = \frac{1}{v_{21}}\frac{\partial \widetilde{R}_1}{\partial a_2} \quad (5-4)$$

联立式(5-2)～(5-4),求得信息完全对称情况下,VC_1、VC_2 和 EN 努力水平的均衡解为 (a_1^*, a_2^*, e^*)。

(2) 三方信息均不对称的情况

假设在初始投资阶段 VC_1、VC_2、EN 之间信息不对称:

$$\text{Max} U_{EN} = \text{Max}[\varphi_3 \widetilde{R}_1 - C_{EN}(e)] \quad (5-5)$$

对式(5-5)中 e 求偏导,可得

$$\varphi_3 \frac{\partial \widetilde{R}_1}{\partial e} = \frac{\partial C_{EN}(e)}{\partial e} = u_1 e, \text{即} e = \frac{\varphi_3}{u_1}\frac{\partial \widetilde{R}_1}{\partial e} \quad (5-6)$$

VC 追求自身的最大效用,推测创业者(EN)投入的努力水平 e 决定 VC 努力水平 a_i。若 VC_1 最大化其效用,则有

$$\text{Max} U_{VC_1} = \text{Max}[\varphi_1 \widetilde{R}_1 - C_{VC_1}(a_1)] \quad (5-7)$$

对式(5-7)中 a_1 求偏导,得

$$\varphi_1 \frac{\partial \widetilde{R}_1}{\partial a_1} = \frac{\partial C_{VC_1}(a_1)}{\partial a_1} = v_{11}a_1, \text{即} a_1 = \frac{\varphi_1}{v_{11}}\frac{\partial \widetilde{R}_1}{\partial a_1} \quad (5-8)$$

若 VC_2 最大化其效用,则有

$$\text{Max} U_{VC_2} = \text{Max}[\varphi_2 \widetilde{R}_2 - C_{VC_2}(a_2)] \quad (5-9)$$

对式(5-9)中 a_2 求偏导,得

$$\varphi_2 \frac{\partial \widetilde{R}_1}{\partial a_2} = \frac{\partial C_{VC_2}(a_2)}{\partial a_2} = v_{21}a_2, \text{即} a_2 = \frac{\varphi_2}{v_{21}}\frac{\partial \widetilde{R}_1}{\partial a_2} \quad (5-10)$$

联立式(5-6)、式(5-8)、式(5-10),可得非对称信息下,VC_1、VC_2 和 EN 努力水平的均衡解为 (a_1', a_2', e')。

5.3.2 第二阶段

考虑到 VC_1 是财政引导基金,其主要功能在于引导风险投资,VC_1 在第二阶段的投资额及其投资占比边际递减,长周期后 VC_1 将退出创业者 EN 创业项

目,可约定 VC_1 投资的股权逐渐由 VC_2 和 EN 赎买,从而增加其股权与控制权比例。

第二阶段,VC_1 制定对 VC_2 和 EN 的投资激励政策,当 VC_2 和 EN 在第二阶段的投资比例达到 VC_1 在第一阶段的投资比例后,VC_1 将给予 VC_2 和 EN 如前文所述的股权溢价。VC_1 给予 VC_2 和 EN 实施股权溢价红利,财政引导基金背景的 VC_1 让渡部分控制权,因此 VC_1 控制权占比小于相应的实际出资的股权占比,VC_2 和 EN 得到股权溢价激励后,VC_2 和 EN 实际控制权大于相应的投资比例(例如:三方第二阶段后合计出资额为 2 000 万元,VC_1 合计共出资 1 000 万元,由于对 VC_2 和 EN 实施股权溢价激励,VC_1 股权占比假定 40%,则低于 50% 的差额 10% 分别形成了 VC_2 和 EN 股权溢价后增加的实际控制权)。

进一步地,VC_1、VC_2 和 EN 第一阶段投资后三方信息不对称程度得到缓解,随着 VC_1 投资额的减少,对 VC_2 和 EN 的决策影响减弱。第二阶段 VC_2 与 EN 的投资比例增加,又获得了 VC_1 对其的股权溢价激励,若 VC_2 与 EN 此时信息对称,VC_1 的净效用则为 $\varphi'_1 \tilde{R}_2 - \frac{1}{2} v_{12} a_1^2$,$VC_2$ 的净效用为 $\varphi'_2 \tilde{R}_2 - \frac{1}{2} v_{22} a_2^2$,EN 的净效用为 $\varphi'_3 \tilde{R}_2 - \frac{1}{2} u_2 e^2$,则有

$$\begin{aligned}
& \text{Max}[\varphi'_3 \tilde{R}_2 - C_{EN}(e)] + [\varphi'_2 \tilde{R}_2 - C_{VC_2}(a_2)] \\
= & \text{Max}(\varphi'_2 + \varphi'_3) \tilde{R}_2 - C_{EN}(e) - C_{VC_2}(a_2) \\
= & \text{Max}[(1 - \varphi'_1) \tilde{R}_2 - C_{EN}(e) - C_{VC_2}(a_2)]
\end{aligned} \quad (5-11)$$

对式(5-11)中 a_2 求偏导,可得

$$(1 - \varphi'_1) \frac{\partial \tilde{R}_2}{\partial a_2} = \frac{\partial C_{VC_2}(a_2)}{\partial a_2} = v_{22} a_2, \text{ 即 } a_2 = \frac{1}{v_{22}} (1 - \varphi'_1) \frac{\partial \tilde{R}_2}{\partial a_2} \quad (5-12)$$

对式(5-11)中 e 求偏导,可得

$$(1 - \varphi'_1) \frac{\partial \tilde{R}_2}{\partial e} = \frac{\partial C_{EN}(e)}{\partial e} = u_2 e, \text{ 即 } e = \frac{1}{u_2} (1 - \varphi'_1) \frac{\partial \tilde{R}_2}{\partial e} \quad (5-13)$$

若 VC_1 最大化其效用,则有

$$\text{Max} U_{VC_1} = \text{Max}[\varphi'_1 \tilde{R}_2 - C_{VC_1}(a_1)] \quad (5-14)$$

对式(5-14)中 a_1 求偏导,可得

$$\varphi_1' \frac{\partial \widetilde{R}_2}{\partial a_1} = \frac{\partial C_{VC_1}(a_1)}{\partial a_1} = v_{12} a_1, \quad 即 \ a_1 = \frac{\varphi_1'}{v_{12}} \frac{\partial \widetilde{R}_2}{\partial a_1} \tag{5-15}$$

联立式(5-12)、式(5-13)、式(5-15)，可得 VC_1、VC_2 和 EN 第二阶段努力水平的均衡解为 $(\hat{a}_1, \hat{a}_2, \hat{e})$。

其他条件保持不变，不考虑股权溢价，可得 VC_1、VC_2 和 EN 努力水平的均衡解为 $(\hat{a}_1', \hat{a}_2', \hat{e}')$，该均衡解由 $a_1 = \frac{\varphi_{01}'}{v_{12}'} \frac{\partial \widetilde{R}_2}{\partial a_1}$，$a_2 = \frac{1}{v_{22}'}(1-\varphi_{01}')\frac{\partial \widetilde{R}_2}{\partial a_2}$，$e = \frac{1}{u_2'}(1-\varphi_{01}')\frac{\partial \widetilde{R}_2}{\partial e}$ 联立求得。

命题 1：若风险投资（VC）与创业者（EN）签订普通股契约，$0 < \varphi_1, \varphi_2, \varphi_3 < 1$，则 $a_1' < a^*$，$a_2' < a^*$，$e' < e^*$。

证明：由 $\frac{\partial \widetilde{R}_1}{\partial a_i} > 0 (i=1,2)$，$\frac{\partial \widetilde{R}_1}{\partial e} > 0$，同时 $0 < \varphi_1, \varphi_2, \varphi_3 < 1$，得 $a_1' < a^*$，$a_2' < a^*$，$e' < e^*$。即信息不对称情况下，VC_1、VC_2 和 EN 努力水平低于信息对称情况下 VC_1、VC_2 和 EN 努力水平。

命题 2：若 VC 与创业者（EN）签订普通股契约，$0 < \varphi_1, \varphi_2, \varphi_3 < 1$，则 $a_2' < \hat{a}_2$，$e' < \hat{e}$。

证明：基于努力成本系数与股权比例相关性，股权比例越大，努力成本系数越小，所以 $v_{12} > v_{11}$，$v_{22} < v_{21}$，$u_2 < u_1$。考虑到财政引导基金背景的 VC_1 第二阶段投资与股权比例相对下降，因此 $\varphi_1' < \varphi_1$，而 $0 < \varphi_1, \varphi_2, \varphi_3 < 1$，$0 < \varphi_1', \varphi_2', \varphi_3' < 1$，所以 $1 - \varphi_1' > 0$。

相比较投资处于种子期或初创期第一阶段，成长期或成熟期第二阶段的投资效用会更高，所以 $\frac{\partial \widetilde{R}_1}{\partial a_1} \leqslant \frac{\partial \widetilde{R}_2}{\partial a_1}$，$\frac{\partial \widetilde{R}_1}{\partial a_2} \leqslant \frac{\partial \widetilde{R}_2}{\partial a_2}$，$\frac{\partial \widetilde{R}_1}{\partial e} \leqslant \frac{\partial \widetilde{R}_2}{\partial e}$。综上有 $a_2' < \hat{a}_2$，$e' < \hat{e}$。对于 a_1' 与 $\hat{a}_1$ 的大小则难以推断。考虑特殊的情形，即 φ_1' 近似等于 0，此时 v_{12} 近似等于 1，可判断 $\hat{a}_1 < a_1'$。

命题 3：若 VC 与创业者（EN）签订普通股契约，$0 < \varphi_1, \varphi_2, \varphi_3 < 1$，则 $\hat{a}_1' > \hat{a}_1$，$\hat{a}_2' < \hat{a}_2$，$\hat{e}' < \hat{e}$。

证明：不考虑 VC_1 将给予 VC_2 和 EN 如前文所述的股权溢价，此时 VC_1、VC_2、EN 的股权比例分别为 φ_{01}'、φ_{02}'、φ_{03}'，努力成本系数分别为 v_{12}'，v_{22}'，u_2'。考虑控制权溢价，即 VC_1 将给予 VC_2 和 EN 如前文所述的股权溢价，则 $k_0 > 0$，$n_0 > 0$，所以有 $\varphi_{01}' > \varphi_1'$，$\varphi_{02}' < \varphi_2'$，$\varphi_{03}' < \varphi_3'$；由努力成本系数与股权比例相

关性推断可得 $v'_{12} < v_{12}$，$v'_{22} > v_{22}$，$u'_2 > u_2$。所以 $\hat{a}'_1 > \hat{a}_1$，$\hat{a}'_2 < \hat{a}_2$，$\hat{e}' < \hat{e}$。

命题 3 表明，VC_1 将给予 VC_2 和 EN 如前文所述的股权溢价，提高了 VC_2 和 EN 的努力水平，降低了 VC_1 的努力水平。可解释为：股权溢价机制导致 VC_2 和 EN 逐渐成为后期项目的主要投资者，VC_1 给予 VC_2 和 EN 股权溢价让利，以及由此获得的更多的控制权，有利于提高 VC_2 和 EN 的努力水平。具有政府背景财政引导基金 VC_1 发挥了积极的引导作用与对 VC_2 和 EN 的激励作用。

5.4 数值分析

基于上述模型推演，结合具体函数对参变量赋值，进行模型的数值分析。

（1）假设项目效用函数 $R = A a_1^a a_2^b e^c$，a、b、c 分别表示 VC_1、VC_2 和 EN 的努力水平对产出的贡献能力，A 为其他因素影响因子，本章中假设 $A=1$，对于 a、b、c，不失一般性，可假定 $a = \frac{1}{3}$，$b = \frac{1}{2}$，$c = \frac{1}{6}$。

（2）努力成本系数随控制权的变化而变化，且 $l = 1 - \sqrt{2g - g^2}$，控制权变量增加，努力成本系数减小；控制权变量减小，努力成本系数增大。

（3）对于状态变量及自然状态，本书假定 θ 近似服从 Gamma 分布，$f(\theta) = \frac{\lambda^n}{(n-1)!} \theta^{n-1} \exp^{-\lambda\theta}$，$\theta \in [0, +\infty)$，则有 $\tilde{R} = \int_0^{\bar{\theta}} R dF(\theta) = \int_0^{\bar{\theta}} a_1^a a_2^b e^c \cdot \frac{\lambda^n}{(n-1)!} \theta^{n-1} \exp^{-\lambda\theta} d\theta$。投资第一阶段后，可假设 $F(\theta) = \frac{1}{3}$。

（4）假设第一阶段投资比例 $\frac{I_{11}}{I_1} = 0.6$，第二阶段 $\frac{I_{22} + I_{EN}}{I_2} = 0.7$，满足 $\frac{I_{22} + I_{EN}}{I_2} > \frac{I_{11}}{I_1}$。

（5）VC_1、VC_2 和 EN 第一阶段股权比例为各自的出资占比，第一阶段：假设 $\varphi_1 = 0.54$，$\varphi_2 = 0.36$，$\varphi_3 = 0.10$，由于同股同权，所以 $g_{11} = 0.54$，$g_{21} = 0.36$，$g_1 = 0.10$（其中 g_{11}、g_{21}、g_1 分别表示 VC_1、VC_2、EN 控制权变量的相对值），努力成本系数 l 与控制权变量关系为 $l = 1 - \sqrt{2g - g^2}$，所以 $v_{11} = 0.112$，$v_{21} = 0.232$，$u_1 = 0.564$（其中 v_{11}、v_{21}、u_1 分别表示控制权为 g_{11}、g_{21}、g_1 时所对应

的努力成本系数大小)。本章假设常数 $k_0=0.02$, $n_0=5$。第二阶段：假定 VC_1 出资比例为 0.3, VC_2 出资比例为 0.5, EN 出资比例为 0.2, VC_1 将给予 VC_2 和 EN 如前文所述的股权溢价，所以 $\varphi'_1=0.26$, $\varphi'_2=0.53$, $\varphi'_3=0.21$, 此时 $g_{12}=0.26$, $g_{22}=0.53$, $g_2=0.21$, 则 $v_{12}=0.327$, $v_{22}=0.117$, $u_2=0.387$。第一阶段信息对称情况下的努力水平变化见图 5-1。

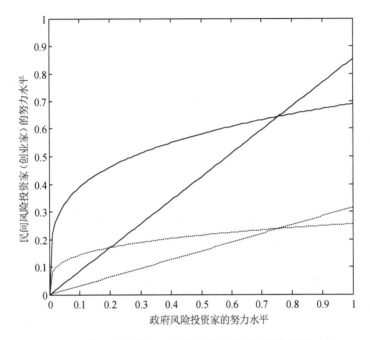

图 5-1 第一阶段信息对称情况下民间风险投资(创业者)与政府风险投资努力水平变化图

第一阶段信息不对称情况下的努力水平变化见图 5-2。

由式(5-2)~(5-4)可得 $(a_1^*, a_2^*, e^*)=(0.76, 0.645, 0.239)$, 由式(5-6)、式(5-8)、式(5-10)可得 $(a'_1, a'_2, e')=(0.32, 0.223, 0.044)$, 借助 MATLAB 软件作图求得。由上可以看出 $a'_1=0.32<a_1^*=0.76$, $a'_2=0.223<a_2^*=0.645$, $e'=0.044<e^*=0.239$, 从而验证了命题 1 的正确性。

第二阶段信息对称情况下的努力水平变化见图 5-3。

由式(5-12)、式(5-13)、式(5-15)可得 $(\hat{a}_1, \hat{a}_2, \hat{e})=(0.33, 1.149, 0.365)$, 由上面的讨论可以得知 $(a'_1, a'_2, e')=(0.32, 0.223, 0.044)$, 所以有 $a'_2<\hat{a}_2$, $e'<\hat{e}$, 在此处 $a'_1<\hat{a}_1$, 从而验证了命题 2 的正确性。

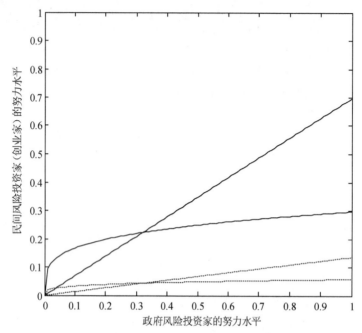

图 5-2　第一阶段信息不对称情况下民间风险投资(创业者)
与政府风险投资努力水平变化图

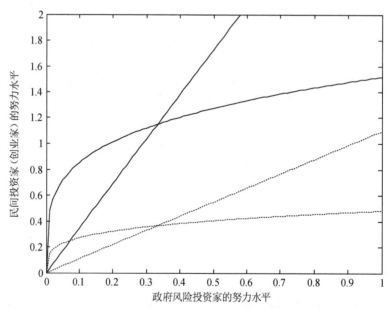

图 5-3　第二阶段信息对称情况下民间风险投资(创业者)
与政府投资努力水平变化图

在上面的假设中,本章假设 $F(\theta)=\dfrac{1}{3}$,是因为考虑到创业者(EN)的初创阶段为种子期和初创期,后续阶段为成长期和成熟期,不难推断,第一阶段结束时自然状态原函数 $F(\theta)\leqslant\dfrac{1}{2}$。以 $F(\theta)=\dfrac{1}{2}$ 为例,分析见图 5-4。

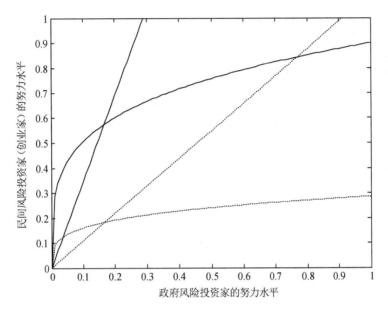

图 5-4　第二阶段信息不对称情况下民间风险投资(创业者)与政府风险投资努力水平变化图

此时 $(\hat{a}_1, \hat{a}_2, \hat{e})=(0.17, 0.579, 0.184)$,可得 $a'_2 < \hat{a}_2$,$e' < \hat{e}$,且 $a'_1 > \hat{a}_1$。由此可得,投资第一阶段结束的临界状态对财政引导基金 VC_1 第二阶段的努力水平将产生不同的影响,本章未展开讨论,重点分析的是 VC_2 和 EN(创业者)的努力水平。

5.5　结　论

本章将具有公共财政性质的财政引导基金作为风险投资(VC)中的主导型投资者 VC_1,将联合风险投资方设定为辅助型风险投资 VC_2,在对财政引导基金下联合风险投资激励契约不同阶段特征进行刻画的基础上,将 VC_1 界定为财政引导基金给予 VC_2 和 EN 的控制权溢价,讨论了满足 VC_1、VC_2 和 EN(创业者)效用函数及设定的约束条件下,借此建立的模型推演了:VC_1 对 VC_2 和 EN 实施的股权溢价行为使得 VC_2 和 EN 在获得了更多的控制权后,VC_2 和 EN 由此获得激励的内在机理及呈现的特征。

本章建立的 VC_1、VC_2 和 EN(创业者)控制权安排的理论模型,分阶段地对具有公共财政性质的 VC_1 实施股权溢价对 VC_2 和 EN 努力水平的影响进行了理论推演和模拟演算,结果表明:在获得 VC_1 股权溢价激励后,随着 VC_2 和 EN 相对持股比例的增加,考虑控制权收益等相关因素,由此有效地提高了 VC_2 和 EN 的努力水平。进一步的研究发现,除与自身股权比例和努力成本系数有关外,外部环境对 VC_1 的努力水平同样具有重要的影响。本章的局限在于:由于将控制权变量近似刻画为 $[0,1]$ 上的连续型变量,并假设控制权变量与股权比例有关,而对如董事会成员构成等因素的影响未加考虑,这在一定程度上影响了本章研究的效度。

第六章
复杂网络下财政引导基金引导的机理
——理论模型与仿真

正如前文所探讨的,政府财政引导基金和风险投资都是为创业投资提供重要资金支持的金融资本。而政府财政引导基金的介入对风险投资行为有何影响?一种观点认为政府财政引导基金具有"引导作用"[82];另一种观点则认为政府财政引导基金带来的并非"引导作用",而是"挤出作用"[135]。

从理论角度分析,支持"引导作用"的理论假说主要有两个:信号发送假说(Signaling Hypothesis)和良性循环假说("Virtuous Cycle" Hypothesis)[74,136]。信号发送假说认为,政府财政引导基金的投资行为可以为其他市场主体发送信号,缓解创业投资过程中的信息不对称问题,引导社会资金参与创业投资。良性循环假说认为,设立政府财政引导基金可以缓解创业投资发展初期资金不足的问题,从而形成"资本—资源—阶段性目标"的良性循环。简单来说,就是政府财政引导基金使得创业企业在发展初期获得了更多的资本,从而加大投资,获取更好的人力、设备等资源,这就意味着创业企业达成阶段性目标的可能性提高,而目标达成的这一成就又促使了创业企业更好地获得更多的资本。而支持"挤出作用"的研究则认为,政府财政引导基金只是社会资金的替代品,设立政府财政引导基金并不能引导社会资金进入创业投资领域,反而会挤出社会资金。

考虑到政府财政的行政能力和信誉的差异,政府财政引导基金会产生不同的作用。然而,以往国内关于引导基金的研究[40,137]更多的是使用实证检验的方法讨论政府财政引导基金的作用,鲜有研究对其引导机理进行深入探讨。因此,本章节将尝试在经济物理学的基础上探讨政府财政引导基金的引导机理。

6.1 经济物理学的引入

经济物理学是由美国波士顿大学物理学教授 H.E.Stanley 等人于 20 世纪

90年代初首次提出来。顾名思义,它是将物理学的相关理论、方法、技术和模型,如统计物理学、非线性动力学、流体力学、量子力学等,应用于经济学。

本书简单回顾经济物理学。在古典经济物理学中,经济学家尝试借鉴物理学的理性力学、能量学、热动力学的理论,将其应用于价值、经济波动、经济增长的基础经济学现象的研究[138-140]。虽然他们的研究在那时的经济学领域非常有影响力,要么被采纳而被他们的继任者所替代,但近年来变得相当有限。所以,在现代经济物理学中,Chen 和 Li 根据研究的经济现象的不同,分类如下[141]:

(1) 非线性动力学。受到流体动力学中的湍流、无线电路中不定期的振荡等物理学和其他学科中确定性混沌和非线性动力学研究的启发,非线性数学的各个方面被应用于理论和经验经济模型,以研究与非周期循环、奇异吸引子、分岔、相变、多重均衡、路径依赖和滞后效应有关的宏观经济现象,从而形成了宏观经济动力学[142]。然而,除宏观经济动力学之外,经济的时间序列作为动态经济学理论对应的实证方面,也在"混沌波"伴随着的非线性时间序列的浪潮下,在非线性动力学的光环下被深入研究[143-144]。

(2) 分布(distribution)。经济物理学家试图确定一类适用于相当广泛的经济活动(如股票定价、投机性价格等),经常引用的两种偏态分布(skewed distribution)为:一种是收入的帕累托分布(Pareto distribution)[145],另一种是词语出现频率的齐夫分布(Zipf distribution)。除此之外,还有正态对数和尤尔分布(Yule distribution)以及它们的泛化经常被考虑到[146-147]。

(3) 社会交互(social interactions)。为了刻画互相交互的异质性个体组成的高度去中心化系统,经济物理学家将物理模型应用于模拟经济学,尝试将统计物理学和经济学相关联。例如:元胞自动机模型被用于经济学中研究空间环境下的定价、科技创新[148-149];动力学模型被用于财富和收入分配的研究[150-151];渗流模型被用于研究金融市场的羊群效应以及伊辛模型被用于模拟金融市场和逃税等[152-156]。

(4) 复杂网络(complex networks)。经济物理学家尝试通过复杂网络的组织原理,如小世界网络、无标度网络等,来揭示社会和经济网络的联系[157],并由此发现了经济网络的各种属性,其中包括经济网络的小世界和无标度的表征、标度定律(scaling laws)、巨型组件、集群结构(clustered structures)、弱和强联系等[158-163]。

通过上述的回顾可以了解到,通过物理理论来解释经济现象也是经济学研究的一种方法。虽然仍有不少的经济学者对此持批判态度[163-164],但是笔者认为,用经济物理学解释经济现象内在机理是合理的。因此,基于经济物理学视角,本书通过改进的Bass模型探讨复杂网络下政府财政引导基金的引导机理,动态演绎与仿真财政引导基金产生有效引导风险投资提升创业质量的前提与行为特征。

6.2 模型构建

在前文的支持"引导作用"的理论假说中,良性循环假说是关于创业资金的增加对创业企业的积极影响,更多地描述了引导基金激励创业企业自身的内在良性发展的机理。而引导基金对风投机构的影响,信号发送假说能更好地反映两者之间的关系。简单来说,政府财政引导基金的介入可以看作一个积极的信号,而风投机构在接收到这个信号信息后会跟进投资,从而使得创业企业能吸引更多的社会资金。

风投机构接收政府财政引导基金的信号信息的过程,本书将其视为信息扩散的过程。关于信息扩散的过程,目前研究可归纳为三种模式:第一种是"信息发送者"到"信息接收者"的单向传播过程[165];第二种是信息传播的双向互动过程[166];第三种是"信息接收者"群体内部的信息扩散模式[167]。考虑到当今社会资讯愈发发达,机构之间信息交流也愈发畅通[168],因此,最后一种信息扩散模式更能反映机构之间的信息传播过程。在社会交互的研究中,信息扩散的过程类似于传染病在一大群人之间的传播。以往的研究中,Bass扩散模型因其在描述真实世界的信息扩散过程中的良好表现而闻名,它最初是受到流行病模型的启发[169-170]。

6.2.1 信息传播模型

因此,本章借鉴Goldenberg、Shi等人的研究提出一种考虑信息传播的Bass改进模型[39,168]。假设系统中有N个风投机构,且每个机构都暴露在正面和负面信息的影响下,则每个机构在t时期会受到正面信息影响的概率为:

$$P_{post_i} = 1-(1-p_s)(1-q_s)^{A_{si}(t)} \tag{6-1}$$

式中，p_s 表示受外部信息影响的概率，这里只考虑政府财政引导基金的信息影响，有 $p_s > 0$；q_s 表示风投机构 i 成功接触其关联企业的信息的概率。$A_{s_i(t)}$ 是在 t 时刻与机构 i 相关联的满意采纳者的数量。

与此同时，风投机构 i 受到负面信息影响的概率表示如下：

$$Pneg_i^t = 1 - (1 - n_{neg} q_s)^{A_{d_i(t)}} \tag{6-2}$$

式中，$A_{d_i(t)}$ 为 t 时刻连接到机构 i 的失望采纳者数量。而系数 n_{neg} 是为了突出负面信息的传播能力是正面信息的 n_{neg} 倍[168]。

根据式(6-1)和式(6-2)，影响风投机构 i 的变量有两个：即传播正面或负面信息的邻居的数量（$A_{s_i(t)}$ 或 $A_{d_i(t)}$），以及被外部信息影响的可能性（p_s）。简单来说，每个风投机构都可能存在只受到正面信息影响、只受到负面信息影响、受到正负面信息影响、完全不受信息影响的情况。机构 i 只受到正面信息影响的概率为 $Ppos_i^t (1 - Pneg_i^t)$，此时，风投机构会受到正面信息的影响，考虑投资该创业企业；相似地，机构 i 仅接触负面信息的概率为 $Pneg_i^t (1 - Ppos_i^t)$，风投机构完全不考虑投资该创业企业；当机构 i 同时受到正负面信息影响时，概率为 $Ppos_i^t Pneg_i^t$。为了简化模型，本书假设在传播中机构 i 接触到正面信息的比例即为其选择投资的概率 ε_i，即

$$\varepsilon_i^t = \frac{Ppos_i^t}{Ppos_i^t + Pneg_i^t} \tag{6-3}$$

相对的，当机构 i 完全不受信息影响时，概率为

$$1 - \varepsilon_i^t = \frac{Pneg_i^t}{Ppos_i^t + Pneg_i^t} \tag{6-4}$$

此时机构会维持原本的投资选择。因此，每个投资机构在 t 阶段受到信息影响可能出现以下三种情况：

$$\begin{cases} Pa_i^t = Ppos_i^t(1 - Pneg_i^t) + u_i^t Ppos_i^t Pneg_i^t \\ Pr_i^t = Pneg_i^t(1 - Ppos_i^t) + (1 - u_i^t) Ppos_i^t Pneg_i^t \\ Po_i^t = (1 - Ppos_i^t)(1 - Pneg_i^t) \end{cases} \tag{6-5}$$

需要注意的是，本模型对风投机构做出以下两点假设：(1)具有普遍性，即机构间不存在严重的异质性；(2)机构是理性的，且投资的选择取决于接触到的信息。本书因此构建了信息传播模型流程图，见图 6-1。

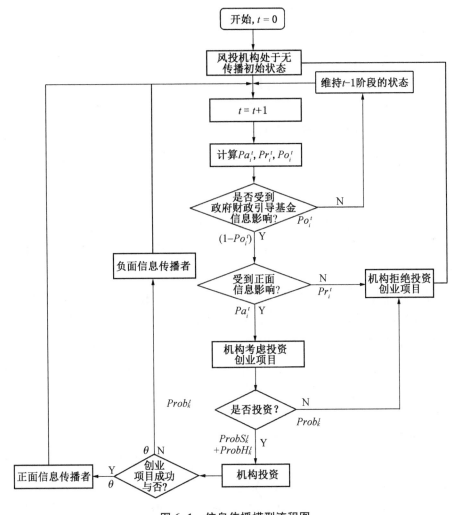

图 6-1 信息传播模型流程图

在初始 t_0 时期,所有风投机构都处于无传播的初始状态,即没有任何一个机构会传播政府财政引导基金的正面或负面的信息。在 t 时期,每个机构 i 有 Po_i^t 的可能没有受到政府财政引导基金的信息的影响,继续维持 $t-1$ 时期的状态。当受到引导基金的信息影响时,每个机构 i 有 Pr_i^t 的可能受到负面信息的影响,拒绝投资;也有 Pa_i^t 的可能受到正面信息的影响,考虑选择投资,而是否选择投资则由风投机构根据创业项目的收益期望决定(此部分会在 6.2.6 节进一步解释)。

每个机构会根据关联机构所传播的信息考虑是否参与投资创业项目。同时,它们也会成为其中一些机构的关联机构的信息传播者。然而,一个接受了正面信息的机构,在选择投资后,不一定会成为正面信息传播者。这将取决于其投资的成功与否。假设某个创业项目成功的概率为 θ,这意味着风投机构 i 在选择投资后有 θ 的概率获得回报。当机构 i 在投资中获得回报后,其会成为政府财政引导基金的正面信息传播者;相反的,当创业项目失败(概率为 $1-\theta$),机构 i 会成为政府财政引导基金的负面信息传播者,而它的投资资本成为 t 时期的沉没成本。

6.2.2 网络构建

为了构建上述信息传播的模型,本章使用了一种基于代理的方法,这是小世界的延伸[171]。小世界被证明与各种社会系统相关,信息通过这些系统传递给每个代理人[172]。

最初的小世界方法描述了一个社会系统,由处于相当孤立的社会网络中的个体组成,节点之间有一些交流[171,173]。而本章节使用的小世界方法是动态的,从而存在不同层次的交流。简单概述如下:首先,本书区分了网络内部的强联系和网络外部的弱联系。节点之间的强连接传递更可靠的信息,因此有更多的机会影响一个潜在的投资机构。其次,各社会系统内部的强连接结构是固定的,而弱连接结构是动态的。在每个周期中,弱联系被随机重新分配,使得弱联系网络的新结构与前一周期不同。

Dholakia 等人通过对网络群体的研究发现,更多的群体互动和更强的群体归属感与群体认同有关[174]。小的固定组高度关注群体利益,而大的随机组则更关注个体利益。这一发现也契合了 Granovetter 的研究中所描述的弱联系的动态特征[175]。弱联系的唯一性在于它们在不同时期的随机性。需要注意的是,本章节的模型中某个代理的弱联系是除了与其有强联系的节点以外的节点随机连接。因此,可以把这个网络看作是由 N 个节点组成的。网络构建算法可以描述如下:

(1) 构建一个有 N 个节点的最近邻耦合网络。形成一个环,其中每个节点都与相邻的 $K/2$ 个节点相连,K 是偶数。

(2) 每个周期 t,以 p 的特定概率随机选择一对节点,在任意两个不同的节点之间最多只能有一条边,没有节点可以与自己连接。

6.2.3 政府财政引导基金

政府财政引导基金虽然作为信号的传播源,但其声誉的高低会决定风投机构受其影响的概率 p_s。假设系统中有 M 只规模类似的政府财政引导基金以及 L 个创业项目。在 t 时期,每只基金 j 投资某一个创业项目的金额为 V_F(考虑到基金规模有限,这里假设每只基金只能在同类型创业项目选择其中一个进行投资),一旦项目成功所获得的回报为 R_F,且有 $R_F > V_F$。将引导基金的累计收益作为其声誉提升的门槛。简单来说,每个阶段 t 开始前都计算得出每只引导基金的累计收益 W_F^t。按照基金的累计收益划分不同的门槛,对应不同的 p_s 值。为了简化模型,本书将引导基金的盈利等级分为 5 个门槛,分别对应 5 个声誉等级,如式(6-6)所示:

$$p_{sj}^t = \begin{cases} 0.1, & W_{Fj}^t < 0 \\ 0.2, & 0 \leqslant W_{Fj}^t < R_F \\ 0.4, & R_F \leqslant W_{Fj}^t < 2R_F \\ 0.6, & 2R_F \leqslant W_{Fj}^t < 4R_F \\ 0.8, & 4R_F \leqslant W_{Fj}^t \end{cases} \quad (6\text{-}6)$$

由上式可以看出,政府财政引导基金即使在没有收益的情况下,由于引导基金在一定程度上代表着政府资金的提前进场,所以对风投机构还是会产生一定的影响力。事实上,一些信誉良好的风投机构投资某个创业项目,往往也会产生磁吸效应,但是本章重点研究引导基金的引导机理,因此本书只考虑政府通过引导基金有目的性地去投资一些创业项目所带来的效果。此外,部分创业项目没有获得引导基金投资,考虑到引导基金入场了这个行业的创业投资,这部分创业项目的 p_s 值与累计收益亏损的基金入场一样。

6.2.4 创业质量

政府财政成立创业引导基金的目的就是为了提高创业的成功率和质量。根据蒂蒙斯的创业三要素,成功的创业活动取决于创业者、机会和资源三者间最适当的匹配[176]。因此,本书认为,区域内潜在创业者的数量、高质量创业机会的数量、资本获取难易程度及三者间的匹配效率,将决定区域总体的创业质量。

考虑到创业引导基金可能降低了创业资本获取的难度,为了进一步研究政府财政引导基金对创业质量的影响,本书参考齐玮娜等人的研究[177]。假设每个时期t,某行业的创业者数量为L_p,同时,假设每个创业机会只能由一个创业者开发,且区域内未被开发的创业机会为L_S、高质量创业机会为$L_H(L_H \ll L_S)$,那么该时期区域内潜在创业者创业成功的概率可表示为:

$$\theta_k^t = \frac{\mu_k^t L_S^\beta (\lambda L_p)^{1-\beta}}{L_p} \tag{6-7}$$

$$\theta_{Hk}^t = \frac{\mu_k^t L_H^\beta (\lambda L_p)^{1-\beta}}{L_p} \tag{6-8}$$

式中,λ表示创业者与创业机会成功匹配的效率参数,而λL_p表示实现与机会有效匹配的潜在创业;β表示创业机会数量及有效匹配数量的增加对区域创业提高的弹性系数,$0<\beta<1$;μ衡量创业者在区域内资源的易得性,这里用来表示资本获取的易得性,$\mu>0$。风投机构投资金额为V_V,有$V_F>V_V$。一个创业项目获得投资金额为Q_k^t,这里$Q_k^t = m_i^t V_F + m_k^t V_V$,其中$m_i^t$、$m_k^t$表示$t$时期引导基金和风投机构实际投资创业者$k$的数量。用创业者获得的投资金额占社会资本额的比例来反映这个时期创业者k的μ_k^t值,则有$\mu_k^t = \frac{\exp(Q_k^t)}{\exp(V_F + NV_V)}$。创业者获得资金越多,$\mu$值越大,成功概率$\theta$也越大。

值得注意的是,本书参考谢智敏等人的研究中高质量创业的定义[178]。他们认为"独角兽企业"(即成立时间不超过10年、估值超过10亿美元的未上市创业公司)的数量可以作为衡量创业质量的一个指标。因此,本模型中的高质量创业是指创业企业的估值规模更大,这就意味着能够为投资者带来更大的回报。当创业者成功把握高质量创业的机会时,引导基金的回报为R_{FH},风投机构的回报为R_{VH},且有$R_{FH}>R_F$,$R_{VH}>R_V$。

6.2.5 创业者

根据Gries和Naudé的研究,潜在创业者的选择可分为创业和非创业两种[179]。假设在t时期,潜在创业者k选择非创业时可获收益ω_k^t,而选择创业则需要支付c的努力成本,成功后可获收益ψ_k。当创业者追求高质量创业时,创业者虽然可以获得更好的收益$\psi_{Hk}(\psi_k<\psi_{Hk})$,但同时也需要完成更多的资源搜索,支付更高的努力成本c_H。

然而，潜在创业者在选择是否创业前是无法知道获得投资金额的多少的，这也意味着创业者只能预测创业成功的概率。假设资本市场信息是可获取的，潜在创业者通过适应性预期调整方程来预测获得的潜在的创业机会[180]。首先根据 $t-1$ 时期的创业情况来预测 t 时期的创业者的数量，可表达为：

$$L^{t'} = (1-\xi)L^{(t-1)'} + \xi L^{t-1} \tag{6-9}$$

式中，$e_{ik}^t L^{t'}$ 是 t 时期潜在创业者预期选择创业的创业者数量，而潜在创业者每一时期会根据实际情况来调整自己的预期；L^{t-1} 为 $t-1$ 时期实际创业者的数量；ξ 为预期调整因子，$0 \leqslant \xi \leqslant 1$。而关于资本获取的易得性的预期，本书将上一阶段的 μ 值取平均数，从而可以预测创业成功的概率 $\theta' = \dfrac{\bar{\mu} L_g^\beta (\lambda L_p)^{1-\beta}}{L_p}$。

因此，潜在创业者的预期收益为：

$$U_{Sk}^t = \theta^{t'} \psi_k^t + (1-\theta^{t'})c \quad \text{选择创业} \tag{6-10}$$

$$U_{Hk}^t = \theta_H^{t'} \psi_{Hk}^t + (1-\theta_H^{t'})c_H \quad \text{选择高质量创业} \tag{6-11}$$

$$U_k^t = \omega_k^t \quad \text{选择非创业} \tag{6-12}$$

6.2.6 决策模型

考虑到政府财政引导基金更多的时候是政府为了宏观调整产业资本结构的一个手段，因此引导基金在对创业项目进行投资时会更多考虑扶持创业者成功创业。在此，本书把引导基金的投资选择视为一个随机选择的过程。

假设无论是风投机构还是潜在创业者，在进行选择时都是随机的。他们在选择过程中只考虑自身收益的最大化。因此，本书用 Logit 决策模型来表示风投机构和创业者进行选择的概率。

由上述内容可知，风投机构的预期收益如下：

$$U_{Si}^t = \theta^{t'} R_V + (1-\theta^{t'})V_V \tag{6-13}$$

$$U_{Hi}^t = \theta_H^{t'} R_{VH} + (1-\theta_H^{t'})V_V \tag{6-14}$$

$$U_i^t = R_i \tag{6-15}$$

式中，R_i 表示风投机构在不投资创业项目的情景下，资本 V_V 所带来的其他收益，有 $R_i > \omega_k$，$R_i > R_V$。因此，风投机构选择是否投资的概率可表示为：

$$Prob_{Si}^t = \frac{\exp(\alpha U_{Si}^t)}{\exp(\alpha U_{Si}^t) + \exp(\alpha U_{Hi}^t) + \exp(\alpha U_i^t)} \quad (6-16)$$

$$Prob_{Hi}^t = \frac{\exp(\alpha U_{Si}^t)}{\exp(\alpha U_{Si}^t) + \exp(\alpha U_{Hi}^t) + \exp(\alpha U_i^t)} \quad (6-17)$$

$$Prob_i^t = \frac{\exp(\alpha U_i^t)}{\exp(\alpha U_{Si}^t) + \exp(\alpha U_{Hi}^t) + \exp(\alpha U_i^t)} \quad (6-18)$$

类似的，潜在创业者进行创业选择可表示为：

$$Prob_{Sk}^t = \frac{\exp(\alpha U_{Sk}^t)}{\exp(\alpha U_{Sk}^t) + \exp(\alpha U_{Hk}^t) + \exp(\alpha U_k^t)} \quad (6-19)$$

$$Prob_{Hk}^t = \frac{\exp(\alpha U_{Hk}^t)}{\exp(\alpha U_{Sk}^t) + \exp(\alpha U_{Hk}^t) + \exp(\alpha U_k^t)} \quad (6-20)$$

$$Prob_k^t = \frac{\exp(\alpha U_k^t)}{\exp(\alpha U_{Sk}^t) + \exp(\alpha U_{Hk}^t) + \exp(\alpha U_k^t)} \quad (6-21)$$

式中，α 可以衡量创业收益在选择过程中的敏感度，它的倒数即是干扰决策的噪声。存在噪声效应，说明潜在创业者可能存在非理性选择。也就是说，低收益者的策略可能被潜在创业者以小概率采用。基于之前的研究（参见文献[181]、[182]），本书将噪声水平记为 $\frac{1}{\alpha} = 0.1$。

6.3 模型仿真结果与分析

6.3.1 模型参数设定

在信息传播模型中，本书将借鉴前人的研究设定参数值[168,177]。模型参数值详见表 6-1。

表 6-1 模型参数设定

符号	含义	数值设定
N	风投机构数量	20
n_{neg}	负面信息的传播能力系数	2
q_s	风投机构 i 成功接触其关联企业的信息的概率	0.25
M	财政引导基金数量	5
V_F	财政引导基金投资某个创业项目的金额	1
R_F	引导基金在创业成功后获得的回报	1.5
R_{FH}	引导基金在高质量创业成功后获得的回报	5
L_p	潜在创业者数量	1 000
L_S	未被开发的创业机会	50
L_H	未被开发的高质量创业机会	5
λ	创业者与创业机会成功匹配的效率参数	0.5
β	创业机会数量及有效匹配数量的增加对区域创业提高的弹性系数	0.19
V_V	风投机构投资某个创业项目的金额	0.1
R_H	风投机构在创业成功后获得的回报	0.5
R_{VH}	风投机构在高质量创业成功后获得的回报	1
R	风投机构不投资创业项目资本 V_V 获得的回报	0.05
ω	潜在创业者选择非创业时获得收益	0.05
ψ	潜在创业者在创业成功后获得收益	1
c	潜在创业者选择创业需要支付 c 的努力成本	0.02
ψ_H	潜在创业者在高质量创业成功后获得的收益	1.5
c_H	潜在创业者选择高质量创业需要支付的努力成本	0.05
ξ	预期调整因子	0.5
α	创业收益在选择过程中的敏感度	10

6.3.2 模型情景模拟

假设在某区域内有 $M=2$ 只财政引导基金和 $N=20$ 个风投机构对某个特定行业的创业项目进行投资,且该行业在每一个阶段的潜在创业者有 $N_p=1\,000$。以此情景作为基准,本书将结合 6.2 节的模型,设计不同的实验,动态演绎创业者的创业选择以及社会资金的分布,尝试阐释财政引导基金在创业过程中的引导机制,并得出提高创业质量的方案。

实验1：增加财政引导基金的数量，$M=8$。

图 6-2 展示了在增加政府财政引导基金数量的情境下潜在创业者选择创业的比例。可以看出，当 $M=2$ 时，创业者占潜在创业者的比例是 0.4，选择高质量创业的创业者数量是 0；而当 $M=8$ 时，创业者或高质量创业者都呈现出振荡式收敛，分别收敛于 0.36 和 0.08。引起振荡式收敛的原因主要是，引导基金数量增加后，提高了部分创业项目的社会资本吸引力，从而使得式(6-9)中上一阶段预期创业者数量和实际创业者数量差距太大。

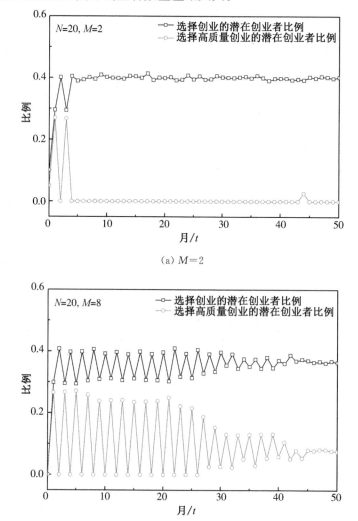

图 6-2 潜在创业者选择创业比例

可以发现,当 M 值提高后,有更多的潜在创业者会选择高质量创业,这主要得益于引导基金的数量增加能有效提高创业对社会资本的吸引力(见图 6-3)。引导基金数量的增加意味着被引导基金投资的可能性增加,而财政引导基金的投资又会作为积极的信号在风投机构中传播,从而会有更多的风投机构投资这个项目,从而提高资源获取易得性 μ。随着 μ 值的增加,高质量创业成功率会提高,因此,产生了更多的创业者愿意冒险选择高质量创业。

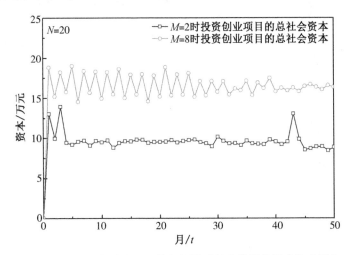

图 6-3 增加政府财政引导基金数量时创业获得的社会资本投入

如图 6-4 所示,$M=8$ 时成功创业的创业者数量要高于 $M=2$ 时的数量。对于这个结果,有两种可能。第一种是社会资本投入的提高,使得更多的创业

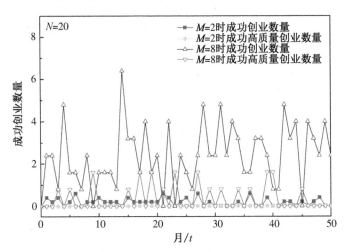

图 6-4 增加政府财政引导基金数量时成功创业的创业者数量

获得更多的资本,从而提高了创业成功的可能性。第二种是增加的社会资本是追随着者引导基金的。换言之,增加的成功创业者是引导基金投资的创业项目。又或者这两种可能都存在。

实验2：增加风投机构的数量,$N=25$。

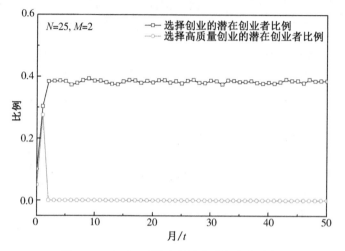

图 6-5　$N=25$ 时潜在创业者选择创业比例

图 6-5 展示了风投机构的数量增加后潜在创业者选择创业的比例。对比图 6-2(a),可以看出创业者比例无明显变化(数值在 0.4),而高质量创业也为 0。又如图 6-6 所示,风投机构的数量增加后,创业者获得的社会资本是明显增

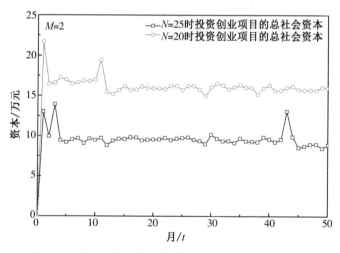

图 6-6　增加风投机构数量时创业获得的社会资本投入

加的。然而,这和引导基金数量增加带来社会资本投入增加引起的结果不一样,高质量创业的创业者数量没有明显波动。如果增加的风投机构是引导基金的追随者的话,那么部分创业项目获得的社会资本会大幅增加,这会导致创业成功率提高,从而会产生高质量创业者数量的波动。因此,本书认为这是由于新增的风投机构将社会资本投入到更多的创业项目上,从而引起了社会资本总额增加。

由图6-7的创业成功数量增加可以看出,如果增加的风投机构是引导基金的追随者,那么成功创业者的数量应该保持在一个水平上。这也侧面支持这一观点:新增的风投机构将社会资本投入更多的创业项目。

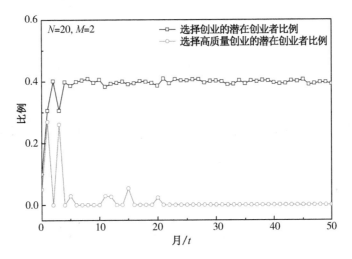

图 6-7 增加风投机构数量时成功创业的创业者数量

实验3:假设政府财政引导基金不以盈利为导向,$p_s=0.5$,$R_F=R_{FH}=V_F=1$,$R_V=0.6$,$R_V=1.5$。

事实上,政府财政引导基金的目的是为了引导社会资本,为了达成该目的,引导基金可能会对风投机构让利。简单反映在模型中就是,引导基金的预期回报降低,声誉提高,风投机构的预期收益增加。图6-8展示了政府财政引导基金不以盈利为导向情景下创业者选择创业的比例。对比图6-2(a),可以看出创业者比例为0.4,无明显变化。

然而,政府财政引导基金让利后,社会资本对创业的投入反而出现了下降(见图6-9)。这是由于在引导基金让利后,政府成了创业投资的背书,风

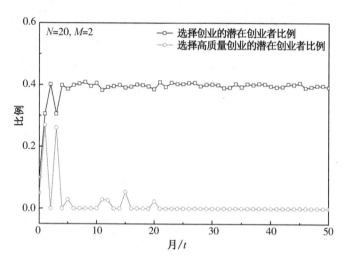

图 6-8 引导基金让利时潜在创业者选择创业比例

投机构相比较于投资风险较大的其他创业项目,更愿意投资政府财政引导基金入场的创业项目,这就导致了社会资本只投资有引导基金背景的创业项目。

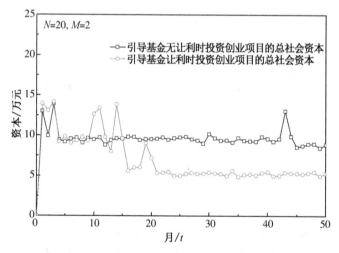

图 6-9 引导基金让利时创业获得的社会资本投入

此外,图 6-10 展示了引导基金让利时成功创业的创业者数量。可以看出,引导基金让利与否并没有对创业的成功产生很明显的影响。

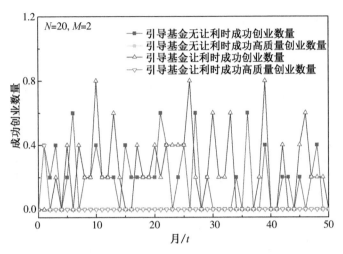

图 6-10　引导基金让利时成功创业的创业者数量

实验 4：假设在营商环境更优的区域进行创业投资，$L_S=100$，$L_H=10$。

营商环境更优的区域意味着有更多的创业机会。从图 6-11 中可以看到创业和高质量创业的比例分别是 0.3、0.27。随着创业机会的增加，由式(6-7)可推出创业成功的概率 θ 增加，考虑到创业成功收益的差异，创业者中出现了更多高质量创业者。

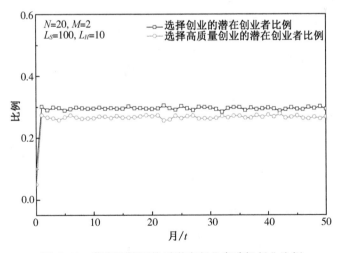

图 6-11　营商环境更优时潜在创业者选择创业比例

营商环境更优的情况下，风投机构更愿意参与创业项目的投资，从而更多的社会资本进入创业项目(见图 6-12)。这也说明了，营商环境更好的区域更能吸引社会资本的投资。

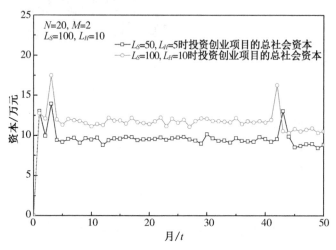

图 6-12　营商环境更优时创业获得的社会资本投入

然而,由图 6-13 可以看出,营商环境更好的区域的创业成功者数量并没有明显提升。这主要是由于在营商环境更优的区域,创业者中有很大一部分是进行高质量创业。虽然更多的机会和资本提高了创业成功概率,但是相比较而言,高质量创业的成功概率还是低于普通创业,因此,以上原因导致了营商环境对创业成功者的数量没有显著影响。

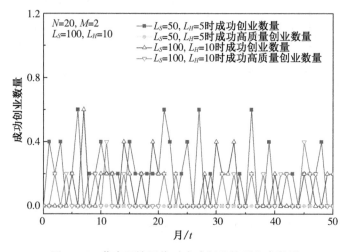

图 6-13　营商环境更优时成功创业的创业者数量

6.4 研究结论

本书将财政引导基金的信号传播模型与风投机构的小世界网络相结合,并将创业者模型纳入其中,通过构建复杂网络,动态演绎了财政引导基金对风投机构之间的创业项目投资的引导机理。基于模型实验的结果表明:(1)增加财政引导基金的数量有助于驱动创业者进行高质量创业、吸引社会资本以及提高创业成功率;(2)声誉更高的政府财政引导基金能够吸引更多的风投机构加入,有利于提高创业的成功率;(3)更好的营商环境下,政府财政引导基金对风险投资引导的效果更显著,对促进高质量创业的积极作用更显著。

第七章
风险投资参与是否影响企业"脱实向虚"?
——基于国内资本市场的经验证据

7.1 引 言

在中国,"脱实向虚"主要表征为:一方面,大量资金开始脱离实体经济而在金融领域"空转"与金融渠道利润累积不断提升,由此引起的"泛金融业的膨胀"挤占了实体经济发展资源[183-184];另一方面,则是非金融企业的金融化,即非金融企业金融投资占比不断提升[185]。2015 年,习近平总书记在中央经济工作会议上指出:大量资金流向虚拟经济,使资产泡沫膨胀……事实上,经济"脱实向虚"对高质量与可持续发展造成的负面影响已然得到学术界的共识:"脱实向虚"孳生了金融的自我服务,导致金融层面缺资产和实体层面缺资金的矛盾,引发中小企业融资成本增加[186]、实业投资率降低[187-188]、企业创新受到抑制[189-190]、金融市场不稳定[191]等,甚至加剧"去工业化"和资产泡沫化等一系列后遗症。

党的十九大报告高屋建瓴地将"建设现代化经济体系,必须把发展经济的着力点放在实体经济上"作为国家经济发展战略。在执行层面,其实就是利用多种调控手段精准发力促进金融回归初心与抑制"脱实向虚"的系列政策组合。实践中体现为,财税激励对促进企业专注实体经济具有积极的作用;依靠监管手段守住企业金融投资底线、规范金融中介机构资金运作;通过营造优质营商环境和政府职能改革,节约实体经济的交易成本,纠正企业投资行为的逆向选择。

基于"脱实向虚"现实表征,已有的研究主要聚焦在:其一,"泛金融业膨胀"的动因。张成思认为,金融业大行其道的规制逻辑主要体现在:一是理论界强化了金融对促进经济发展的作用,并进一步在实践中被转化为推动金融业发展的现实行动;二是现代金融学研究范式发生由宏观金融主导向微观金融主导的结构性转变[192]。其二,实体企业资金为什么会出现"明修栈道暗度陈仓"的金融投资集聚。中国的微观企业自2006年以来出现了明显的金融化特征,在我国金融面资金利息率显著高于实体面资产利润率的现状下,非金融上市公司金融化趋势愈发凸显[193]。针对微观企业"脱实向虚"驱动逻辑的研究,当前主要包括从宏观视角出发,诸如利率管制[194]、经济政策不确定性[195-196]和宏观经济不确定性[197]等;以及基于微观视角,探讨企业社会责任[198]、CEO金融背景[199]等对企业"脱实向虚"的作用机制。

不同于已有研究,本章基于风险投资的视角探讨其可能对上市公司"脱实向虚"行为产生的影响。之所以进行这样的研究,其原因在于:(1)参与中国资本市场快速发展的风险投资,学术界对其是"财务投资者"抑或是"战略投资者"以及"积极的投资者"还是"资本市场的野蛮人"一直以来就是众说纷纭[90,200,93],本章的考察有助于对风险资本角色认知做进一步澄清;(2)如果风险投资对"脱实向虚"起到了推波助澜作用,基于产权属性以及市场竞争程度不同的企业是否因此有不同的影响,进一步厘清风险投资与企业"脱实向虚"的相关性,对精准出台化解企业"脱实向虚"的政策组合将起到积极的作用;(3)风险投资对企业"脱实向虚"的影响最终需要通过俘获企业内部决策者来实现,因此,依据高层梯队理论,具备何种背景特征的决策者更不容易被风险投资所"忽悠"值得进一步展开研究。

本章利用A股制造业公司2015—2019年的样本数据,从风险投资参与企业的视角研究非金融企业"脱实向虚"的驱动因素。研究结果显示:(1)风险投资参与对企业"脱实向虚"起到了推波助澜的作用,风险投资参与投资的比例越高,企业"脱实向虚"的影响越大;(2)相比较国有企业,风险投资对非国有企业"脱实向虚"的影响越显著;(3)市场竞争程度越高,风险投资对企业"脱实向虚"的影响越明显;(4)CEO个人的背景特征会对风险投资持股驱动企业"脱实向虚"的效应产生影响,当CEO具备技术背景、海外经历、贫困经历、高学历或者高任职期限的特征时,风险投资驱动企业"脱实向虚"的效应会被削弱甚至抑制。

本章可能的贡献包括:第一,实证检验了风险投资参与对非金融企业"脱实向虚"的影响,为非金融企业金融化动因分析提供了新的视角。第二,实证结果发现,作为"逐利"的财务投资人,风险投资的参与对强化企业"脱实向虚"起到了促进作用。这一结论有利于笔者对风险投资角色认知进行判断。第三，由于笔者选择的样本数据区间是2015—2019年，这一期间，国务院于2016年印发实施了《关于促进创业投资持续健康发展的若干意见》，意见中指出，要引导创业投资企业建立以实体投资、价值投资和长期投资为导向的合理的投资估值机制。本章实证结果在一定程度上为这一意见的政策效应提供了经验证据。第四，CEO的个人背景特征对风险投资促进企业"脱实向虚"有所影响，这一发现不仅完善了高层梯队理论在企业"脱实向虚"领域的应用，也为实体企业从内部缓解风险投资激进行为、回归"初心"提供了根本性的切入点，对深入理解企业金融化和企业管理团队建设有一定的指导意义。

基于风险投资的视角探讨其可能对上市公司"脱实向虚"行为产生的影响，拟考察：(1)风险投资参与程度(股权投资的比例)是否与企业"脱实向虚"正相关？(2)相比较国有企业，风险投资对非国有企业"脱实向虚"是否影响越显著？

7.2 文献回顾

7.2.1 微观企业"脱实向虚"动机的研究

现有学者们对微观企业"脱实向虚"的动机主要提出了"蓄水池"和"投资替代"两种解释[201-202]。"蓄水池"理论认为非金融企业持有金融资产的主要目的是流动性储备。由于金融资产相较于固定资产等投资流动性更强，因此更具备在短期内调节企业流动性的能力，即企业在资金富裕的时候买入金融资产，而在面临财务困境时，企业能够通过出售金融资产及时缓解资金压力[203]。依据该理论，企业的金融资产配置对实业投资存在正向的推动作用：从企业的财务状况来看，企业在资金紧张时卖出金融资产抑或金融资产价值抬升带来金融渠道获利占比增加，皆导致企业盈利能力的提升，并增强企业的实业投资动机；另外，从融资约束角度考虑，无论是企业通过金融投资获得更多可支配的资金，还是金融资产价值上升导致资产负债表的改善从而提升企业借贷能力，企业的融资约束都可以被有效地降低，进一步提高企业的投资水平[204]。Kliman和Williams证实了金融化并未导致美国非金融企业实业投资率下降[205];Gehringer 也证明企业的金融资产投资可以增强资本流动性,降低融资约束,提升资产收益率,短期内增加股东价值,最终实现产融结合[206]。

然而,我国非金融上市企业的现实情况并非如此,中国企业金融投资非但没有促进实业投资,反而对实业投资有"挤出"效应[187, 207]。实际上,现阶段我国企业金融化更偏向于"投资替代"动机。"替代"理论强调企业金融化的目的是追求利润的最大化[208-209],企业从金融渠道获得高收益会导致管理层降低对实业投资的偏好。具体而言,当金融投资的收益率高于实业投资的回报时,企业会将更多资金投向金融资产,实业投资相应减少;同时,短期业绩压力也会进一步驱动管理层投资短期内可以获得高回报的金融资产,而非见效缓慢的长期投资;此外,增加对金融市场的付款可能会减少可用的内部资金,缩短公司管理层的规划范围并增加不确定性,从而阻碍了实业投资。国内的相关研究也都支持了我国企业金融化的利润最大化"替代"动机[198]。

7.2.2 风险投资参与对企业产生何种影响的研究

目前国内外对 VC 参与影响的研究主要集中于两大维度。一部分学者围绕 VC 的"认证监督说"和"增值服务说",探究了 VC 参与对企业发挥的积极作用。诸如,Gompers 等发现,VC 能够在尽职调查中发挥其专业化的投资优势,提升收购方企业评估目标方价值的准确性,防止因判断失误、支付过高对价等原因导致的并购失败,且 VC 的此种监督和治理作用在高声誉 VC 中更为显著[89]。Chemmanur 等证实风险投资确实能提高私营企业全要素生产率,且整体效率收益主要来自销售的增长[90]。国内的学者诸如李善民、杨继彬和钟君煜发现,异地风投具有咨询功能,其利用自身信息优势和社会网络资源帮助主并公司突破异地并购障碍,提升异地并购绩效[92]。董静等聚焦中国中小板和创业板上市公司,证实了风险投资机构提供的增值服务对创业企业绩效有显著的正向影响,且风险投资机构的行业专长越高,这种影响越明显[210]。综上所述,相关文献所提及的 VC 增值作用虽表现形式大相径庭,但其主要发挥的路径实则相差无几,即 VC 具备专业的投资经验和行业洞察能力,其可以充分利用自身的信息优势、资源(包括网络、融资等)优势以及能力优势等,积极参与被投企业的公司治理和经营管理,从而提高和改善被投企业的绩效。此外,此种增值作用可能会因 VC 的背景、声誉、持股比例等因素而进一步被削弱或强化。

还有部分文献从 VC"逐名说"的角度出发,检验了 VC 作为"利益攫取者"对被投资企业市场表现的影响。Wang 等的研究表明,风险投资机构为了获得更大的市场份额和更高的市场声誉,往往会选择让企业在短期内快速上市,但是这种激进的行为不仅使得 IPO 抑价率上升,经营绩效也会下降[211]。温军和冯根福以风险投资对企业创新的作用机理为切入点,证明风险投资的增值服务对创新的增量作用不足以抵消攫取效应的消极影响,风险投资整体上会降低中小企业的创新水平[93]。风险投资的"逐名说"强调了风险投资只求利润,不求成长的行为,而风投急功近利的背后往往是以消耗企业长期发展稳定基石为基础的。

事实上,与其他金融中介相比,风险投资具有较为明显的两面性,即风险投资除了可以通过增值服务来提升企业的业绩外,还存在着对企业的攫取行为。在企业经营管理的不同层面,风投的"增值"和"攫取"效应此消彼长,究竟是"增值"带来的业绩提升弥补了"攫取"带来的负面影响,还是"攫取"效应最终俘获"增值"效应,实则取决于风险投资对于业绩、声誉、投资目标等的权衡和考量。

7.3　理论演绎与假设提出

7.3.1　实业企业"初心"难守

基于经验证据,全球范围内的微观企业皆在不同程度上相继出现"脱实向虚"的现象,且这一现象在发达国家出现得更早。以美国为例,美国的非金融企业自 1970 年就出现了金融化趋势,在经历了资本密集型制造业对外转移、互联网经济泡沫破灭以及以金融保险服务业和房地产业为代表的虚拟经济高速膨胀等一系列变革后,一度被美国忽视的产业空心化问题爆发,成为次贷危机的主要导火索之一。尽管金融危机后,美国开始重视实体经济,但追求"一夜暴富"的社会共识使得重振制造业前途渺茫。现如今,美国实体经济空心化愈演愈烈,资本家通过金融投机手段抬升公司股价,找准时机套现甩锅的案例比比皆是。可以说,美国实体经济空心化已成为其一大致命弱点。

从国内资本市场的发展沿革来看,中国的微观企业自 2006 年以来也出现了明显的金融化特征,并在近年来愈演愈烈[187],从传统企业"主业生产—盈余留存—再投资"的经营模式,转变为"土地财政—房地产—金融"这一三角自循环模式。从和美国的对比来看,2008 年全球金融危机前,中国的金融化水平和速度都低于美国,但之后,中国金融化的水平和速度皆大幅提升,这表明,当前中国实体经济"脱实向虚"的格局正在加速形成。此外,中美两国"脱实向虚"的实际表现和后果也有所不同,美国的高端制造业依旧全球领先,而美国社会所呼吁的制造业回归实则是中低端制造业的重振,以提供更多的劳动力就业机会。而我国是人口大国,高端制造业发展水平有待提升,中低端制造业又整体呈现加速"脱实向虚"的态势,实业企业空心化的不利影响可能更为深远。

那么究竟是何种原因导致了企业本末倒置的行为?企业配置金融资产通常存在"蓄水池"动机和"替代"动机[202],相关学者的实证检验已证实现阶段我国企业金融化更偏向于"替代"动机[187,198],即企业更偏向于追逐金融资产的短期高回报,从而脱离实业经营转而投资金融资产。究其更深层面的机理,笔者认为主要存在以下几点原因:首先,传统生产性企业面临投资者价值最大化[192]和行业利润率长期下降[193]的双重外部压力。一方面,企业追求投资者价值的最大化,将利润分配给投资者而减少了生产性投资。另一方面,金融业与实业利润率的缺口引发行业潮涌现象[192],资本逐利天性诱发企业从实业投资转向金融资产投资。总的来说,外部投资者压力加之实业利润率下降,驱动企业的发展更多地依赖于其在金融市场的表现,股权运营、市值管理、资本套利等金融行为将成为企业积累利润的主要方式。其次,企业管理层面临着来自企业内部的业绩压力。管理层业绩评价与企业的经营效益紧密关联,为了实现业绩目标或突出经营绩效,管理层有较大的动机实施机会主义行为,缩短企业投资视野,将更多的资本配置在实现收益周期更短的金融资产上,导致实业企业利润来源越来越倚重金融渠道。此外,基于股票期权的薪酬管理制度在激励管理层关注企业长期利益的同时也在一定程度上催化了企业的"脱实向虚"。具体而言,持有股票期权的管理层在临近行权的短期内有动机增加股票分红,且大量回购股票,以推动股价上升,从而满足自身对高回报的需求,但是却导致了管理层重视资本运作,轻视实业投资的现象。最后,信息不对称和激励不相容的委托代理问题也进一步驱使管理层和大股东对金融投资的追捧。金融资产的投资收益为管理层的薪酬激励提供绩效支持,若出现亏损,却可将其归因于市场风险等外部条件,收益与风险的双重"保障"激发了管理层的金融投资热情。加之我国上市公司股权高度集中,大股东和小股东之间的第二类代理问题突出,大股东不论是出于提升企业利润的考量抑或短期内抬升股价从而减持套现的"暗箱"操作,都存在通过投机套利实现自身短期收益最大化的动机[212]。因此,传统实业企业的内外部压力加之委托代理问题的催化,实业企业自身本就存在"钱炒钱、赚快钱"的强烈动机和迫切需求,在严格的财务导向和绩效考核之下,面对金融投资一夜暴富的诱惑,市场化招聘的经理人员难以从长远出发,思考产融结合的"良方",只能每天都去寻找定增、打新、朋友圈生意以及金融投机等高回报的交易,引发传统实体生产制造企业难以坚守"初心"。

在我国资本市场中,雅戈尔是实业企业"脱实向虚"的典型企业之一。作为中国服装纺织行业的领军品牌,雅戈尔不但大举进军房地产,同时又在金融投资领域风生水起,服装、房地产和金融投资,组成了驱动雅戈尔前进的"三驾马车"。根据雅戈尔2018年和2019年年报数据显示,金融投资板块获得的净利润皆已赶超服装纺织板块获取的净利润,掌门人李如成一度被誉为"中国的巴菲特"。雅戈尔借助资本运作帮助企业"脱胎换骨",早已被媒体贴上"反客为主,荒废主业"的标签,而李如成对金融投资的态度却是:"投资得好,一下子就能赚制造业30年的钱"①。

7.3.2 风险投资推波助澜

机构投资者是关注短期利益的激进投资者,其主要表现为:其一,机构投资者作为逐利主体,为了实现投资价值的最大化通常关注于短期效益,成为"利益攫取者";其二,机构投资者作为追求短期"热钱"的旁观者,在企业经营管理决策中倾向于"用脚投票"[213],而不关心企业的长远发展[214];其三,机构投资者为了达到赚取"热钱"的目的,通常会采用"揠苗助长"的方式"帮助"企业在短期内获取超额收益,诸如,短视的机构投资者往往会提高企业的盈余管理水平,且更有动机鼓励管理者的短视投资行为[215]。交易型机构投资者则更倾向于频繁的股票交易[216],他们投资目标公司的目的更可能是希望短期内通过资本运作抬升股价,赚取股票买卖的差价,而不是为企业的实业经营管理增值。

---

① 来源于人民网"雅戈尔进军金融及地产 被指'不务正业'",网址为 http://finance.people.com.cn/GB/8215/356561/366424/。

风险投资作为机构投资中的重要力量,具有"逐名"动机[217],追求在短期内获得斐然业绩来建立行业声誉,因而风险投资更具机构投资者急功近利的特性,其参与可能会推动企业的短视投资行为,引发企业"脱实向虚"。究其原因,主要包括以下几点:第一,我国风投行业是机构投资领域的"后起之秀",目前正处于成长发展阶段,行业竞争激烈。现阶段,我国风险投资机构主流仍然是财务投资者,短期内无法摆脱通过提升财务绩效获得良好收益的路径依赖。因此,迅速获取高收益并及时成功退出的运作流程,让风投趋之若鹜[218]。第二,实体经济投资回报周期长且收益是否可观存在未知性,仅依靠实业投资难以满足风投赚"快钱"的诉求。而风险投资是专业的机构投资者,具备丰富的资本市场运作经验和金融"社交网络",其对于实业经营则存在短板,因此,风险投资更倾向于在自己擅长的金融投资领域帮助企业提升业绩,导致实业公司投资标的和获利渠道的金融化。风险投资的持股比例是衡量风险投资参与度高低的重要指标。风投参与的程度越高,在被投资企业中的话语权就越多,利用控制权引导企业"脱实向虚"而获得自身效用的动机和能力就越强。

　　近年来,中概股频频爆雷,诸如瑞幸咖啡事件,长期内将产生严重的中概股信任危机。引发中概股危机的基本诱因除财务欺诈、公司治理的缺陷外,还有一个很重要的原因就是,部分 VC 机构对中概股公司的经营发展进行刻意布局,或与创始人合谋共同"有节奏"地安排融资计划、盈余管理计划及减持退出计划,以期达到"共赢"的局面。风险投资和企业的此种"联姻"行为,通常导致实业企业不再"纯良","空手套白狼"的隐性共识最终将"掏空"企业长远发展的基础。

　　综上分析,实业企业和风险投资就脱实向虚不谋而合:在传统实业企业自身本就存在脱实向虚的强烈动机而难以坚守"初心"的背景下,激进的风险投资凭借其丰富的资本运作经验和短视化交易动机对企业"脱实向虚"推波助澜,最终导致企业金融投资俘获实业经营。基于上述分析,本章提出假设 H1。

　　H1:风险投资持股比例与企业"脱实向虚"程度存在显著的正向相关关系。

7.3.3　产权性质的差异对风险投资驱动企业"脱实向虚"的影响

　　不同产权性质的公司在经营目标、资源禀赋以及政治背景等方面的不同,导致国有企业和非国有企业在行为决策上的差异,从而对风险投资参与驱动企业"脱实向虚"的作用产生影响。首先,国有企业较非国有企业更容易获得诸如税收、补贴等的政策优惠,因而相较于金融资产投资的收益不确定性,国有企业具备更多更稳健的提升短期业绩的途径,降低了企业金融化的必要性。其次,国有企业作为国家实施宏观调控和执行产业政策的重要工具,其存在经营的目的不仅是追求经济效益,还需履行部分社会责任,因此,国有企业获取高额回报的意愿较非国有企业不足。此外,国有企业的高管通常由政府和党委组织部直接任命[219],国企高管的"准官员"性质决定了其更关注于提升个人政绩,而2009年国资委将央企负责人的业绩考核指标中净资产收益率改为经济增加值,这一转变导致国企高管更倾向于提升实体经济投资的效益而非通过金融资产投机获利,因而风险投资参与驱动国有企业金融化的作用受到抑制,国有企业较非国有企业而言,更能保持"初心"。据此,本章提出假设 H2。

H2:相比国有企业,风险投资持股比例越高,对非国有企业"脱实向虚"的作用更显著。

7.3.4 市场竞争程度对风险投资驱动企业"脱实向虚"的影响

市场竞争对实业企业的经济效益会产生掠夺效应,具体表现为市场竞争从产品市场与要素市场两方面形成对利润的双向负向挤压[220]:在产品市场上,同一行业企业在有限的市场空间相互挤占份额和潜力,实施低价竞争策略,使得企业利润空间被极大压缩;在要素市场上,新企业的进入引发要素需求规模的增长和要素成本的大幅上升,从而提高了企业的生产成本,降低了生产利润。市场竞争致使企业盈利能力的下降可能驱动实体企业进行脱实向虚[221]。首先,为应对激烈的市场竞争,企业在短期内通常以"烧钱"为代价以保持竞争优势或争取市场份额,从而导致企业虽实业利润下降但却伴随着对资金需求的高增长,企业迫切希望弥补实业利润的损失,因此,有动机跨行业套利[190],盘活企业资金,缓解主业利润下降的冲击。此外,风险投资不希望在参与期间自身利益受到过多损害,因此风投会倾向于驱动企业进行策略性投资,将多余资金投资于金融资产,以期获得更充分的现金储备。据此,本章提出假设 H3。

H3:市场竞争程度越大,风险投资参与驱动企业"脱实向虚"的作用越显著。

7.4 研 究 设 计

7.4.1 样本选取和数据来源

本章选取 2015—2019 年我国沪深两市 A 股上市公司中所有制造业公司为研究样本。之所以选择制造业公司来代表实体经济,是基于黄群慧学者提出的实体经济分类的框架[222],其认为第一个层次的实体经济为制造业,是实体经济的核心部分,因此,制造业样本与现有研究模型具有较好的契合度。此外,使用制造业样本也能够有效规避行业差异对研究结果带来的偏差。研究过程涉及的企业财务数据来自 CSMAR 数据库和 Wind 数据库;风险投资数据主要来自 CVSource 投中数据库,同时,本章也使用了 Wind 数据库和清科私募通数据库对本章的风险投资研究数据进行了补充。研究样本同时经过以下处理:首先,剔除经营活动可能存在异常变动的 ST 类、PT 类企业;其次,剔除总资产小于等于零的企业;最后,剔除相关数据异常或缺失的样本。为了消除极端值的影响,本章对所有连续变量在 1%和 99%分位上进行 Winsorize 处理,最终得到 4 158 个有效样本。

7.4.2 研究模型与变量定义

为了考察风险投资持股是否驱动了公司的"脱实向虚",综合已有关于公司金融化驱动因素的研究文献[223, 202],本章构建如下固定效应模型进行实证检验:

$$FA_{it} = \alpha + \beta VCR_{it} + \gamma CV_s + YEAR + IND + \varepsilon_{it} \tag{7-1}$$

$$FA_{it} = \alpha + \beta_1 VCR_{it} + \beta_2 COMPET_{it} + \beta_3 VCR_{it} \times COMPET_{it} \\ + \gamma CV_s + YEAR + IND + \varepsilon_{it} \tag{7-2}$$

模型(7-1)中,FA 为因变量,表示企业"脱实向虚"的程度。本章基于资产科目度量企业"脱实向虚"程度(FA),即金融投资资产占总资产的比重。参考刘珺等[186]、彭俞超等[191]、闫海洲等[224]的研究,将交易性金融资产(或以公允价值计量且其变动计入当期损益的金融资产)、衍生金融资产、持有至到期投资、可供出售金融资产、投资性房地产、长期股权投资以及买入返售金融资产等七个科目划分为金融投资资产。VCR 为被解释变量,表示风险投资持股比例。本章将前十大股东中属于风险投资企业的股东持股比例之和定义为风险投资持股比例(VCR)。借鉴吴超鹏等[225]、陈思等[226]和李善民等[92]的研究方法,本章按如下步骤初步识别上市公司年报的前十大股东中的风险投资机构:首先,股东是否被 CVSource 投中数据库、Wind 数据库以及清科私募通数据库收录在内;其次,Venture Capital 的中文翻译为"风险投资"或"创业投资",当公司十大股东的名称含有"风险投资""创业投资"或"创新投资"等字样时,也将其识别为风险投资机构。在此基础上,笔者对剩余股东通过手工查阅进一步识别其主营业务、实际控制人和企业背景等信息,确认其风险投资身份。

为进一步研究竞争程度对风险投资驱动实业企业"脱实向虚"的调节作用,构建模型(7-2)对假设 H3 进行检验。关于竞争程度(COMPET)的刻画,本章借鉴 Haveman 等[227]、连燕玲等[228]的测量方法,采用各细分行业当年的赫芬达尔-赫希曼指数(Herfindahl-Hirschman,简称 HHI)来衡量行业的竞争性程度。首先按照证监会(2012 版)行业代码(2 位)对制造业中的各细分行业进行分类,随后按各细分行业内所有企业的营业收入计算出每个企业所占的市场份额,最后计算出细分行业内所有企业市场份额的平方和,即得到该细分行业当年的 HHI 指数,该 HHI 值越大代表着行业竞争性越弱。为了更直观地进行后续实证结果的解释,本章对该指数进行了负向处理,之后得到本章中进入模型检验的行业竞争性指标(COMPET),经过转化后的 COMPET 指数越大,则代表着行业竞争性越强。

CVs 为一系列控制变量。参考胡奕明等[202]、彭俞超等[191]、张成思和郑宁[183]、张成思和张步昙[187]以及顾雷雷等[198]的研究,在财务层面,本章选择盈利能力(ROA)、成长性(Growth)、托宾 Q(TobinQ)、公司规模(Size)、杠杆率(Lev)、融资约束(Fc)、资本密集度(FAD)作为控制变量;在公司治理层面,本章选择了董事会规模(Board)、独立董事占比(INDEP)、两权分离度(Soc)作为控制变量;此外,还控制了企业注册地区(Loc)以及金融与实体经济相对收益率(Return-Gap)的影响。具体而言,企业盈利能力强,代表企业实业经营和盈利状况良好,资金较为充裕,这样的企业不需要通过配置金融资产来获取超额收益;托宾 Q 高,企业可能会扩大投资领域,涉足金融投资;成长性越好的企业,预示其未来实体经济中的机会越多,他们将越倾向于开展实体投资,故其金融资产配置会下降；企业规模越大，融资能力越强，资金约束越小，对金融资产的配置就越多；企业财务杠杆率高，通常表示企业资金缺乏，因而不会对金融资产进行大量投资；相反，财务杠杆率低，财务状况良好，则可能会加大对金融资产的配置；当企业面临融资约束时，企业可能会选择金融投资来缓解资金压力；固定资产比重较大的资本密集型企业，固定成本高，经营杠杆系数高，经营风险大，企业为了控制总风险，会对其投融资政策进行适当调整，可能会减少高风险的金融资产投资；董事会规模越大，企业的投资决策可以获得更为充分的讨论和监督，使得投资决策更为理性，因此可能会减少金融投机行为；独立董事则可以更为客观地发表意见，从股东利益出发，对董事会进行监督，公司治理更为有效，投资决策更为合理，有效减少金融投机行为；两权分离度越低，在缺少约束和制衡的情况下，短视的大股东或者管理层会有更大的权力直接导致企业投资金融资产；就地区差异性而言，相较于西部地区，东部地区企业经济发展状况良好，资金充裕，且金融发展水平较高，投资机会较多；最后，传统生产性行业利润率的长期下降是推动经济金融化的三重动因之一，金融与实体经济相对收益率差异越大，企业越容易参与金融投资。此外，本章还控制了时间固定效应（YEAR）和行业固定效应（IND），其中，行业是根据证监会公布的行业分类标准，将全部样本观测值按照制造业的二级代码进行分类，ε_{it}表示干扰项。具体的变量定义如表7-1所示。

表7-1 变量名称与定义

变量类型	变量名称	变量符号	变量定义
被解释变量	企业"脱实向虚"程度	FA	（交易性金融资产＋衍生金融资产＋持有至到期投资＋可供出售金融资产＋投资性房地产＋长期股权投资＋买入返售金融资产）/总资产×100%
解释变量	风险投资持股比例	VCR	前十大股东中属于风险投资企业的股东持股比例之和
调节变量	市场竞争程度	COMPET	营业收入计算的年度行业HHI指数
	产权性质	STATE	国有为1,非国有为0
控制变量	盈利能力	ROA	净利润/总资产×100%
	成长性	Growth	（本期主营业务收入/上期主营业务收入－1）×100%
	托宾Q	TobinQ	市值与总资产的比值

(续表)

变量类型	变量名称	变量符号	变量定义
调节变量	公司规模	$Size$	总资产的自然对数值
	杠杆率	Lev	总负债/总资产×100%
	融资约束	Fc	经营性现金净流量/总资产×100%
	资本密集度	FAD	固定资产/总资产×100%
	企业注册地区	Loc	东部地区哑变量：若企业地处北京、天津、河北、上海、江苏、浙江、福建、山东、广东和海南，则取1；否则取0
	董事会规模	$Board$	董事会人数加1后取自然对数
	独立董事占比	$INDEP$	独立董事人数/公司董事总人数×100%
	两权分离度	Soc	实际控制人拥有上市公司控制权与所有权之差
控制变量	金融与实体经济相对收益率	$Return\text{-}Gap$	金融收益率与实体收益率之比：金融收益率采用投资收益、公允价值变动损益、净汇兑收益之和扣除对联营和合营企业的投资收益后，除以金融资产总额来衡量；实体收益率则根据营业收益扣减营业成本、营业税金及附加、期间费用和资产减值损失后，除以经营资产总额来衡量
	年份	$YEAR$	控制年份
	行业	IND	控制行业

7.5 实证结果与分析

7.5.1 变量描述性统计

表7-2列出了主要变量的描述性统计。由表7-2可知，金融资产持有比例的均值为4.578%，最大值高达42.399%，表明部分企业"脱实向虚"的程度较高。风险投资持股比例均值为5.545%，最大值达到30.97%。这说明我国风险投资持股比例平均已经达到了对公司具有影响力的水平。市场竞争程度的最大值为−1.524，最小值为−25.213，表明不同企业面临的市场竞争程度的差异较大。其他主要控制变量取值均在正常预期范围内，这里不再赘述。

表 7-2 变量描述性统计　　　　　　　　单位：%

变量	样本数	平均值	标准差	最小值	P25	中位数	P75	最大值
FA	4 158	4.578	7.102	0.000	0.254	1.815	5.826	42.399
VCR	4 158	5.545	6.382	0.020	1.330	3.230	7.130	30.970
$COMPET$	4 158	−6.839	5.689	−25.213	−8.629	−4.685	−2.301	−1.524
ROA	4 158	5.687	5.551	−12.226	1.945	5.329	8.933	21.627
$Growth$	4 158	15.344	34.549	−43.089	0.000	4.324	23.425	175.009
$TobinQ$	4 158	2.382	1.305	0.997	1.520	1.994	2.794	8.379
Lev	4 158	38.209	18.535	5.905	23.184	36.770	52.271	85.214
Fc	4 158	5.157	6.279	−12.258	1.354	4.960	9.043	23.220
FAD	4 158	22.895	13.440	1.875	12.671	20.564	31.110	62.224
$Size$	4 158	21.948	1.207	19.943	21.086	21.777	22.638	25.472
Loc	4 158	0.688	0.463	0.000	0.000	1.000	1.000	1.000
Soc	4 158	4.429	7.217	0.000	0.000	0.000	6.508	28.313
$INDEP$	4 158	37.583	5.308	33.333	33.333	33.333	42.857	57.143
$Board$	4 158	2.227	0.164	1.792	2.079	2.303	2.303	2.639
$Return\text{-}Gap$	4 158	3.680	27.302	−94.958	0.000	0.081	1.154	192.180

7.5.2　风险投资持股比例与企业"脱实向虚"关系的检验

表 7-3 的第(1)列报告了假设 H1 的检验结果。回归结果显示，在控制一系列控制变量后，VCR 的系数在 1% 的水平下显著为正，这表明，风险投资持股比例越高，越会促进企业"脱实向虚"的水平，支持了本章的假设 H1。

7.5.3　产权性质的差异对风险投资驱动企业"脱实向虚"的检验

为了检验 H2，本章按照企业产权性质将样本分为国有和非国有两组，对模型(7-1)再次进行回归分析，估计结果见表 7-3 的第(2)列。检验结果显示：在国有企业组中，VCR 的系数不显著；而在非国有企业组中，VCR 的系数在 5%

的水平下显著为正。结果表明,企业的产权性质会影响风险投资持股与企业"脱实向虚"之间的关系,与国有企业相比,风险投资持股对非国有企业"脱实向虚"的作用更显著,这与前文的逻辑保持一致。

7.5.4 市场竞争程度调节效应的检验

为检验市场竞争程度对风险投资持股与企业"脱实向虚"之间关系的调节效应,本章构建风险投资持股和市场竞争程度的交互项(VCR×COMPET),检验结果见表 7-3 第(3)列。检验结果显示:风险投资持股和市场竞争程度的交互项(VCR×COMPET)系数在1%水平下显著为正。这说明,随着市场竞争压力的增大,风险投资对实业企业"脱实向虚"的驱动作用会变得更强,支持了前文的假设 H3。

表 7-3 风险投资参与对企业"脱实向虚"影响的关系检验

	(1) FA	(2) FA		(3) FA
		STATE = 1	STATE = 0	
VCR	0.056*** (2.80)	−0.025 (−0.98)	0.059** (2.28)	0.117*** (3.61)
COMPET				0.037 (0.90)
VCR×COMPET				0.011*** (2.84)
ROA	−0.111*** (−4.12)	0.039 (0.68)	−0.139*** (−4.51)	−0.114*** (−4.25)
Growth	−0.009*** (−3.22)	−0.015*** (−2.99)	−0.011*** (−3.09)	−0.009*** (−3.24)
TobinQ	0.606*** (5.34)	−0.231 (−1.13)	0.682*** (5.08)	0.591*** (5.21)
Size	1.610*** (12.35)	0.593*** (2.69)	1.818*** (10.50)	1.603*** (12.40)
Lev	−0.053*** (−6.61)	−0.071*** (−4.47)	−0.047*** (−5.07)	−0.052*** (−6.58)
Fc	0.018 (0.92)	0.011 (0.28)	0.019 (0.80)	0.023 (1.13)

(续表)

	(1) FA	(2) FA		(3) FA
		STATE=1	STATE=0	
FAD	−0.099*** (−10.85)	−0.045*** (−2.95)	−0.110*** (−9.80)	−0.100*** (−10.91)
Loc	−0.051 (−0.21)	1.417*** (3.71)	−0.626* (−1.92)	−0.045 (−0.18)
Soc	−0.037*** (−2.67)	−0.086*** (−3.49)	−0.025 (−1.53)	−0.040*** (−2.87)
INDEP	−0.056** (−2.13)	0.011 (0.29)	−0.042 (−1.15)	−0.056** (−2.13)
Board	−1.745* (−1.91)	−0.548 (−0.36)	−1.700 (−1.39)	−1.732* (−1.89)
Return-Gap	−0.014*** (−6.63)	−0.006 (−1.23)	−0.016*** (−6.63)	−0.014*** (−6.66)
YEAR	YES	YES	YES	YES
IND	YES	YES	YES	YES
_cons	−22.263*** (−5.94)	−4.998 (−0.82)	−25.723*** (−4.61)	−21.357*** (−5.76)
N	4 158	1 035	3 123	4 158
R^2	0.148 0	0.359 6	0.168 0	0.151 4

注：系数下面括号中报告了回归系数所对应的 t 统计量；*、** 和 *** 分别表示在10%、5%和1%的水平下显著。

7.6 进一步研究

前文实证检验了风险投资持股对企业脱实向虚的促进作用。然而，企业的"脱实向虚"行为最终还需内部决策者拍板。高层梯队理论认为，管理者生理特征和个人经历会影响其认知结构和价值观，促使他们做出高度个性化的决策，进而影响企业经营管理行为[229-230]。基于此，本部分将聚焦于实业企业内部决策者，探究决策者的个人特征会对风险投资持股驱动企业金融化产生何种影响。参考杜勇等[207]的研究,由于 CEO 是企业管理中的实际决策人员,是一个企业的掌舵者,作为高管团队的"一把手",CEO 对企业的金融投资决策的制定和实行发挥着举足轻重的作用。因此,笔者认为,CEO 的背景特征能够较好地代表企业高管的背景特征,也能消除不同管理权限带来的"噪声",更为直接地探究高管个人特征对企业"脱实向虚"所发挥的作用。

7.6.1 CEO 技术背景

生物学的烙印理论(Imprinting Theory)指出,在特定的环境中主体会形成适应该环境的"印记",这些"印记"会对主体产生持续的影响[231]。近年来,学者们对于烙印理论的研究逐渐转移到个人,并证实了影响企业家最显著且持久的烙印来源是他们过往的工作经历和由此带来的知识和技能[232]。因此,技术背景和非技术背景的 CEO 可能由于"印记"的不同,对金融投资的态度有所差异,进而对风险投资持股驱动企业"脱实向虚"产生不同的影响。笔者认为,技术背景 CEO 的指导性与专业性较高,深谙企业和行业技术发展方向,更倾向于通过对技术和产品的投入和创新来获取长久利益。而非技术背景 CEO 在引领企业技术创新方面存在弱势,加之相当一部分非技术背景的 CEO 具有财务金融等专业经历,在敏感时期,他们可能会有更大的动机重返"舒适圈",被风险投资捕获,寻求金融投机来获利。基于此,笔者认为,相较于 CEO 具备技术背景,风险投资持股驱动企业"脱实向虚"的效应在 CEO 不具备技术背景时更强烈。

技术背景 CEO(Background),指的是 CEO 具有技术类专业学习背景,或者从事过研发、设计、生产等技术类工作。参考韩忠雪等[233]对技术背景的判定标准,本章对技术背景 CEO 的判定标准确定为:(1)具有理工科专业学习经历;(2)具有研发、产品设计等工作经历;(3)具有助理工程师、工程师、高级工程师等职称;(4)制造业技术员,或者具有制造管理、生产工艺管理、车间管理工作经历;(5)在自然科学、工程技术类研究机构从事过研究工作。以上五条标准,具备任何一项及以上的 CEO 被判定为技术背景 CEO,Background 取 1,否则 Background 取 0。表 7-4 报告了基于 CEO 是否存在技术背景的分组检验结果。结果显示,在 CEO 具备技术背景的组中,VCR 系数为 0.044,在 5% 的水平下显著;在 CEO 不具备技术背景的组中,VCR 系数为 0.082,高于 0.044,且也在 5% 的水平下显著。这表明,CEO 是否具备技术背景会影响风险投资与企业"脱实向虚"之间的关系,相较于 CEO 具备技术背景,风险投资持股驱动企业"脱实向虚"的效应在 CEO 不具备技术背景时更强烈。

表 7-4 基于 CEO 技术背景的分组检验结果

	$Background = 1$	$Background = 0$
VCR	0.044** (2.07)	0.082** (2.13)
CVs	YES	YES
$YEAR$	YES	YES
IND	YES	YES
$\_cons$	−20.901*** (−5.27)	−29.194*** (−4.20)
N	2 229	1 929
R^2	0.144 0	0.207 3

注:系数下面括号中报告了回归系数所对应的 t 统计量;*、** 和 *** 分别表示在 10%、5% 和 1% 的水平下显著。

7.6.2 CEO 任职期限

CEO 任职期限(Duration)在一定程度上能够反映出 CEO 的工作经验和认知水平。首先,随着任职期限的增加,CEO 不仅会对公司当前经营管理的现状等信息更加了解,也更能准确地做出更为理性的投资决策;其次,当 CEO 在职位上任期较长时,其职位愈发稳固,加之 CEO 是企业的掌舵者,职业晋升的可能性和路径较窄,势必会减轻其对职位变更的需求,对职业生涯成长的欲望也会降低;最后,CEO 任职时间越长,对企业长期可持续发展的意识更加强烈,倾向于以长远的眼光看待公司的经营发展,从而会更多地选择实体投资,而任职时间较短的 CEO 为了实现短期利益,容易做出激进的金融投机决策。因此,任职期限越长的 CEO 管理经验越丰富、晋升追求越低且目光更为长远,可能更加具备企业家精神以及更为坚定经营实业的"初心",也就更不容易被激进的风险投资所"忽悠"。鉴于此,笔者认为,风险投资持股驱动企业"脱实向虚"的效应会随着 CEO 任职期限的增加而减弱。

为检验上述假设,本章依据 CEO 任职期限的中位数将样本分为短任期组(Duration≤3.34)和长任期组(Duration>3.34)进行分组回归。表 7-5 的结果显示,短任期组的 VCR 系数 0.056 在 5% 的水平下显著,而长任期组的 VCR 系数 0.052 小于短任期组,且仅在 10% 的水平下显著。结果表明,CEO 任职期限会影响风险投资与企业"脱实向虚"之间的关系,风险投资持股驱动企业"脱实向虚"的效应确实会随着 CEO 任职期限的增加而减弱。

表 7-5 基于 CEO 任职期限的分组检验结果

	$Duration \leqslant 3.34$	$Duration > 3.34$
VCR	0.056** (2.03)	0.052* (1.67)
CVs	YES	YES
YEAR	YES	YES
IND	YES	YES
_cons	−27.834*** (−4.82)	−11.071** (−2.31)
N	2 080	2 078
R_2	0.191 9	0.186 3

注:系数下面括号中报告了回归系数所对应 t 统计量;*、** 和 *** 分别表示在 10%、5% 和 1% 的水平下显著。

7.6.3 CEO 教育水平

一般而言,教育水平(Education)高并不意味着经营管理能力强,但是教育水平的高低可以影响 CEO 的认知能力和理性程度,更高的受教育水平相对而言意味着更强的洞察力、学习能力和认知能力,在复杂多变的企业环境中也越能保持清晰思路,做出更为理性的决策。此外,高教育水平的 CEO 思考问题更为全面,对公司长远发展与价值成长等更为重视[234]。与此相反,教育水平低的 CEO 可能认知浅显、辩证思维能力不足,且目光短浅,容易做出片面和激进的短期经营管理决策。因此,笔者认为,CEO 教育水平越高,越不会以企业的长远发展为代价,以追求短期的投资收益,风险投资的短期投机行为更不容易得到 CEO 的支持。

为检验上述假设,本章将高管的教育水平划分为中专及中专以下、大专、本科、硕士研究生和博士研究生学历,分别赋值为 1~5。根据学历中位数将样本分为低教育背景组(Education≤3)和高教育背景组(Education>3)。表 9.6 的结果显示,低教育背景组的 VCR 系数在 10% 的水平下显著为正,而高教育背景组的 VCR 系数不显著。即:CEO 教育水平会影响风险投资与企业"脱实向虚"之间的关系,CEO 教育水平的提升可以抑制风险投资持股驱动企业"脱实向虚"。

表 7-6 基于 CEO 教育水平的分组检验结果

	$Education \leqslant 3$	$Education > 3$
VCR	0.054* (1.72)	0.042 (1.58)
CVs	YES	YES
YEAR	YES	YES
IND	YES	YES
_cons	−17.796*** (−3.00)	−26.271*** (−5.55)
N	2 273	1 885
R_2	0.193 4	0.192 5

注:系数下面括号中报告了回归系数所对应的 t 统计量;*、** 和 *** 分别表示在 10%、5% 和 1% 的水平下显著。

7.6.4　CEO 海外背景

相较于不具有海外背景的 CEO,CEO 的海外(Oversea)经历可能会抑制风险投资持股对企业"脱实向虚"的驱动作用,主要原因有两点:(1)知识积累效应。海外背景的 CEO 具有更为广阔的国际视野和完备的知识结构,在经营决策时也能更好地运用一些前沿的管理理念来帮助企业分析和选择较优投资项目,更具远见卓识,因此,海外背景 CEO 的长期价值偏好能够帮助企业聚焦可以获得长久竞争优势的实业投资。(2)治理效应。国外对于公司治理的研究起步较早,海外背景 CEO 回国后,有能力引进并遵循更严格的公司治理准则,提高企业的公司治理水平[235],减少管理层机会主义。此外,公司治理水平的上升势必导致企业内部控制质量的提高,并进一步引发企业风险评估程序的优化,因此,企业决策者可以更为有效地识别和评估金融投资风险,从而抑制实体企业金融化。

为了检验上述假设,本章利用虚拟变量来衡量海外背景CEO,即企业当年CEO具有海外背景的为1,否则为0。海外背景是指CEO曾经在国外(主要为欧美国家)求学或开展工作。此外,将CEO在中国港澳台地区的学习工作经历也归为海外背景,在此基础上分组进行回归。表7-7报告了基于CEO是否具有海外背景的分组检验结果。其中,CEO不具有海外背景组的VCR系数在1%水平下显著为正,而CEO具有海外背景组的VCR系数为正但不显著。结果表明,CEO是否具有海外背景会影响风险投资与企业"脱实向虚"之间的关系,风险投资持股促进企业"脱实向虚"的作用在CEO具有海外背景时受到了抑制。

表 7-7 基于 CEO 海外背景的分组检验结果

	$Oversea = 1$	$Oversea = 0$
VCR	0.044 (0.91)	0.063*** (2.92)
CVs	YES	YES
YEAR	YES	YES
IND	YES	YES
_cons	−12.568 (−0.97)	−21.870*** (−5.65)
N	382	3 776
R_2	0.340 6	0.156 4

注:系数下面括号中报告了回归系数所对应的 t 统计量;*、** 和 *** 分别表示在10%、5%和1%的水平下显著。

7.6.5 CEO 贫困经历

CEO贫困(Poverty)经历可能导致CEO风险容忍度降低。有贫困经历的CEO对于逆境会产生一种惯性,导致其容易对外界的变化表现出过度敏感和不安全感,不自觉地放大风险事件的不利影响,最终倾向于做出规避风险的决策[236],如Malmendier等发现在大萧条时期成长起来的CEO普遍对债务融资持有疑虑态度[237]。虽然从贫困经历到成为 CEO 已经过去了相当长的一段时间,但是社会学和心理学的研究表明,童年时期的逆境经历会对个体的性格塑造产生难以磨灭的永久记忆[238],这种经历不仅是一种记忆,其影响更是会在领导岗位中展现出来。因此,在风险投资的鼓动下,实体企业配置金融资产将导致实体经济与虚拟经济之间的风险联动性加强,进一步放大企业经营风险,而经历过贫困的 CEO 倾向于做出更为保守的投资决策,因此,有着贫困经历的 CEO 更不愿意进行金融投资。

为检验上述假设,本章参考许年行和李哲[239]、Feng 和 Johansson[240]的研究,将 CEO 出生年份和我国"三年困难时期"进行对比。如果 CEO 童年时期恰好处于 1959 年至 1961 年期间,则认为 CEO 童年曾经历过贫困。关于童年时期的界定,心理学家认为无论是采用年龄指标、大脑发育指标,还是采用心理成熟指标,均应把儿童时限的上限大致定在少年期(14~15 岁)。由此,考虑到个体心理发展的连续性,本书选取 0~14 岁作为童年的时间范围。具体而言,CEO 的出生年份在 1947—1961 年之间,则 Poverty 取 1,否则取 0。表 7-8 的结果显示,CEO 具有贫困经历组的 VCR 系数为正但不显著,而 CEO 不具有贫困经历组的 VCR 系数在 1% 的水平下显著为正。结果表明,CEO 是否具有贫困经历会影响风险投资与企业"脱实向虚"之间的关系,经历过贫困的 CEO 会采取更为保守的投资策略以降低企业经营风险,因此,风险投资持股促进企业"脱实向虚"的作用在 CEO 具有贫困经历时受到了抑制。

表 7-8 基于 CEO 贫困经历的分组检验结果

	$Poverty = 1$	$Poverty = 0$
VCR	0.017 (0.37)	0.058*** (2.63)
CVs	YES	YES
$YEAR$	YES	YES
IND	YES	YES
$\_cons$	−13.576* (−1.86)	−24.635*** (−5.77)
N	710	3 448
R^2	0.334 3	0.153 0

注:系数下面括号中报告了回归系数所对应的 t 统计量;*、** 和 *** 分别表示在 10%、5% 和 1% 的水平下显著。

7.7 稳健性检验

7.7.1 变更衡量指标

本部分首先借鉴 Demir[209]、胡奕明、王雪婷和张瑾[202]、张成思和张步昙[187]对企业金融化的相关研究以及中国的会计定义,将应收股利和应收利息也一并囊括到企业"脱实向虚"程度的衡量指标范围内,得到新的被解释变量(FaL)。表7-9列示了变更被解释变量后的回归结果,第(1)列显示风险投资仍然促进了企业的金融化,再次验证了假设 H1,第(2)列表明这种影响在非国有企业中更明显,假设 H2 再次得到了验证,第(3)列表明随着市场竞争压力的增大,风险投资对实业企业"脱实向虚"的驱动作用会变得更强,假设 H3 再次得到了验证。

为验证假设 H3 市场竞争程度调节作用的稳健性,笔者将依据营业收入计算的年度行业赫芬达指数(COMPET)替换为以资产为基础计算的年度行业赫芬达指数(COMPETasset),表7-9第(4)列结果显示,市场竞争程度越大,风险投资驱动企业"脱实向虚"的作用越明显,假设 H3 再次得到验证。

表7-9 变更衡量指标回归结果

	(1) FaL	(2) FaL		(3) FaL	(4) FA
		STATE=1	STATE=0		
VCR	0.055*** (2.76)	−0.026 (−1.00)	0.058** (2.25)	0.116*** (3.59)	0.106*** (3.17)
COMPET				0.035 (0.87)	
VCR×COMPET				0.011*** (2.83)	
COMPETasset					0.070 (1.26)
VCR×COMPETasset					0.011** (2.18)

(续表)

	(1) FaL	(2) FaL		(3) FaL	(4) FA
		STATE=1	STATE=0		
ROA	−0.111*** (−4.13)	0.039 (0.66)	−0.140*** (−4.52)	−0.115*** (−4.25)	−0.114*** (−4.21)
Growth	−0.009*** (−3.27)	−0.015*** (−2.95)	−0.011*** (−3.12)	−0.009*** (−3.29)	−0.009*** (−3.31)
TobinQ	0.610*** (5.36)	−0.228 (−1.10)	0.685*** (5.10)	0.595*** (5.23)	0.592*** (5.21)
Size	1.630*** (12.39)	0.624*** (2.78)	1.825*** (10.52)	1.623*** (12.44)	1.608*** (12.42)
Lev	−0.053*** (−6.66)	−0.073*** (−4.50)	−0.047*** (−5.10)	−0.053*** (−6.63)	−0.053*** (−6.58)
Fc	0.018 (0.90)	0.010 (0.26)	0.019 (0.80)	0.023 (1.11)	0.023 (1.12)
FAD	−0.100*** (−10.92)	−0.046*** (−3.00)	−0.111*** (−9.87)	−0.101*** (−10.98)	−0.100*** (−10.89)
Loc	−0.051 (−0.21)	1.412*** (3.66)	−0.630* (−1.93)	−0.045 (−0.18)	−0.035 (−0.14)
Soc	−0.038*** (−2.72)	−0.090*** (−3.60)	−0.025 (−1.50)	−0.040*** (−2.91)	−0.039*** (−2.86)
INDEP	−0.056** (−2.12)	0.011 (0.28)	−0.042 (−1.17)	−0.056** (−2.12)	−0.056** (−2.12)
Board	−1.726* (−1.87)	−0.402 (−0.26)	−1.755 (−1.43)	−1.714* (−1.86)	−1.728* (−1.89)
Return-Gap	−0.014*** (−6.58)	−0.006 (−1.25)	−0.016*** (−6.55)	−0.014*** (−6.61)	−0.014*** (−6.57)
YEAR	YES	YES	YES	YES	YES
IND	YES	YES	YES	YES	YES
_cons	−22.685*** (−5.97)	−5.895 (−0.93)	−25.706*** (−4.60)	−21.790*** (−5.79)	−21.361*** (−5.73)
N	4 158	1 035	3 123	4 158	4 158
R^2	0.148 1	0.357 9	0.168 0	0.151 4	0.151 1

注：系数下面括号中报告了回归系数所对应的 t 统计量；*、** 和 *** 分别表示在10%、5%和1%的水平下显著。

7.7.2 子样本分析

在本部分的分析中,笔者考虑到国务院于2016年印发实施了《关于促进创业投资持续健康发展的若干意见》,意见旨在引导创业投资企业建立以实体投资、价值投资和长期投资为核心的投资理念,从而导致风险投资对企业"脱实向虚"的作用可能也会因此得到抑制。所以,可以考虑剔除样本中2015年的数据,研究2016年及之后风险投资参与对企业"脱实向虚"的影响,如果驱动作用更为明显,则不仅进一步验证了风险投资对企业"脱实向虚"的促进作用,也可以证实,该政策的出台见效甚微。表7-10所列结果显示,(1)列的VCR系数在1%的水平下显著为正,(2)(3)列的VCR系数皆在5%的水平下显著为正。假设H1、假设H2和假设H3再次得到验证。

表7-10 子样本分析回归结果

	(1) FA	(2) FA		(3) FA
		$STATE=1$	$STATE=0$	
VCR	0.064*** (2.92)	−0.007 (−0.28)	0.066** (2.36)	0.123*** (3.48)
$COMPET$				0.050 (1.09)
$VCR \times COMPET$				0.010** (2.51)
ROA	−0.119*** (−3.98)	0.026 (0.42)	−0.146*** (−4.29)	−0.123*** (−4.10)
$Growth$	−0.010*** (−2.99)	−0.018*** (−3.25)	−0.013*** (−3.04)	−0.010*** (−3.03)
$TobinQ$	0.556*** (4.32)	−0.434** (−2.00)	0.638*** (4.19)	0.542*** (4.21)
$Size$	1.594*** (11.29)	0.440* (1.83)	1.847*** (9.94)	1.589*** (11.34)
Lev	−0.056*** (−6.46)	−0.069*** (−4.24)	−0.053*** (−5.23)	−0.056*** (−6.44)

(续表)

	(1) FA	(2) FA		(3) FA
		$STATE=1$	$STATE=0$	
Fc	0.030 (1.29)	0.046 (1.04)	0.022 (0.83)	0.035 (1.51)
FAD	−0.096*** (−9.68)	−0.037** (−2.04)	−0.108*** (−8.87)	−0.097*** (−9.69)
Loc	−0.068 (−0.25)	1.554*** (3.79)	−0.666* (−1.84)	−0.064 (−0.24)
Soc	−0.044*** (−2.95)	−0.102*** (−3.94)	−0.030* (−1.67)	−0.046*** (−3.10)
$INDEP$	−0.057* (−1.93)	0.030 (0.70)	−0.049 (−1.22)	−0.057* (−1.92)
$Board$	−1.979** (−1.96)	−0.297 (−0.17)	−2.031 (−1.54)	−1.954* (−1.94)
$Return\text{-}Gap$	−0.015*** (−6.72)	−0.009 (−1.62)	−0.016*** (−6.24)	−0.016*** (−6.78)
YEAR	YES	YES	YES	YES
IND	YES	YES	YES	YES
_cons	−19.149*** (−4.19)	−0.919 (−0.14)	−24.169*** (−3.53)	−18.243*** (−4.02)
N	3 486	823	2 663	3 486
R^2	0.143 1	0.389 9	0.162 6	0.146 6

注：系数下面括号中报告了回归系数所对应的 t 统计量；*、** 和 *** 分别表示在 10%、5% 和 1% 的水平下显著。

7.7.3 解释变量滞后一期

为检验反向因果等可能存在的内生性问题，本章在上述子样本的基础上，采用上一期风险投资持股数据进行检验。表 7-11 的结果显示，假设 H1 和假设 H2 皆在 1% 的水平下显著为正，假设 H3 在 10% 的水平下显著为正，结果未发生实质性改变。假设 H1、假设 H2 和假设 H3 再次得到验证。

表 7-11 解释变量滞后一期回归结果

	(1) FA	(2) FA		(3) FA
		$STATE=1$	$STATE=0$	
VCR	0.089*** (3.45)	0.008 (0.25)	0.099*** (2.88)	0.143*** (3.34)
COMPET				0.038 (0.67)
VCR×COMPET				0.010* (1.80)
ROA	−0.079** (−2.20)	0.059 (0.81)	−0.105** (−2.56)	−0.083** (−2.32)
Growth	−0.009** (−2.21)	−0.019*** (−2.83)	−0.010** (−2.06)	−0.009** (−2.29)
TobinQ	0.466*** (3.04)	−0.542** (−2.39)	0.575*** (3.09)	0.446*** (2.89)
Size	1.569*** (9.36)	0.648** (2.54)	1.701*** (7.63)	1.556*** (9.37)
Lev	−0.063*** (−6.38)	−0.085*** (−4.77)	−0.051*** (−4.42)	−0.062*** (−6.32)
Fc	0.005 (0.18)	0.0003 (0.01)	−0.009 (−0.25)	0.013 (0.44)
FAD	−0.092*** (−7.87)	−0.033* (−1.69)	−0.102*** (−6.88)	−0.093*** (−7.92)
Loc	−0.073 (−0.23)	1.238*** (2.61)	−0.634 (−1.48)	−0.057 (−0.18)
Soc	−0.038** (−2.17)	−0.099*** (−3.17)	−0.013 (−0.60)	−0.042** (−2.37)
INDEP	−0.024 (−0.69)	0.021 (0.48)	−0.012 (−0.24)	−0.025 (−0.70)
Board	−1.821 (−1.49)	−0.839 (−0.52)	−2.205 (−1.29)	−1.805 (−1.47)
Return-Gap	−0.015*** (−5.74)	−0.010* (−1.76)	−0.015*** (−4.47)	−0.015*** (−5.84)
YEAR	YES	YES	YES	YES

(续表)

	(1) FA	(2) FA		(3) FA
		STATE = 1	STATE = 0	
IND	YES	YES	YES	YES
_cons	−23.170*** (−4.93)	−4.569 (−0.67)	−27.262*** (−3.98)	−22.051*** (−4.79)
N	2 403	617	1 786	2 403
R^2	0.164 4	0.443 8	0.176 0	0.167 8

注：系数下面括号中报告了回归系数所对应的 t 统计量；*、** 和 *** 分别表示在10%、5%和1%的水平下显著。

7.7.4 按照风险投资持股比例的大小进行分组回归分析

依据前文的理论分析，风险投资参与的程度越高，在被投资企业中的话语权就越多，利用控制权引导公司管理层的投资决策而获得自身效用的动机和能力就越强。那么，如果风险投资短期利益关注行为驱动了公司金融化，那么风险投资的持股比例在达到有影响力的水平后，这种驱动作用应该更加显著。因此，本部分分别以25%、50%、75%分位数的持股比例作为临界值，进行分组回归，表7-12的结果显示，随着持股比例的提升，VCR系数在1%的水平下显著且逐渐增加，表明风险投资驱动实业企业"脱实向虚"的效应在逐渐增强。回归结果证实了这一理论预期。

表7-12 按照风险投资持股比例的大小进行分组回归结果

	VCR ⩾ 1.33%	VCR ⩾ 3.23%	VCR ⩾ 7.13%
VCR	0.085*** (3.98)	0.088*** (3.41)	0.106*** (2.84)
ROA	−0.140*** (−4.56)	−0.139*** (−3.41)	−0.081 (−1.48)
Growth	−0.010*** (−3.39)	−0.013*** (−3.11)	−0.014** (−2.32)
TobinQ	0.555*** (4.13)	0.678*** (3.63)	0.569** (2.34)
Size	1.681*** (11.13)	2.048*** (9.54)	2.129*** (6.74)

(续表)

	$VCR \geqslant 1.33\%$	$VCR \geqslant 3.23\%$	$VCR \geqslant 7.13\%$
Lev	−0.054*** (−6.01)	−0.060*** (−5.01)	−0.047*** (−2.64)
Fc	0.037 (1.55)	0.042 (1.34)	0.088** (1.99)
FAD	−0.092*** (−9.41)	−0.102*** (−7.83)	−0.103*** (−5.02)
Loc	−0.229 (−0.81)	−0.327 (−0.85)	−0.730 (−1.26)
Soc	−0.045*** (−2.82)	−0.054** (−2.52)	0.010 (0.27)
$INDEP$	−0.043 (−1.46)	−0.045 (−1.07)	−0.004 (−0.06)
$Board$	−0.672 (−0.68)	−0.768 (−0.56)	0.332 (0.15)
$Return\text{-}Gap$	−0.014*** (−6.15)	−0.019*** (−5.31)	−0.020*** (−3.24)
YEAR	YES	YES	YES
IND	YES	YES	YES
_cons	−26.401*** (−5.73)	−38.182*** (−6.49)	−46.276*** (−5.02)
N	3 112	2 072	1 039
R^2	0.165 9	0.197 1	0.281 8

注：系数下面括号中报告了回归系数所对应的 t 统计量；*、** 和 *** 分别表示在 10%、5% 和 1% 的水平下显著。

7.7.5 考虑遗漏变量问题

本部分进一步考虑可能存在的遗漏变量问题对本书结果的影响。前文仅考虑了企业层面的控制变量，事实上，企业的投资决策还会受到宏观经济因素的影响。具体而言，货币政策会影响企业的融资成本，进而影响企业对固定资产的投资，即对实体经济产生影响，所以货币政策指标一般是企业投资决策模型中的重要考量因素。此外，在 GDP 上升的时期，实体经济投资机会增多，且不确定性下降，企业势必会增加对实业的投资，相应地，也就减少了对金融资产的配置。然而,在经济下行的时期,前景的不明确会导致企业减少对实体经济的投资,相应地增加对金融资产的配置。也就是说,GDP 与金融资产配置之间可能存在负相关关系。基于此,本章参考胡奕明、王雪婷和张瑾[202]、刘贯春等[241]的研究,引入货币政策(M2)和实际 GDP 环比增速(GDP)两个宏观层面的变量。其中,货币政策用 M2 增长率来表示,即本年度货币供给量/上年度货币供给量－1;实际 GDP 环比增速则用本年度实际 GDP/上年度实际 GDP－1 来表示。表 7-13 的(1)~(3)列分别列示了假设 H1、假设 H2 和假设 H3 的检验结果。笔者发现,在控制货币政策和实际 GDP 环比增速后,风险投资依然能够显著促进企业的"脱实向虚"。同时,该种驱动效在非国有企业以及市场竞争程度越高的企业样本中更加突出。假设 H1、假设 H2 和假设 H3 再次得到验证。

表 7-13 考虑遗漏变量后的回归结果

变量	(1) FA	(2) FA		(3) FA
		$STATE=1$	$STATE=0$	
VCR	0.056*** (2.80)	－0.025 (－0.98)	0.059** (2.28)	0.117*** (3.61)
COMPET				0.037 (0.90)
VCR×COMPET				0.011*** (2.84)
CVs	YES	YES	YES	YES
GDP	－0.113 (－1.24)	－2.581 (－1.33)	0.003 (0.02)	－0.100 (－1.10)
M2	－1.473*** (－5.26)	－2.938*** (－3.55)	－1.099** (－2.09)	－1.395*** (－5.03)
YEAR	YES	YES	YES	YES
IND	YES	YES	YES	YES
_cons	－1.884 (－0.42)	52.249** (2.16)	－11.133 (－1.45)	－2.107 (－0.48)
N	4 158	1 035	3 123	4 158
R^2	0.148 0	0.359 6	0.168 0	0.151 4

注:系数下面括号中报告了回归系数所对应的 t 统计量;*、** 和 *** 分别表示在 10%、5% 和 1% 的水平下显著。

7.7.6 在公司和年度层面对标准误进行双重聚类调整

表 7-14 列示了在公司和年度层面对标准误进行双重聚类调整后的回归结果，VCR 系数在 10% 的水平下显著为正，表明风险投资促进了企业"脱实向虚"，支持了前文的假设。

表 7-14 在公司和年度层面对标准误进行双重聚类调整的回归结果

变量	(1) FA
VCR	0.056*
	(1.70)
CVs	YES
YEAR	YES
IND	YES
_cons	−22.263***
	(−3.80)
N	4 158
R^2	0.148 0

注：系数下面括号中报告了回归系数所对应的 t 统计量；*、** 和 *** 分别表示在 10%、5% 和 1% 的水平下显著。

7.8 本章结论

"脱实向虚"对经济质量与发展的可持续性造成的负面影响，无论是实务界还是理论界都已经形成了普遍的共识。相比较欧美发达国家，经过四十余年的改革开放，人口红利与制度红利等相互叠加因素促进并形成了全球范围内产业链最齐全的实体经济发展生态，遍布全球的产品（高铁、鞋帽玩具、日用百货）已然成为中国实体经济具有竞争力的重要标志。然而，近年来伴随着我国金融面收益率显著高于实体面收益率，加之激进的机构投资者活跃于资本市场，微观企业"脱实向虚"程度不断深化，实体经济金融化趋势不断加剧。

在这一背景下，本章利用 A 股制造业公司 2015—2019 年的样本数据，从风险投资参与企业的视角研究非金融企业"脱实向虚"的驱动因素。研究结果表明,风险投资参与对企业"脱实向虚"起到了推波助澜的作用,风险投资持股的比例越高,对企业"脱实向虚"的影响越大。从企业产权性质的角度来看,相比较国有企业,风险投资对非国有企业"脱实向虚"的影响更显著;此外,当市场竞争程度越高时,风险投资对企业"脱实向虚"的影响越明显。进一步研究发现,从企业投资的决策者视角出发,CEO 个人的背景特征会对风险投资参与驱动企业"脱实向虚"的效应产生影响,当 CEO 具备技术背景、海外经历、贫困经历、高学历或者高任职期限时,风险投资驱动企业"脱实向虚"的效应会被削弱甚至抑制。

第八章
财政引导基金联合风险投资形成了协同效应吗？
——基于风险投资声誉视角的实证考察

如前文所述，政府建立财政引导基金联合社会风险资本促进高质量创业创新正成为国内深化财政预算（中央与地方）改革的重要内容。财政引导基金能否高质量地发挥政策预期的引导功能，选择这一视角展开实证，不仅是对财政预算深化改革政策效应的考察，而且也能够基于对财政引导基金管理现状的现实判断，对优化财政引导基金管理（模式的选择、合作对象的选择等）提供经验数据，从而为实现财政引导基金联合风险投资有效协同促进高质量创业创新提供可资借鉴的管理方案。

本章将财政引导基金联合风险投资能够提升被投资企业绩效水平界定为协同效应，相对而言，由于更多的是基于行政管理职务视角，与具备专业的基金管理经验的风险投资机构相比，财政引导基金管理者有所局限。因此，财政引导基金管理者更倾向于和专业的风险投资机构合作，寻求资源互补。财政引导基金最常见的资金结构为政府财政出资联合社会资本。本章基于理论分析展开实证讨论的重点是，财政引导基金联合风险投资形成了协同效应吗？这一协同效应因风险投资声誉是否存在差异性？在一定程度上，这一考察对财政引导基金联合风险投资合作共赢形成的协同效应的解读，对如何实现财政引导基金、风险投资、被投资企业（创业者）的资源互补管理互补具有现实性，并因此对提升被投资企业抑或是创业质量有借鉴价值。本章探索性地提出了衡量风险投资声誉的指标，即将风险投资机构的管理资本、成立时间、已完成 IPO 数、已完成 IPO 金额界定为风险投资声誉特征指标，针对引导基金和不同声誉风险投资的联合类型对企业绩效的影响进行实证检验，拟进一步检验不同联合类型对发挥协同效应的差异。

8.1 理论分析与假设的提出

8.1.1 财政引导基金联合风险投资能否形成协同效应

创业对拉动经济增长的作用已被人们普遍认识。以美国为例,美国国内生产总值的 20% 由中小型创业企业贡献,50% 以上的科技项目由中小企业完成,信息技术产业中几乎所有的大企业都是在近 20 年内由中小型高科技企业成长而来的。然而,由于创业本身具有的内在不确定性,因此催生了风险投资产业的发展[80,242]。研究显示,风险投资不仅对促进企业成长和创新能力方面发挥积极的影响[243,7],其专业化的管理经验同样有助于优化被投资企业的战略决策、公司治理、资本结构和人力资源安排等,从而提升了被投资企业价值[244,54]。

中国风投兴起于上世纪 90 年代中后期,发展迅猛,截至 2020 年,我国本土创业投资机构共计 2 541 家,2019 年全年我国融资事件金额总计达到 10 352.4 亿元。中国证券投资基金业协会数据显示,截至 2019 年 9 月底,私募基金总规模达到 13.40 万亿元,其中私募股权投资基金 8.32 万亿元、创业投资基金 1.06 万亿元,二者合计占比已经超过总规模的 2/3 以上。根据中国风险投资研究院 2019 年对国内 84 家风险投资的调查,有约 84% 的风险投资机构在投资创业企业时倾向于采取联合风险投资方式。联合风险投资,通常是指两个或多个风险投资机构共同投资于相同的企业[245],既可以为同一轮的不同风险投资机构同时投资[246],也可以是不同时期对一家公司进行的序贯投资[244]。与此同时,随着创业板开闸、各地积极推动实施企业多元化融资政策以及境外资本市场的回暖,有风险投资背景的企业在境内外资本市场的上市表现火热。从其市场表现来看,最近十几年迅速崛起的阿里巴巴、百度等企业,其背后无不存在多家风险投资机构的身影。鉴于联合投资成为主流投资方式、风险投资项目多以 IPO 方式退出以及企业 IPO 后信息披露充分,研究联合风险投资参与对公司绩效的影响具备了现实意义及实证基础。

2005 年,国家十部委联合发布的《创业投资企业暂行管理办法》中首次明确出现财政引导基金这一概念。2008 年出台的《关于创业引导基金规范设立与运作的指导意见》中明确了财政引导基金的定义:引导基金是指由政府设立并按照市场运作的政府性基金,主要扶持创业投资企业,引导社会资本进入创业投资领域。结合两部委对引导基金的定义来看,财政引导基金在广义上涵盖了政府设立的政策性基金、产业引导基金、PPP 基金、创业引导基金和科技型中小企业创新基金,而狭义的引导基金仅是指政府创业投资引导基金。本章所讨论的是狭义的政府产业引导基金。作为创业资金的主要供给者,风险投资对成长型企业的内在价值往往具有独到的识别能力[247]。市场上有潜质的创业者及创新型企业经常会成为众多风险投资机构共同青睐的对象,与此同时,考虑到创业者及创新型企业在产品、市场、管理等一些问题上存在很大的不确定性,风险投资机构选择单独投资面临较大的经营风险,因此,为了实现规避风险,获取高额回报的预期目标,联合成为风险投资的理性选择结果。协同效应是整个环境中各个系统间存在的相互影响而又相互合作的关系,风险投资通过联合将联盟资源加以学习、应用和内化,将联合各方的资源转化为显性的竞争优势,形成协同机制。联合协同机制的作用过程需要确立共同目标,参与共同行动。

风险投资联合的动力机制,是指促进风险投资产生联合意愿的作用力,也是形成联合协同机制的重要前提。基于功能性视角,联合最初的动力来源与风险项目的特征相关,包括对项目的筛选与评估、对项目资金的持续支持以及项目风险分担。首先,联合是基于风险投资机构选择项目的结果。在获得投资项目的信息之后,风险投资机构首先将对项目进行初步评判,如果难以做出拒绝、或直接投资决策,需要寻求更多来自同行的评估信息,此时,为了避免因信息披露带来的潜在竞争,且项目可行性得到共识,由此产生联合风险投资。联合风险投资能够对项目进行有效甄别,能使资金投向高绩效潜力的公司[248]。参与项目筛选的风险投资机构越多,投资项目选择的效果往往越好[51]。其次,通过联合,风险投资机构就可以将有限的资金投入接触到尽量多的项目,从而保证稳定的交易流。联合投资能在一定程度上填补财务资源的空缺,为风险投资机构参与更大而非单一交易提供了可能[249]。即,通过联合投资,风险投资可以获取其他风险投资已经甄选过的交易,保持一定量的投资项目,从而保持稳定的交易流[53]。最后,通过风险共担来规避风险是风险投资联合的重要动力之一。通过联合,风险投资可以对投资组合进行分散化,降低组合的非系统风险。通常,联合投资的可能性随项目创新程度的增加而增大,这是因为项目创新程度越高,风险投资机构面临的风险不确定性越高,对联合投资的需求也就越大。

当前基金市场集聚市场投资热情,在减持新规与市场竞争压力下,基于项目的筛选、资金投入、风险共担的预期,引导基金选择联合投资已成为一项重要的管理策略。此外,政府人员大多缺乏专业的基金管理经验,因此更倾向于和专业的风险投资机构联合投资,以寻求资源互补,产生协同效应,放大财政引导基金的政策效应。在联合风险投资中,有效的资源与能力互补则是决定能否产生协同效应的决定因素。财政引导基金在主观上都希望与优秀的 GP 合作设立子基金,从而能够更好地实现政府的政策诉求,但优秀 GP 的数量毕竟是有限的,在财政引导基金大爆发的背景下,不同地区财政引导基金之间的竞争越来越强烈,如何应对日益激烈的市场竞争,这对财政引导基金管理模式的选择提出了新要求。

针对上述分析,基于风险投资声誉视角,本章提出假设 1:

H1:财政引导基金联合风险投资形成了协同效应,且相较于低声誉风险投资,财政引导基金联合高声誉风险投资的协同效应更显著。

8.1.2 基于地区差异视角的协同效应的分析

经济发展水平是影响创业投资市场的根本性因素。投资的地域性限制严重影响了引导基金的市场化道路。由于各地域存在经济发展差异,当前地方引导基金只能局限于本地区实际发展情况,资金资源呈现出优质资金涌入发达地区,落后地区中小企业由于当地基础设施配套不完善、信息不对称等原因难以吸引优质资金支持,逐渐呈现两极分化的趋势,资金资源不能有效实现跨区域输送,落后地区难以拥有发达地区同等的资金、人才、物资储备。然而实际情况是,越是在"融资难"的地域或领域,金融服务越应当市场化,财政引导基金的运作也不能例外。中西部地区的引导基金设立数量和规模与东部地区相比仍存在一定差距,尤其是西部地区的基金较少,部分地区不足 10 只,反映出中西部地区的经济活跃程度相对欠缺,政府资金大多仍通过传统方式发挥作用。

针对上述分析,本章提出假设 2:

H2:基于地区差异视角,相较于联合低声誉风险投资,财政引导基金联合高声誉风险投资形成的协同效应更显著,这一特征在东部地区的表现强于中西部地区。

8.2 变量选择与研究设计

8.2.1 样本选取

本章的研究范围是 2014 年至 2018 年间在中国资本市场上市的有风险投资支持的企业。借鉴党兴华、贺利平和王雷[250]的研究，本章将 IPO 时前五十大股东中有风险投资机构持股的企业认定为有风险投资支持的企业，简称"风险投资企业"。风险投资所支持的企业以中小型、高科技企业为主，中国资本市场的风险投资企业的统计结果也证实了这一点，2014 年至 2018 年间，共有 454 家风险投资企业上市，主板、中小板、创业板分别有 2 家、312 家、140 家公司上市。由于主板与中小板、创业板的上市要求存在较大差异，且主板上市的风险投资企业数量较少，因此，本章主要针对在中小板、创业板上市的风险投资企业进行研究。为了研究财政引导基金和风险资本是否产生协同效应，本章将风险投资企业分为两类：一类是高声誉风险投资企业，另一类是低声誉风险投资企业，分别统计其在不同年份、行业、板块的上市情况。在剔除了 T 类以及数据不完备的企业之后，最终样本为 396 家。风险投资的相关数据根据 CV-Source 数据库和招股说明书核对后确定，财务数据来自国泰安数据库和年度报告，行业分类依据《中国上市公司行业分类指引》，数据分析采用 Stata14.0 计量软件。

8.2.2 变量选取

本章基于风险投资的声誉视角，从企业绩效的角度验证财政引导基金联合风险投资的协同效应。国内外学者基于上市公司经验数据对财政引导基金的作用效果、财政引导基金联合高/低声誉风险投资的协同效应、地区差异对协同效应的影响进行分析，由于代理指标选取的不同、数据来源和样本量的差异，使得财政引导基金与公司绩效呈现出不同的相关关系。因此，为了更好地从企业绩效视角研究财政引导基金和风险投资联合的协同效应，关键在于确定公司绩效和风险投资的声誉高低等指标。其中，公司绩效是被解释变量，财政引导基金与不同声誉的风险投资联合、联合的地区差异是解释变量。

(1) 被解释变量。国内目前试行的企业绩效评价体系主要包括四个方面,即财务效益、偿债能力、资产营运和发展能力,分别反映企业的投资回报和盈利能力、资产负债比例和偿还债务能力、资产周转及营运能力以及成长性和长远发展潜力,从不同的角度揭示了企业的实际经营管理情况。绩效评价以财务指标为主,非财务指标为辅。由于非财务计量在综合性、可计量性和可比性方面都不如财务计量,在本章的研究中还是采用财务指标。本章选用学术界较为普遍的对企业绩效的衡量方法 ROA 来度量风险投资支持企业的经营绩效状况。

(2) 解释变量。对于解释变量的选取,综合相关文献[15,251],本章选用了风险投资联合虚拟变量来度量风险投资的特征。

财政引导基金支持虚拟变量:联合风险投资从理论上可以定义为两个及以上的风险投资共同对一项目进行投资。从已有文献的实证来看,关于联合风险投资有两种定义。第一,两个及以上的风险投资在任一轮次的融资中共同投资被认定为联合风险投资。如果创业企业在任一轮次及所有轮次融资中只从一家风险投资获得资金,即使不同轮次涉及不同的风险投资,它仍然被界定为独立风投支持企业。第二种关于联合风险投资更广泛的定义是,只要有两个及以上的风险投资支持创业企业,该公司就可以被界定为由联合风险投资支持的。本章借鉴了第二种定义,即对样本风险投资企业 IPO 前五十股东中有两家及以上的风险投资机构,且风险投资机构中至少有一家为财政引导基金(政府参与的),则将其界定为财政引导基金联合风险投资支持企业,最终根据此标准筛选出符合条件的样本量为 396 家。

风险投资联合类型虚拟变量:关于风险投资的声誉刻画方面,国内外的研究有:

① 规模。Bruining 和 Verwaal 认为规模交易的风险投资机构参与联合投资的目的主要在于获得资源、经验和降低风险,而规模较大的风险投资公司加入联合的目的旨在提高投资组合的多样性、获得额外资源和拓宽信息渠道[252]。Tian 将风险投资机构的管理资本金额作为划分标准之一,检验了不同类型联合风险投资对创业价值增值的作用[72]。

② 资历。Gompers 等以从业时间长短对风险投资进行实力区分,发现从业时间更长的风险投资所支持企业在 IPO 平均折价、平均发行规模、后续募集资金的规模等关键性绩效指标上表现出显著差异[253]。

③ 经验。Nahata 将已投资的企业数量以及投资后成功退出的数量作为风险投资经验指标并发现,从长期来看,经验丰富的风险投资更有助于提高被投资企业的存活率[66]。

借鉴以上文献,本章从以下四个维度构建了风险投资的声誉指标,即管理资本、从业时间、已投资企业数、已退出企业数。首先,对联合各方的四个维度分别进行判断,判断标准为所有风险投资各指标的中位数,高于中位数为1,否则为0;其次,将四个维度的各指标加总*,再依据求和结果的中位数进行判断,高于中位数判定为高声誉风险投资,否则为低声誉风险投资;最后,依据各财政引导基金支持的风险企业对应的持股比例最高的风险投资声誉高低进行判断,鉴定为"财政引导基金联合高声誉风险投资(标记为1)、财政引导基金联合低声誉风险投资(标记为0)"(见表8-1)。

表 8-1　风险投资联合类型

Panel A 联合特征指标	判断标准	指标说明
管理资本	高于中位数为1,否则为0	截至IPO当年,风险投资管理的资本总额
从业时间	高于中位数为1,否则为0	截至IPO当年,风险投资的从业年限
已投资企业数	高于中位数为1,否则为0	截至IPO当年,风险投资已投资的企业数量
已退出企业数	高于中位数为1,否则为0	截至IPO当年,风险投资已成功退出的企业数量
总指标	对各指标进行求和,高于合计数中位数为高声誉风险投资,否则为低声誉风险投资	
Panel B 分组依据	数量	占比
财政引导基金联合高声誉风险投资	231	58.33%
财政引导基金联合低声誉风险投资	165	41.67%
合计	396	100%

资料来源:作者根据 CV Source 原始数据判断整理。

---

* 由于指标各维度均为风险投资的重要特征,故在此不另附权重。

(3) 控制变量。本章所选用的控制变量参考了早期学者的研究成果[127,254]，包括股权集中度、高管薪酬、公司规模、财务杠杆、成长机会、经营风险、创新能力、行业增长率、现金持有量、上市年龄、行业类别、板块类别等。理由如下：

① 股权集中度越高的公司，越易发生大股东利益侵占行为，对公司绩效有负面影响；

② 高管薪酬较高，有利于管理层为提升企业价值而努力工作，从而影响公司的经营绩效；

③ 公司规模可作为公司资源的代理变量，故也会对公司绩效产生影响；

④ 财务杠杆程度反映了债权人的监督效应，从而对公司绩效产生影响；

⑤ 经营风险水平反映了企业进行风险性决策的情况，对公司绩效有一定的影响；

⑥ 行业增长率反映了行业的增长情况，属于宏观环境对公司绩效的影响；

⑦ 创新能力越强的公司在未来保持良好绩效的可能性越大；

⑧ 现金持有量越高的公司财务自由度越高，在未来保持良好业绩的可能性越大；

⑨ 成长机会越高的公司，在未来保持良好业绩的可能性越大；

⑩ 行业及板块类别则主要控制了行业报酬率和不同板块上市资质要求所反映的公司绩效差异，上市时间反映了不同年份市场环境对公司绩效的影响。

表 8-2 变量的定义和选取

类型	变量	变量定义	变量计算
被解释变量	公司绩效	资产收益率 ROA	（利润总额＋利息支出）/总资产
解释变量	联合风险投资特征	风险投资联合类型虚拟变量（$Type$）	分为财政引导基金联合高声誉风险投资和财政引导基金联合低声誉风险投资
控制变量	股权集中度	第一大股东持股比例（CR）前十大股东持股比例（TCR）	第一大股东持股数/总股本前十大股东持股数/总股本
	公司规模	总资产的自然对数（$Size$）	对公司期末总资产取自然对数
	财务杠杆	资产负债率（Lev）	负债/资产

(续表)

类型	变量	变量定义	变量计算
控制变量	成长机会	营业收入增长率(Growth)	(本期营业收入－上期营业收入)/上期营业收入
	经营风险	财务预警Z值(Risk)	AltmanZ值
	高管薪酬	高管薪酬前三名总和(MP)	排名前三的高管薪酬之和
	行业增长率	行业营业收入增长率(Ind-Growth)	(行业本期平均营收－行业上期平均营收)/行业上期平均营收
	创新能力	研发投入(R和D)	费用化和资本化的研发支出总和加1后取对数
	现金持有量	现金持有量(Cash)	(现金＋现金等价物)/总资产
	行业类别	行业虚拟变量(Indu)	高新技术行业为1,否则为0
	板块类别	板块虚拟变量(Board)	对企业上市的板块进行控制
	上市时间	时间虚拟变量(IPOyear)	对上市的年份进行控制

资料来源：作者整理。

其中,对于股权集中度的度量,已有的研究各有不同,本章采用第一大股东占全部股份的比例来表示。这是由于中国上市公司的经营管理主要是第一大股东及其代理人,因此本章采用这一指标,放弃McConnell和Servaes所使用的内部人股权比例(董事会成员与经理所占股权比例相加)[255]。变量的定义和选取过程详见表8-2。

8.2.3 研究设计

由于固定效应模型无法估计不随时间变化的变量系数,而本章中,不随时间变化的变量Unite正是笔者所感兴趣的,因而无法采用固定效应对本章模型数据进行估计,而经过LM检验,强烈拒绝"不存在个体随机效应"的原假设,故在"混合回归"与"随机效应"两者之间,我们选择随机效应模型来进行实证检验。

为了验证相较于低声誉风险投资,财政引导基金联合高声誉风险投资更有助于提升企业绩效,本章建立模型如下：

$$Tobin's\ Q = \alpha_0 + \alpha_1 Unite_i + \alpha_2 CR_{it} + \alpha_3 Size_{it} + \alpha_4 Lev_{it} + \alpha_5 Growth_{it} + \alpha_6 Indu_i + \alpha_7 Board_i + \alpha_8 Time_i + \varepsilon_{it} \quad (8-1)$$

为了验证被投资企业所处地域是否对协同效应产生影响，本章建立的检验模型如下：

$$Tobin's\ Q = \beta_0 + \beta_1 Type_i + \beta_2 CR_{it} + \beta_3 Size_{it} + \beta_4 Lev_{it} +$$
$$\beta_5 Growth_{it} + \beta_6 Indu_i + \beta_7 Board_i + \beta_8 Time_i + \varepsilon_{it} \quad (8-2)$$

8.3 实证结果

8.3.1 描述性统计

表 8-3 显示，财政引导基金联合高声誉风险投资的企业绩效均值高于财政引导基金联合低声誉风险投资联合的企业，二者的关联性需要进一步进行回归分析。

表 8-3 描述性统计

变量	总体样本(396)		财政引导基金联合高声誉风险投资(231)		财政引导基金联合低声誉风险投资(165)	
	均值	标准差	均值	标准差	均值	标准差
ROA	0.091 0	0.038 5	0.096 6	0.037 6	0.090 2	0.038 6
CR	0.341 9	0.125 9	0.330 7	0.142 5	0.343 5	0.343 5
TCR	0.720 0	0.069 2	0.703 3	0.086 3	0.722 5	0.722 4
Size	20.875 3	0.682 3	20.718 2	0.566 0	20.898 2	0.695 3
Lev	0.269 2	0.145 8	0.250 0	0.124 7	0.272 0	0.148 6
MP	2 161 920	2 632 262	1 855 957	1 647 639	2 206 508	2 745 111
Risk	3.833 4	4.510 6	3.814 4	3.663 7	3.963 2	4.624 7
R 和 D	6.147 6	4.947 5	6.790 2	5.411 3	6.053 9	4.876 4
Cash	0.263 0	0.165	0.295 0	0.183 9	0.258 2	0.161 8
IndGrowth	0.283 0	0.241 6	0.300 4	0.181 8	0.280 4	0.249 2
Growth	0.177 7	0.246 5	0.172 9	0.202 2	0.178 4	0.252 5

注：＊＊＊代表在1%的水平下显著，＊＊代表在5%的水平下显著，＊代表在10%的水平下显著，下同。
资料来源：作者利用Stata14.0软件计算得到。

从表 8-3 中可以看出,相较于财政引导基金联合低声誉风险投资,财政引导基金联合高声誉风险投资的创业企业资产负债率和经营风险普遍较低而现金持有量较高,企业拥有更好的偿债能力;此外,从研发投入可以看出,财政引导基金联合高声誉风险投资企业更注重企业的创新能力。两者在公司规模和成长机会上差异并不显著,财政引导基金联合高声誉风险投资更倾向于风险较低、行业增长率高的高科技企业。

8.3.2 实证检验

(1)表 8-4 利用全样本数据给出了相比于低声誉风险投资,财政引导基金联合高声誉风险投资对公司绩效影响的检验结果。从多元回归的结果来看,在控制了公司特质、行业类别、板块类别之后,相较于低声誉风险投资,财政引导基金联合高声誉风险投资对公司绩效产生了显著的正向影响,影响系数为 0.005 6,在 5% 的水平下显著,模型 1 的 R^2 值为 0.568 1,模型拟合较好。财政引导基金联合高声誉风险投资所参与的企业 IPO 后绩效显著高于财政引导基金联合低声誉风险投资的企业,实证结果支持了本章提出的假设 1,即财政引导基金联合风险投资形成了协同效应,且相较于低声誉风险投资,财政引导基金联合高声誉风险投资的协同效应更显著。

从控制变量上来看,股权集中度、高管薪酬、成长机会、财务杠杆对公司绩效的影响均在 1% 的水平下显著,现金持有量对公司绩效的影响在 10% 的水平下显著,行业类别和上市板块对公司绩效有一定影响。经营风险、研发投入、财务杠杆与公司绩效呈负相关,而公司规模、现金持有量、高管薪酬、成长机会与公司绩效呈正相关。这一结果说明,对于风险投资企业,财务杠杆越低、成长性越好、经营风险越低的高科技公司在 IPO 后的绩效表现越好;此外,提升高管薪酬、适度扩大现金持有量也会对企业绩效产生正向的影响。

表 8-4　风险投资联合类型对 IPO 后公司绩效的影响

变量	回归 1
$Type$	0.005 6** (2.15)
$Size$	0.003 9 (1.30)

(续表)

变量	回归1
Cash	0.015 5* (1.65)
AltmanZ	−0.000 2 (−0.29)
TCR	0.116 3*** (4.12)
CR	−0.023 4 (−1.16)
MP	0.003 8*** (3.80)
RD	−0.000 5 (−1.67)
Lev	−0.161 9*** (−14.08)
Growth	0.071*** (10.44)
IndGrowth	0.004 4 (0.56)
Indu	0.001 3 (0.43)
样本数	396
R-sq	0.568 1
Prob > F	0.000 0
Root MSE	0.023 1

资料来源：作者利用 Stata14.0 软件计算得到。

(2) 风险企业所处地区对协同效应的影响。本章依据风险企业注册地将总样本划分为"中西部地区"和"东部地区"两个子样本(东北地区样本量过少,不做考虑),分别进行回归,以此判断地区差异对财政引导基金和风险投资联合的协同效应的影响。根据中国统计年鉴,东部地区包括北京、天津、河北、上海、江苏、浙江、福建、山东、广东、海南 10 个省(直辖市);中部地区包括山西、安徽、江西、河南、湖北、湖南 6 个省;西部地区包括内蒙古、广西、重庆、四川、贵州、云南、西藏、陕西、甘肃、青海、宁夏、新疆 12 个省(直辖市、自治区)。经划分,注册地隶属"东部地区"的企业共计 300 家,隶属"中西部地区"的企业共计 90 家,这一数据表明,财政引导基金在"东部地区"更为普遍,也显示了我国东部与中西部地区尚存在一定的经济差异。表 8-5 为本章利用子样本 1(东部地区)、子样本 2(中西部地区)分别回归后的结果。模型 2 和 3 的结果显示,在东部地区,相较于财政引导基金联合低声誉风险投资,财政引导基金联合高声誉风险投资对创业企业经营绩效的正向影响在 1% 的水平下显著,影响系数为 0.008,方程拟合较好,而中西部地区并不显著,且模型 3 的影响系数为 -0.002 3,这说明在中西部地区,财政引导基金联合高声誉风险投资并没有形成协同效应,财政引导基金联合低声誉风险投资的企业绩效反而高于财政引导基金联合高声誉风险投资的企业。

实证结果证实了在经济发达地区,财政引导基金联合高声誉风险投资较好地发挥了协同作用,而在中西部地区,这一结果并不明显,与假设 2 相符。

表 8-5 协同效应的地区差异

ROA	模型 2 子样本 1:东部地区	模型 3 子样本 2:中西部地区
$Type$	0.008*** (2.61)	-0.002 3 (-0.42)
$Size$	0.008 2*** (2.64)	-0.003 4 (-0.60)
$Cash$	0.011 (1.06)	0.022 6 (1.09)
$AltmanZ$	0.000 5 (1.17)	-0.002 2 (-1.50)
TCR	0.137 5*** (4.57)	0.065 5 (1.37)
CR	-0.026 9 (-1.44)	-0.009 6 (-0.24)
MP	0.021 6*** (3.45)	0.024 7* (1.73)
RD	-0.000 6 (-1.63)	-0.000 9 (-1.30)

(续表)

ROA	模型 2 子样本 1：东部地区	模型 3 子样本 2：中西部地区
Lev	−0.178 5*** (−13.06)	−0.116 9*** (−5.76)
Growth	0.069 6*** (10.95)	0.042 1*** (4.13)
IndGrowth	−0.003 6 (−0.56)	0.020 8* (1.70)
Indu	−0.002 5 (−0.73)	0.001 (0.16)
Prob>F	0.000 0	0.000 0
R-sq	0.639 6	0.584 2
Root MSE	0.025 1	0.023 4

资料来源：作者利用Stata14.0软件计算得出。

8.3.3 稳健性检验

为了增强结果的稳健性，本章用每股收益（EPS）衡量企业绩效进行稳健性检验，回归结果如表8-6所示。模型4~6是利用EPS作为因变量的检验结果。模型4利用全样本检验，财政引导基金联合高声誉风险投资对企业绩效的影响系数为0.091 9，且在5%的水平下显著；模型5,6分别将总样本划分为"东部地区"与"中西部地区"进行对比，结果分别在1%的水平下显著和不显著；模型7~9是利用创业企业IPO后第二年的数据进行实证检验的结果，模型7的系数为0.012 3，在10%的水平下显著，检验结果与上述结果基本保持一致。理论分析再次得到验证，实证结果不变。

表8-6 协同效应的稳健性检验

	模型 4 EPS 全样本	模型 5 （子样本 3： 东部地区）	模型 6 （子样本 4： 中西部地区）	模型 7 IPO 第二年 全样本	模型 8 （子样本 5： 东部地区）	模型 9 （子样本 6： 中西部地区）
Type	0.091 9** (2.05)	0.008 1*** (1.85)	0.001 9 (1.96)	0.012 3* (2.91)	0.018 6** (2.84)	0.011 2 (2.06)
CR	−0.071 2 (−1.10)	−0.281 8 (−0.87)	−0.132 2 (−0.57)	−0.016 3 (−0.11)	−0.012 4 (−0.47)	−0.003 6 (−0.16)

(续表)

	模型4 EPS 全样本	模型5 (子样本3: 东部地区)	模型6 (子样本4: 中西部地区)	模型7 IPO第二年 全样本	模型8 (子样本5: 东部地区)	模型9 (子样本6: 中西部地区)
TCR	0.013 2** (−0.17)	0.053 1** (−0.35)	0.141 2* (0.69)	0.010 5*** (1.20)	0.022 1* (1.65)	0.024 2 (1.52)
$Cash$	0.017 6 (−0.21)	0.030 8 (0.15)	0.069 4 (0.29)	0.005 0 (−0.61)	0.007 3 (−0.52)	0.021 2 (−1.41)
$AltmanZ$	−0.181 9** (−2.13)	0.212 7** (−2.01)	0.208 0 (−1.41)	−0.021 9** (−2.33)	0.022 5** (−2.09)	0.034 3** (−2.49)
MP	0.404 4*** (4.68)	0.360 5** (2.54)	0.263 1** (2.24)	0.006 6 (0.78)	0.005 9 (−0.53)	−0.004 3 (−0.35)
$Size$	0.227 2** (2.40)	0.354 7** (2.01)	0.473 0*** (2.43)	0.066 73*** (3.14)	0.015 1** (2.11)	0.026 7*** (3.55)
RD	−0.044 9** (−0.89)	−0.073 9 (−0.94)	−0.011 4 (−0.20)	−0.003 2 (−0.63)	−0.003 1 (−0.44)	−0.006 1 (0.98)
Lev	−1.076 3*** (−5.42)	−1.403 4*** (−3.99)	−1.448 8*** (−4.38)	−0.078 7*** (−4.35)	−0.049 9** (−2.16)	−0.088 8*** (−4.10)
$Growth$	0.337 0*** (3.87)	0.219 4*** (3.45)	0.226 0*** (2.98)	0.022 4** (2.31)	0.107 6** (1.99)	0.009 3 (1.06)
$IndGrowth$	3.966 5* (−2.11)	−6.477 4* (−1.82)	−8.993 1 (−2.58)	0.077 9 (−0.64)	−0.250 2*** (−1.73)	−0.463 9* (−3.01)
$Indu$	0.037 7 (−0.78)	−0.015 5 (−0.23)	−0.064 7 (−0.86)	0.001 9 (−0.39)	−0.012 4* (−1.93)	−0.003 8 (−0.63)
R^2	0.209 1	0.312 9	0.364 9	0.139 3	0.254 8	0.295 9

资料来源:作者利用Stata14.0软件计算得出。

从表8-6的回归结果来看,用每股收益(EPS)衡量企业绩效对于实证结果的影响并不大。在东部地区,相较于低声誉风险投资,财政引导基金联合高声誉风险投资形成了显著的协同效应,而在中西部地区,这一效应并不显著,验证了笔者提出的假设2。利用企业IPO后第二年的数据实证检验结果说明财政引导基金联合高声誉风险投资形成的协同效应在企业IPO之后仍然成立,这一结果更好地支持了本章提出的假设1。"东部地区"和"中西部地区"的子样本回归也与前文研究结果保持一致。

8.4 结论与启示

8.4.1 研究结论

近几年来,在国家的大力支持与推动下,我国许多地区都设立了政府创业投资引导基金,以引导更多的社会资金进入创业投资领域,增加创业投资资本供给。本章的实证结果显示,财政引导基金联合风险投资形成了协同效应,且相较于低声誉风险投资,财政引导基金联合高声誉风险投资的协同效应更为显著。进一步地,本章基于地区差异视角,分别验证了这一协同效应在不同地区发挥的强弱程度,结果显示,在东部地区,财政引导基金联合高声誉风险投资的协同效应更为显著,在中西部地区并不显著,这充分说明了东部地区和中西部地区财政引导基金发展不均衡,中西部地区的引导基金数量少,作用方式较为传统。东部地区创投引导基金主要发挥了"助推"作用。在东部各省市,创投引导基金通过助推高科技企业提升自主创新能力、资源整合能力和营销管理能力,助推科技项目对接资本市场和实现成果转化,对东部地区的创新发展发挥了积极作用。而中西部地区创投引导基金主要发挥了"引领"作用。中西部地区地方创投引导基金的成立,可以引领社会资本关注中西部的优秀项目,对促进中西部地区的创新发展、实现就业、人才培育有一定的积极作用,但是作用效果有待提高。

本章探索性地提出了衡量风险投资声誉的指标,即将风险投资机构的管理资本、成立时间、已完成 IPO 数、已完成 IPO 金额界定为风险投资声誉特征指标,针对引导基金和不同声誉风险投资的联合类型对企业绩效的影响进行实证检验,进一步检验了不同联合类型对发挥协同效应的差异。结果表明,相对而言,更具有资源与能力互补特征的财政引导基金联合高声誉风险投资机构,对提升被投资企业的绩效作用更显著,表现出更好的协同效应,这一结果也支持了联合风险投资协同效应取决于资源与能力互补强弱的理论分析结果。

8.4.2 研究启示

基于本章的研究,笔者认为:

（1）联合风险投资的有效性在很大程度上取决于联合伙伴的选择以及联合目标的确立。有效的联合是风险投资机构提升竞争力的一项重要战略，面对高度不确定的行业外部环境，合作共赢、分享价值正成为更多风险投资机构共同的企业愿景与文化。这一结论带来的启示是，联合是风险投资未来发展的必然选择，充分发挥协同效应是风险投资实现可持续的必要路径。

（2）在政府层面，为提高引导基金的投资效率，政府在制定和实施投资政策时应该考虑区域创业投资环境，避免简单易行的"一刀切"，实行差异化的投资政策。对于区域创业投资落后地区，投资资源相对不足，投资环境较差，政府应该加大投资力度，通过政府资金来引导和激励落后地区企业的发展。同时，应该重视区域创业投资环境的建设，促进创业投资落后地区赶超成熟地区，缩小东西部地区的创业投资环境差距。

（3）在企业层面，有必要通过构建有效的激励与约束机制促进风险投资联合的协同效应。本章的分析和实证显示，财政引导基金联合高声誉风险投资协同效应更显著。这一研究带给笔者的启示是，对于不同类型的风险投资联合，彼此认同联合各方的优势与专长对其提升价值的影响是选择合作的前提。因此，在风险投资联合契约安排方面，通过构建有效的股权与控制权配置激励机制使得联合方能够因此分享合作价值，抑制机会主义行为。

（4）在社会层面，有必要构建风险投资机构声誉评价机制。国内大多数风险投资主要还是通过 IPO、并购重组、股权转让等行为退出被投资企业来获取收益，为了实现风险投资收益最大化的目标，风险投资机构往往在持股期间利用自身的专业优势和社会网络，使 IPO 公司的锁定期结束后的盈余反转，最终达到提升减持时的股票价格的目的而退出风险企业。为了有效抑制联合风险投资中的"道德风险"，监管部门不仅应当强化风险投资机构信息披露机制，还应该将联合投资期间可能的投机性"饰窗行为"等纳入风险投资机构声誉评价指标体系。通过聘请权威的中介组织对国内风险投资机构进行声誉评级，借此优化风险投资发展的生态环境，使风险投资联合与合作成为一种内生动力，并因此而促进国内风险投资做强做大。

第九章

财政引导基金及其层级联合风险投资对企业创新效率的影响的实证检验

对财政引导基金与企业创新的关系学界尚未达成同一结论,主要有三种观点:财政引导基金促进企业创新;财政引导基金抑制创新;财政引导基金对创新绩效没有影响。此外,大部分研究忽略了财政引导基金内部层级的异质性,在财政引导基金内部进行划分,探究不同层级财政引导基金行为差异的实证尚不多见。在我国,财政引导基金大多数是以政府背景的风险投资参与企业创业创新,本章选择资本市场的经验证据,通过 SFA 方法测度企业创新效率,从政治背景、政治层级、产权性质、地方债水平等维度,研究政府财政引导基金与异质性的风险投资联合对企业创新效率的影响,并对其影响机制进行讨论。此外,拟从投后管理角度进一步讨论政府背景风险投资控制权的门槛效应问题。本章试图对下述问题展开实证考察:

针对不同产权性质的被投资企业,财政引导基金对创新绩效的影响是否存在异质性?不同政治层级的财政引导基金,其内部投资动机和效果是否存在差异?财政引导基金如何参与投后管理可以实现效率的最大化?这都是本章要进一步研究的问题。本章研究了财政引导基金及其层级对企业创新能力的影响,并基于产权性质、地方债水平和投后管理的视角,认为可能的创新之处主要体现在以下几点:

(1) 区别于将财政引导基金整体化和同质化的已有研究,本章按照政治层级将财政引导基金划分为中央级财政引导基金与地方级财政引导基金,研究了不同层级的财政引导基金对企业创新效率影响的差异性。

(2) 为了进一步研究不同层级的财政引导基金对企业创新效率的影响,本章探索性地引入地方政府债务水平作为调节变量,揭示了在不同地方债水平下,不同层级的财政引导基金对企业创新效率的影响。

(3) 从投后管理的角度出发,引入公司治理中的两权分离度作为门槛变量,将派驻高管比例作为衡量风险投资机构对被投资企业控制权的指标,研究了财政引导基金控制权与企业创新效率的关系,对财政引导基金在投后管理过程中选择合适的治理方式,有一定的借鉴价值。

9.1 理论分析与假设的提出

9.1.1 财政引导基金对企业创新效率的影响

基于我国国情的特殊性,财政引导基金大多数是以政府背景的风险投资参与企业创业创新,在我国的风险投资市场中扮演着重要角色,其与创新绩效之间的关系被众多学者所关注。大部分学者认为,财政引导基金可以促进企业创新。一方面,不同产权性质的风险投资机构的动机差异导致了其对企业创新产生不同影响。相较于社会风险投资的高逐利性,财政引导基金的创立初衷隐含着解决市场失灵的使命,创新意愿更强,有利于克服社会风险投资的短视行为,对企业创新具有引导和鼓励作用。成果、陶小马认为,政府背景风险投资对创新投入有显著的促进作用,而社会风险投资的退出需求会导致"盘剥行为",阻碍企业创新[101]。黄嵩等人认为,政府背景风险投资更注重投资的社会效益,能够对初创科技企业的创新产生显著的促进作用[108]。李汉涯等人提出,在被投资企业上市后,政府背景风险投资比社会风险投资更能促进企业创新[256]。另一方面,财政引导基金拥有政治关联,政治关联的"直接效应"和"间接效应"能给被投资企业带来额外的资源,如缓解企业融资约束、获得税收优惠等。程聪慧和王斯亮使用固定模型检验发现获得政府背景风险投资支持的企业,创新产出显著高于其他企业[257]。

然而,部分学者认为财政引导基金会削弱被投资企业的创新绩效。有学者从投资期限、投资回报和取得成本三个角度探讨了政府背景风险投资在运营过程中可能出现的社会价值假说和私人利益假说,发现我国政府背景风险投资对企业创新没有显著的促进作用,并没有实现其政策初衷,在股权分置改革后,这一现象更加明显,财政基金的行为更加符合私人利益假说。

财政引导基金多重委托代理问题所导致的投资低效率是不能被忽视的,但是财政引导基金具有强烈的"认证"作用和"信号"作用,政府的"光环效应"会引发其他投资者的跟随,带动民间资本加入,这种"跟随效应"可以抵消财政引导基金在公司治理层面的消极作用。

因此,本章认为,在抵消作用以后,财政引导基金可以实现其扶持创新的政策初衷。这主要有三点原因:第一,相较于社会风险投资机构单一的财务性目标,政府投资者带有更多的政治色彩,往往带有促进发明创新的明确或隐含的目标。基于知识的"正外溢性",技术创新的价值会溢出企业,推动整个社会的进步,创造出巨大的社会价值。基于"溢出效应"巨大的本地成分,创新的正外部性将使本地受益最大,因此财政引导基金为了推动地区发展,有强烈的创新动机。第二,企业创新活动具有投入大、周期长、风险高等特征,社会风险投资的投资期短,往往关注短期利益和退出回报,甚至会限制企业的研发投入;财政引导基金拥有更长的投资期限和更强的创新导向,更愿意投入资源进行高风险的探索性活动。第三,财政引导基金具有一定的政治关联,有充足的政治资源和合作网络,对于我国中小民营企业而言,通过政治关联更容易获得政策优惠、财政补贴以及银行贷款等资源,可以借助政府的力量助力企业发展和创新。

基于以上分析可知,肩负着政治使命的财政引导基金,其主要职责就是通过政府引导解决资源配置不足引发的市场失灵和创新不足的问题,他们在企业创立初期进行投资,降低企业创新成本和风险,激发创新主体积极性,从而达到鼓励和扶持创新的目的。可以推断,相较于非财政引导基金,财政引导基金有更多的动机和资源支持被投资企业的创新活动。据此,提出如下假设:

H1:相较于社会风险投资,财政引导基金参与可以更好地促进企业创新。

9.1.2 财政引导基金对不同产权性质企业创新效率的影响

企业的所有制结构是企业的根本差异,不同的产权性质会导致企业的经营动机、政治资源、治理结构等方面的差异,并进一步对企业创新决策和创新效率产生异质性影响。一般可根据国有股权比例,将企业划分为国有企业和非国有企业。国有企业存在多重委托代理机制的问题,往往会导致较高的代理成本,降低企业创新效率;另外,国有企业因为存在政治关联,更容易获得研发补贴、税收优惠等政策倾斜,可以促进企业创新。

基于此,已有多位学者分别从不同维度研究了产权性质对企业创新的异质性影响。乐怡婷等人将产权性质作为情境变量,发现相较于国有企业,非国有企业的高管持股更有利于企业的可持续性创新[258]。谭庆美、刘楠和董小芳实证检验了产权性质对上市公司 CEO 权力与创新效率关系的调节效应，产权性质会显著影响二者关系的敏感性[259]。王旭基于关系型债权人视角，将产权性质纳入"鼓励性"和"约束性"二重创新激励对债权治理及企业创新效率作用路径的整合分析框架，发现企业产权性质对二者关系具有显著的调节效应，民营企业债权治理的创新激励效应比国有企业更加显著[260]。陈海声和刘四娟认为，研发补贴对创新的激励作用在民营企业体现得更加明显，因为产权性质和代理问题削弱了研发补贴对国有企业价值的提升作用[261]。赵晶、李林鹏和祝丽敏认为，相较于国有企业，产学研合作对非国有企业创新的促进作用更强[262]。桂黄宝和李航基于产权性质视角，提出民营企业创新具有更强的灵活性和自主性，政府补贴的补弱效应使得其对创新的激励作用在非国有企业体现得更加显著[263]。刘继兵、王定超和夏玲研究了不同产权性质下政府补助对企业创新的促进作用，发现国有企业更愿意进行 R 和 D 活动，但是由于国有企业往往承担一定的政治任务，治理结构相对复杂，灵活性较低，提出政府补助对非国有企业的促进作用更有效，政府补助应倾向于非国有企业[264]。

企业产权性质作为我国资本市场研究的重要制度背景，对创新绩效有重要影响。由于被投资企业所有权性质的不同，财政引导基金对企业创新效率的影响可能存在异质性，因此本章引入产权性质，将被投资企业分为国有与非国有样本组，分别在不同产权性质的两组被投资企业样本中，检验财政引导基金对企业创新效率的影响。

本章认为，财政引导基金对企业创新的促进作用主要体现在"激励""补弱"和"信号"效应方面，并且在非国有企业体现得更加明显。首先，基于创新意愿的角度，国有企业受到政府干预，承担着一定的社会职责，如促进产业升级、促进就业等，国企高管本身存在对政治目标的追求，基于社会效益，在国家开展鼓励创新的活动时，国有企业会主动承担更多的创新任务，其本身开展创新活动的积极性就大于非国有企业，因此创新"激励"作用对非国有企业的影响更大。其次，基于创新资源的角度，财政引导基金可以带来一定的政治关联，更容易获得资金、人才、技术、土地等创新资源。对于我国中小民营企业而言，由于信息不对称的存在，融资难成为制约企业发展的首要瓶颈，通过政治关联可以更容易获得政策优惠、财政补贴以及银行贷款，拓展融资渠道，补弱企业发展。拥有政治资源往往被看作是企业的利好优势,国有企业本身存在一定的政治关联,政府背书和国有产权使其在资本市场融资相对便捷。为了能够借助政府的"光环"和"力量",许多民营企业都积极地寻求政治关联,非国有企业的所有权性质更能凸显出财政引导基金的"补弱"功能。最后,基于公司治理的角度,产权性质的差异导致了公司治理的灵活性不同,国有企业制度严密,内控严格,流程烦琐,非国有企业的灵活性更强,自主性更高,员工薪资与效益相挂钩,更容易激发员工在创新活动中的积极性,财政引导基金促进非国有企业创新的边际效益更高。

基于上述分析可知,国有企业本身就存在一定的政治关联,相较于非国有企业的利益最大化目标,国有企业的经营目标更为多样化,在创新意愿、创新资源等方面本身就强于非国有企业,非国有企业的灵活性也使得财政引导基金促进非国有企业创新的边际效益更高。由于产权性质不同,财政引导基金对企业创新效率的影响存在异质性,其对非国有企业创新效率的影响大于国有企业。据此,提出如下假设:

H2:相较于国有企业,财政引导基金对非国有企业创新的促进作用更显著。

9.1.3 不同层级的财政引导基金对企业创新效率的影响

中国的风险投资背景多样化,对风险投资机构进行合理分类是开展相关研究的前提。早期风险投资的相关研究多基于同质性假定,只关注风险投资机构的存在性,视角单一,忽略了风险投资机构自身在投资目标、产权性质、资源禀赋、声誉等方面的内部异质性。近年来,为了开展更为细化的研究,越来越多的学者开始对风投机构进行分类,其中将所有权背景作为分类依据是较常用的一种方法。吴超鹏等将风险投资机构的合伙人或股东中有中央或地方国资委、地方政府、科技部等部委的,划分为国有背景风险投资,其他则为非国有背景风险投资,研究了不同背景的风险投资对被投资企业影响的异质性[225]。

然而由于所选择研究样本的时间和地域不同、数据处理方式不同等原因,目前学者研究财政引导基金对企业创新效率影响的结论并未达成一致,这也凸显了对财政引导基金主体内部进行进一步分类的必要性。成果、陶小马从政府控制权的角度进行划分,以持股比例50%为临界点,将政府持股风险投资机构划分为政府控股基金与政府参股基金,发现政府参股的风险投资可以促进创新,政府控股基金却容易产生逆向选择,扭曲对经理人的激励机制,导致对被投资企业的增值服务流失[101]。余琰等人从政治层级角度出发,根据国有资本主体的政治级别将政府背景风险投资划分为中央、省、市等六个层级,采用0～6的离散变量计量国有关系强弱,实证发现财政引导基金的层级越高,被投资企业的R和D支出越高[265]。

由于不同政治层级的政府在投资目标、政治资源等方面存在差异,因此对不同政治层级的财政引导基金进行分类,研究不同层级的财政引导基金对企业创新效率的影响是有必要的。本章参考上述余琰等人的分类方式,将财政引导基金按照资金来源的政治层级进一步分类,具体分为中央层级财政引导基金(如中国风投和国投高科)和地方层级财政引导基金(如深创投和江苏高新投)。

具体来说,就投资动机而言,按照公共产品层次性理论,中央层级财政引导基金主要基于国家战略规划,科学规划国家的研究与创新方向,加强对高科技基础创新项目的研发,主要目的是建立国家创新体系,财务性动机较弱,更符合社会价值假说。地方层级财政引导基金机构也兼顾调整区域产业结构、促进产业升级、鼓励区域创新的目的,但是因为其受到地方财政资金预算总额的束缚,以及地方财政收支不平衡问题的严峻性,使其不得不关注投资回报,财务性动机强于中央层级投资者,偏向余琰等人提出的私人利益假说。在政治关联方面,中央层级财政引导基金依托中央各部委及部属大学,政治关联度较高,拥有更多的经济、政治资源;地方层级财政引导基金规模较小,政治层级低,拥有的政治资源相比中央层级要少,其对创业企业的扶持和影响也会受到限制。此外,地方层级财政引导基金通常受到政绩要求的约束,需要侧重当地经济发展,解决区域内就业问题,兼顾整个地区经济和产业的共同繁荣,广泛而不清晰的投资目标会降低地方层级财政引导基金的投资效率。

基于以上分析可知,中央层级财政引导基金促进创新的目标更纯粹,拥有的政治资源更丰富,受到区域内其他目标的扭曲更小。因此本章推断,中央层级财政引导基金对企业创新效率的促进作用大于地方层级财政引导基金。据此,提出如下假设:

H3:财政引导基金的政治层级与企业创新效率正相关。

9.1.4 地方债水平对不同层级财政引导基金与企业创新效率关系的影响

我国 1994 年实施分税制改革,此次改革重构了中央政府和地方政府的财政关系,财权上移,事权下放,导致中央政府面临着财权和事权的不匹配,财政收支差距持续扩大,由此导致了地方债务的萌芽。随着我国经济增长逐渐放缓,且国家大力推行减税降费政策,这直接导致地方政府财政收入降低,偿债能力下降,地方债务风险不断上升。地方政府债务水平会影响政府的经济行为和发展目标:一方面,地方政府债务可能会改善区域基础设施服务,刺激区域经济增长;另一方面,地方政府债务的迅速扩张可能会挤占金融资源,提高中小企业融资成本,对企业融资产生挤出效应,阻碍企业创新资源的获取;巨大的偿债压力还可能导致强化政府干预,弱化市场在资源配置中的关键性作用,不利创新资源的优化分配,阻碍创新成果的成功转化,最终抑制企业的创新效率提升。

各地方政府为了促进经济发展大量举债,地方政府债务呈现高增长、高总额的态势,其对创新的影响受到了学者的广泛关注。Cavallo 和 Daude 提出政府举债会挤占信贷资源,提高企业融资成本,加剧中小企业融资困境[266]。Wang 和 Stewart 提出随着竞争的加剧,企业创新绩效与债权融资水平正相关,因此地方债过高会降低企业创新绩效[267]。余海跃、康书隆通过实证检验提出,地方政府债务对企业投资产生了显著的挤出效应,地方债会挤占本地金融资源并提高企业融资成本,尤其对民营企业的挤出效应更强,扭曲了地区资源配置,降低全要素生产率,不利于企业开展创新活动[268]。张杰、周晓艳和李勇认为,在地方锦标赛制度下,地方官员为追求短期内经济的迅速增长,往往会通过举债来推动基础设施建设,从而强势干预资本、劳动力等要素,削弱市场作用,扭曲市场要素价格,使企业无法实现创新资源的合理配置,降低创新效率[269]。企业创新需要利用要素市场中的资金、劳动力等资源,要素市场的资源错置,会直接影响企业对创新资源的利用效率,抑制企业创新。地方债务水平会影响市场价格信号的传递,在地方债水平较高的地区,创新要素的使用效率明显降低,创新投入显著减少,最终抑制企业创新。陈言和郭琪提出,高额地方债水平会挤压地区企业创新的融资空间,导致企业融资成本过高,降低企业研发意愿[270]。基于地方政府债务水平的增加会扭曲市场要素配置的视角，戴魁早和刘友金提出我国各地区要素市场的扭曲程度差异明显，通过实证检验中国高技术产业省级面板数据，研究发现要素市场扭曲会显著抑制企业创新或产业创新，并且该抑制作用呈现出边际贡献递减的规律[271]。

通过上述分析可知，大部分学者认为，高额地方政府债务会增加政府在资源配置中的干预作用，扭曲市场之手的要素分配功能，从而导致要素市场扭曲和效率损失，降低企业对创新资源的利用效率，抑制企业创新效率的提高。目前我国各省的地方债水平存在差异，中央政府和地方政府面临的偿债压力也显著不同，不同的压力水平可能会在不同程度上扭曲财政引导基金的行为，因此，研究在不同的地方债水平下，不同层级的财政引导基金与企业创新效率的关系，可以帮助我们更深入地认识财政引导基金对企业创新效率的影响机制。

不同的地方债水平和偿债压力，会导致政府经济活动的目标差异，进而影响财政引导基金对被投资企业创新行为的支持力度。2016年末，国务院办公厅印发《地方政府性债务风险应急处置预案》，明确提出地方政府对其举借的地方债承担偿还义务，中央实行不救助原则；2017年召开的中共中央政治局会议再次提出，地方政府债务的责任主体是地方政府而非中央政府。由此可见，与地方层级政府相比，中央层级政府面临的偿债压力较小，受到地方债的干扰较弱，中央层级财政引导基金的投资目标受地方债影响和扭曲的程度较小，其促进创新的目标较少受到地方债压力导致的异化。2015年新的《中华人民共和国预算法》实施，强化了对地方债的监督和治理，在地方债水平越高的地区，作为地方债的责任主体，地方政府促进创新的动机会受到较大扭曲，对要素市场和资源配置的扭曲程度越高，地方层级财政引导基金对企业创新的抑制作用越强。这主要基于：一是在中央对地方债的严监管下，地方政府官员为了避免由于地方债管理不力引发债务风险而承担责任，损害其政治前途，地方政府的偿债意愿明显增强，地方政府需要获得更多的财政收入，地方层级财政引导基金的经济动机更强，经济短视行为导致创新意愿降低；二是地方政府面临着高财政压力和政治考核，在利益驱动下，为获得经济的快速增长，相较于期限长、风险高的创新活动，地方层级财政引导基金更倾向于投资能够在短期内快速取得经济收益和回报的项目，要素资源配置的扭曲会降低创新效率。

基于以上分析,本章提出地方政府债务水平正向调节政治层级与创新效率之间的关系。地方政府债务杠杆越高,风险投资政治层级与被投资企业创新效率之间的正相关性越强,即在高杠杆地区,地方层级财政引导基金对创新的促进作用明显降低,但中央层级财政引导基金受到的扭曲较小,此时中央层级财政引导基金对企业创新效率的促进作用显著强于地方层级财政引导基金;在低杠杆地区,二者的差异相对较小。据此,提出如下假设:

H4:地方债水平正向调节风险投资政治层级与企业创新效率的关系。

9.2 研究设计

本章基于理论分析和研究假设,以2010—2018年在中小板和创业板IPO的企业为研究样本,选择创新效率作为创业质量的衡量指标,分别介绍风险投资、财政引导基金、不同政治层级财政引导基金样本的筛选标准,选择相应的变量及指标,最后建立模型检验假设H1~H4。

9.2.1 样本选择和数据来源

本章选取2010—2018年在中小板和创业板首次公开发行、创新活动较为活跃、信息披露相对充分的11个行业的企业作为研究样本。首先,就资本市场板块特征而言,中小板和创业板的企业多是具有"高科技、高成长、新技术、新产业、新业态、新模式"特征的两高四新企业,创新活动较为活跃。其次,就企业特征而言,相较于主板市场,中小板和创业板企业的规模较小,传统渠道融资受限,高风险高收益的特征也更容易获得风险投资机构的青睐,是风险投资的目标企业,样本企业与风险投资机构间存在双向吸引力。最后,就行业特征而言,创新资源的投入在不同行业间存在不同程度的拥挤现象,不同行业间的创新效率存在显著差异,根据证监会分类标准,本章剔除批发和零售业等创新活动开展较少的行业,筛选出制造业、采矿业、信息技术业等11个创新资源投入较高、创新活动较为活跃、信息披露较为充分的行业作为研究样本。选取以上样本作为本章的研究对象,具有较好的合理性和代表性。

关于对有风险投资支持的创业企业的识别,本章主要借鉴吴超鹏等人[225]、党兴华等人[250]的方法,若企业《招股说明书》披露的前十大股东名称中包含"风险投资""创业投资""引导基金""科技投资""创业资本投资"等字样,将其直接识别为有风险投资支持的企业;若没有上述字样,则通过查阅对比《中国创业投资发展报告(2016版)》中收录的中国创业风险投资机构名录,或通过查询该股东的主营业务是否为创业投资或风险投资,据此手工识别以进一步确定。按照上述筛选标准,本章在2010—2018年在中小板和创业板IPO企业中,共筛选出具有风险投资背景的样本企业678家。

根据研究需要,将上述678家样本企业进一步划分为财政引导基金支持与社会风险投资支持的被投资企业,其中关于财政引导基金的界定主要参考余琰等人[265]和吴超鹏等人[225]的标准,余琰在界定国有风险投资时,提出只要风险投资机构的出资人中有政府、事业单位、国家部委或国有企业等国有资本的投入,无论比例多少,均将其视为国有背景风险投资,否则为非国有背景风险投资。按照上述筛选标准,本章共筛选出被财政引导基金支持的被投资企业192家。

此外,本章借鉴余琰等人[265]的研究,将财政引导基金机构按照政治层级细分,若风险投资的股东中包含国家部委、部属高校、中央企业、科研院所等中央政府背景的,则为中央层级财政引导基金(如中国风投、国投高科、中国文化产业投资基金);若风险投资的股东中仅包含地方政府、省属院校、地方事业单位、地方国企,则将其界定为地方层级财政引导基金(如深创投、浙江科投、江苏高新投)。按照上述标准,本章共筛选出受中央层级财政引导基金支持的被投资企业84家,受地方层级财政引导基金支持的被投资企业108家。

企业创新效率指标涉及创新投入及产出变量,创新投入数据源于国泰安,创新产出数据通过查询国家知识产权局数据库获得。借鉴成果和陶小马[101]的研究,风险投资进入企业的时间数据缺失,且在被投资企业IPO后有至少一年禁售期,考虑创新产出的时滞效应,本章的创新产出数据选择截至IPO下一年。地方政府债务数据来源于各省《财政预算执行报告》,GDP数据来源于《中国统计年鉴》;风险投资数据通过CV-Source、清科私募通以及《招股说明书》手工整理获得,其他数据均来源于国泰安(CSMAR)。表9-1至表9-3展现了剔除数据缺失等不合格样本后,本章选取的全部样本的分布情况。

考虑创新产出的时滞性和数据的可获得性,本章样本对象的研究区间分布为2010—2018年。根据表9-1可知,2010—2018年,在中小板和创业板IPO的上市企业共1 307家,其中有风险投资支持背景的占51.87%,有财政引导基金支持的被投资企业占10%~20%,有中央财政引导基金支持的企业84家。由于2012年国内外金融市场波动较大,2012年10月暂停IPO,直至2014年重启,因此2013年在中小板和创业板IPO的企业数量为0家。

表9-1 样本选取(Panel A 时间分布)

Panel A 上市年份	IPO企业数量/家	被投资企业数量/家	被投资企业比例/%	财政引导基金数量/只	财政引导基金比例/%	中央层级财政引导基金数量/只
2010	321	123	38.32	39	12.15	15
2011	243	114	46.91	38	15.64	16
2012	129	70	54.26	13	10.08	7
2014	82	35	42.68	6	7.32	4
2015	131	72	54.96	23	17.56	11
2016	124	84	67.74	21	16.94	7
2017	222	159	71.62	51	22.97	24
2018	55	21	38.18	1	1.82	0
合计	1 307	678	51.87	192	14.69	84

表9-2市场分布显示,有59.69%的创业板企业受到了风险投资的支持,42.67%的中小板上市企业受到了风险投资的支持,总体合计比例达到了51.87%,证明风险投资倾向于投资具有成长性的中小板和创业板企业,本章样本的板块选择合理。在受到风险投资支持的创业企业中,其中有财政引导基金机构占比近三成,创业板有123家,中小板有69家,合计为192家,这表明财政引导基金机构在中国风投市场中扮演着重要角色。从财政引导基金的政治层级来看,有55家创业板IPO企业受到了中央层级财政引导基金的支持,29家中小板IPO企业受到了中央层级财政引导基金的支持,合计为84家。分板块来看,创业板IPO的企业比中小板更受到风险投资机构的青睐,从被投资企业数量、受财政引导基金支持、受中央层级财政引导基金支持三个维度来说,创业板公司数量都远高于中小板。

表 9-2 样本选取(Panel B 市场分布)

Panel B 市场分布	IPO 企业数量/家	被投资企业数量/家	被投资企业比例/%	财政引导基金数量/只	财政引导基金比例/%	中央层级财政引导基金数量/只
创业板	707	422	59.69	123	29.15	55
中小板	600	256	42.67	69	26.95	29
合计	1 307	678	51.87	192	28.32	84

表 9-3 样本选取(Panel C 行业分布)

Panel C 行业分布	被投资企业数量/家	被投资企业比例/%	财政引导基金数量/只	财政引导基金比例/%
采矿业	3	0.44	2	66.67
电力/热力/燃气/水生产及供应业	3	0.44	0	0.00
建筑业	12	1.77	5	41.67
交通运输/仓储/邮政业	5	0.74	1	20.00
科学研究/技术服务业	15	2.21	5	33.33
农/林/牧/渔业	10	1.47	4	40.00
水利/环境/公共设施管理业	6	0.88	3	50.00
卫生/社会工作	2	0.29	0	0.00
信息传输/软件/信息技术服务业	110	16.22	29	52.78
制造业	512	75.52	143	27.93
合计	678	100.00	192	28.32

表 9-3 展示了 678 家被投资企业的行业分布,其中制造业企业占较大部分,一共有 512 家,占比 75.52%。其次为信息传输/软件/信息技术服务业,数量为 110 家,占比 16.22%。其中有财政引导基金支持的被投资企业总体占比约 28.32%,从绝对数量来看,制造业受到财政引导基金最多,为 143 家,信息传输/软件/信息技术服务业有 29 家。从受到财政引导基金的企业占全部被投资企业的相对比例来看,采矿、信息、水利、农林牧渔及建筑业受财政引导基金支

持的比例较高,体现了国家政策的扶持方向。

9.2.2 变量选择

(一) 被解释变量

本章研究的被解释变量为企业创新绩效,因此如何选择合适的指标来衡量企业的创新绩效就显得尤为重要。目前,已有研究中关于企业创新活动的衡量主要分为三个方面:(1)选择企业的研发投入(支出)作为企业创新的代理变量,资金投入和研发人员数量是目前被广泛使用的研发投入衡量指标;然而仅用研发投入忽略了企业研发的真正产出,无法呈现企业从研发投入到产出全过程的真实情况。(2)选择企业新产品或新专利数量作为衡量创新产出的主要指标,该指标可以代表企业新知识和新产品的实际产出水平,但限于该数据是绝对数,忽略了企业的研发投入的转化效率。(3)创新效率,鉴于前两种衡量方法的局限性,越来越多的学者开始将投入产出结合在一起,构造创新效率的相对数指标,以此规避绝对数指标的局限性。目前创新效率的测度主要分为两种方法,一是数据包络分析,二是随机前沿分析,两者都是通过构造生产前沿面来测度技术效率的方法。

"一步法"SFA 通过极大似然法估计出各个参数值,然后用技术无效率项的条件期望作为技术效率值。与 DEA 方法相比,其将随机误差与技术的无效率有效分离,并且充分利用每个样本的信息,基本不会产生效率值相同的情况,计算结果稳定,受特殊点影响较小,具有可比性强、可靠性高的优点。本章涉及单产出多投入,基于当前两种主流效率测量方法的优缺点和适用范围,故选择 SFA 方法进行效率评价,使用 Frontier 4.1 软件进行测量。SFA 的基本模型如下:

$$y_i = f(x_i, \beta)\exp(v_i)\exp(-u_i), \quad i=1,2,\cdots,N \tag{9-1}$$

式中,y_i 表示产出项;x_i 表示投入项;β 为模型参数;v_i 代表随机误差的影响;u_i 表示技术的无效率;v_i、u_i、x_i 三者相互独立。在进行效率测度时,选择复合误差模型,包括技术无效率和随机误差两个误差项。

选择 Cobb-Douglas 的生产函数,并将式(9-1)两边同时取对数,可得到式(9-2):

$$\ln y_i = \beta_0 + \sum_j \beta_j \ln x_{ij} + v_i - u_i, \quad i=1,2,\cdots,N \tag{9-2}$$

因此，测度企业创新效率的基本模型为：

$$RDEF_i = \exp(-u_i) = \frac{y_i}{f(x_i, \beta)\exp(v_i)} \tag{9-3}$$

(二) 解释变量

本章假设 H1 的解释变量为 Back，即风险投资机构的政府背景，H1 关注企业 IPO 时风险投资机构的股东背景，若为财政引导基金，则将变量 Back 赋值为 1，若为社会风险投资，则赋值为 0。

被投资企业的产权性质可能会影响企业创新效率，财政引导基金对企业创新效率的影响存在异质性，为研究产权性质对财政引导基金与创新效率之间关系敏感性的影响，H2 引入虚拟变量——产权性质（Owner），若被投资企业是国有企业，则赋值为 1，非国有企业则赋值为 0。

H3 在财政引导基金的内部，将其按照政治层级进行分类，具体区分为中央级和地方级，引入虚拟变量 Level，即财政引导基金的政治层级，若为中央层级财政引导基金，则赋值为 1，地方层级财政引导基金则赋值为 0。

调节变量：地方政府债务分为显性债务和隐性债务，显性债务包括一般债券和专项债券，纳入政府预算严格管理，地方政府对其负有直接偿还和担保责任。隐性债务的形式和来源多样，包括政府购买、PPP、融资平台等，未纳入政府债务限额管理，数据难以准确计量。省际间的经济发展水平不同，单一的债务额绝对数，无法准确衡量地方政府的偿债压力，考虑数据的可获得性和可比性，本章在 H4 中选择各地区的地方政府显性债务/地方国内生产总值，作为地方政府负债率的衡量指标。

(三) 控制变量

本章借鉴以往研究，从内外部两个维度，设置了相关控制变量。内部维度主要包括被投资企业的特征变量，包括营运能力、盈利能力、偿债能力、发展能力、治理结构、企业规模等方面。外部维度主要考虑行业环境、时间维度和企业注册地特征。

内部维度方面，主要与被投资企业自身特征相关。营运能力：选择企业营业收入和企业自由现金流为衡量指标。盈利能力：选择总资产收益率 ROA 为衡量指标，为企业年总收入取对数。偿债能力：选择资产负债率为衡量指标。发展能力：选择企业主营业务收入增长率和企业年龄作为成长性的衡量指标。治理结构：选择股权集中度和 CEO 二元性作为公司治理维度的衡量指标，股权集中度为上市当年十大股东的持股比例；CEO 二元性为哑变量，董事长和总经理由同一人兼任为 1，否则为 0。企业规模：衡量企业的资产实力，指标为企业期末总资产取对数。

外部维度方面，政府以参股还是控股的形式参与风险投资，对企业创新产生的影响不同，成果和陶小马[101]研究提出，政府参股有利于充分发挥财政引导基金与社会资本的协同效应，双方在资源和能力方面可以形成优劣互补，兼顾政治与收益导向，比政府控股的风险投资更有利于促进企业创新，因此本章在研究财政引导基金时，引入财政引导基金中政府资本持股比例 Major 作为控制变量，将国有资本股权占比大于 50% 的财政引导基金，定义为政府控股引导基金，以区分和控制政府控股引导基金与政府参股引导基金的差异性影响。此外，引入年份和行业虚拟变量，控制公司所处的时间因素及所属行业的影响。企业所处地区的经济发展水平、科教文卫水平、区域创新能力、对知识产权的保护程度等因素，也可能影响企业的创新行为，为综合反映区域的影响，本章选择王小鲁、樊纲《中国分省份市场化指数报告(2016)》中的各地市场化指数作为区域控制变量的衡量指标。具体变量的定义及测量如表 9-4 所示。

表 9-4 变量选取与说明

变量类型	变量名称	变量符号	变量定义
被解释变量	创新金额投入	$Capital$	研发经费投入总额
	创新人员投入	$Labour$	研发人员数量
	创新产出	$Patent$	截至 IPO 后一年发明专利申请数量
	创新效率	$RDEF$	运用 Frontier 4.1 效率分析软件测度
解释变量	风险投资机构的政府背景	$Back$	财政引导基金为 1，社会风险投资为 0
	财政引导基金的政治层级	$Level$	虚拟变量，中央层级财政引导基金为 1，地方层级为 0
	产权性质	$Owner$	虚拟变量，国有被投资企业为 1，其他类型为 0
调节变量	地方政府负债率	$Debt$	地方显性债务总额/GDP
	财政引导基金的国有控股	$Major$	风险投资股权中政府背景超过 50% 的为 1，否则为 0
控制变量	企业规模	$Size$	期末总资产取对数
	财务杠杆	Lev	期末总负债/期末总资产×100%

(续表)

变量类型	变量名称	变量符号	变量定义
控制变量	营业收入	Income	企业年收入取对数
	企业绩效	ROA	净利润/报告期末总资产×100%
	公司成长性	Growth	主营业务收入增长率
	股权集中度	Conc	上市当年前十大股东的持股比例
	自由现金流	Cash	企业自由现金流＝息前税后利润＋折旧与摊销－营运资本增加－资本支出
	企业年龄	Age	企业成立到IPO的年数
	CEO二元性	Dual	董事长和总经理由一人兼任时为1,反之为0
	市场化程度	Market	参考王小鲁、樊纲《中国分省份市场化指数报告(2016)》中的各地市场化指数
	年份	Year	年份控制变量
	行业	Industry	行业控制变量

9.2.3 模型构建

针对H1,财政引导基金与企业创新效率正相关的假设,本章借鉴余琰等人[265]、蒋蕴春[272]的研究,在控制行业效应和时间效应等基础上,建立模型(9-4),使用OLS方法进行全样本检验:

$$RDEF_i = \alpha_0 + \alpha_1 Back_i + \alpha_2 Major_i + \alpha_3 Size_i + \alpha_4 Lev_i + \alpha_5 Income_i + \alpha_6 ROA_i + \alpha_7 Dual_i + \alpha_8 Growth_i + \alpha_9 Conc_i + \alpha_{10} Cash_i + \alpha_{11} Market_i + \alpha_{12} Year_i + \alpha_{13} Industry_i + \alpha_{14} Age_i + \varepsilon_i \quad (9-4)$$

式中,i表示被投资企业,被解释变量$RDEF_i$表示i企业的创新效率,可通过随机前沿模型计算得出;$Back$表示风险投资机构是否为财政引导基金,1为是,0为否;$Major$表示财政引导基金的国有资本股权占比,政府控股的风险投资为1,否则为0;Age表示i企业从成立到上市的年龄;$Year$表示年份固定效应;$Industry$表示行业固定效应;其他控制变量的定义见表9-4;$\alpha_0 \sim \alpha_{14}$为相关系数,$\varepsilon_i$为随机扰动项。H1主要关注$\alpha_1$的取值及显著性。

为检验H2财政引导基金对企业创新效率影响的异质性,即产权性质会影响财政引导基金与企业创新效率之间关系的敏感性,相比于国有企业,财政引导基金对非国有企业创新效率的促进作用更显著。本章参照刘刚等人[273]的研究,采用分组检验法,将所有的样本企业按产权性质分为国有和非国有两组,建立模型(9-5),对两个子样本分别进行回归分析,检验财政引导基金对国有组和非国有组的创新效率的影响:

$$RDEF_i = \lambda_0 + \lambda_1 Back_i + \lambda_2 Major_i + \lambda_3 Size_i + \lambda_4 Lev_i + \lambda_5 Income_i + \\ \lambda_6 ROA_i + \lambda_7 Dual_i + \lambda_8 Growth_i + \lambda_9 Conc_i + \lambda_{10} Cash_i + \\ \lambda_{11} Market_i + \lambda_{12} Year_i + \lambda_{13} Industry_i + \lambda_{14} Age_i + \varepsilon_i \quad (9-5)$$

模型(9-5)为对被投资企业按照产权性质的分样本回归,其中,λ_0 至 λ_{14} 为相关系数,ε_i 为随机扰动项,其他变量的含义参见模型(9-4)。H2 分别对子样本进行回归,主要关注两组样本回归的系数和显著性差异。

H3 认为财政引导基金的政治层级越高,对被投资企业创新效率的促进作用越明显。H3 将财政引导基金内部按政治层级进一步分类,是对 H1 中 Back 值为 1 的样本企业的深入研究。建立模型(9-6)检验财政引导基金的政治层级对被投资企业创新效率的影响:

$$RDEF_i = \varphi_0 + \varphi_1 Level_i + \varphi_2 Major_i + \varphi_3 Size_i + \varphi_4 Lev_i + \varphi_5 Income_i + \\ \varphi_6 ROA_i + \varphi_7 Dual_i + \varphi_8 Growth_i + \varphi_9 Conc_i + \varphi_{10} Market_i + \\ \varphi_{11} Cash_i + \varphi_{12} Year_i + \varphi_{13} Industry_i + \varphi_{14} Age_i + \varepsilon_i \quad (9-6)$$

式中,Level 为哑变量,表示财政引导基金的政治层级,中央层级为 1,地方层级为 0;φ_0 至 φ_{14} 为回归系数,ε_i 为随机扰动项;其他变量的解释参见模型(9-4)。模型(9-6)主要关注 φ_1 的系数及其显著性,若 φ_1 为正,则表明政治层级与企业创新效率正相关。

H4 是对 H3 的进一步研究,考虑了地方政府债务水平对财政引导基金的行为影响,并可能进一步影响财政引导基金政治层级与企业创新效率之间的关系。建立模型(9-7)检验地方政府债务水平对两者关系的调节效应:

$$RDEF_i = \delta_0 + \delta_1 Level_i + \delta_2 Level_i * Debt_i + \delta_3 Debt_i + \delta_4 Major_i + \\ \delta_{ij} ControlVariables_{ij} + \varepsilon_i \quad (9-7)$$

式中,i 表示 i 企业,j 表示第 j 个控制变量,控制变量 $ControlVariables_{ij}$ 的内容及含义同模型(9-6)。模型(9-7)主要关注交乘项 $Level_i * Debt_i$ 的系数及显著性,若 δ_2 为正且显著,则说明地方债水平正向调节风险投资政治层级与企业创新效率之间的关系;若 δ_2 为负且显著,则说明地方债水平对风险投资的政治层级与企业创新效率之间的关系有负向的调节作用。

9.3 实证检验

本章基于前文的理论基础和研究设计,围绕财政引导基金、政治层级以及产权性质和地方债水平对企业创新效率的差异性影响,展开实证分析。具体包括样本的描述性统计、变量的相关性检验、SFA 的创新效率测度、OLS 回归等统计分析方法。在 H1~H4 的实证结果分析后,本章拟从投后管理的角度展开进一步研究,探究风险投资控制权对企业创新效率影响的门槛效应。

9.3.1 描述性统计

表 9-5 是全部风险投资样本的描述性统计,展示了财政引导基金对企业创新的影响。结果显示,社会风险投资支持的被投资企业的创新效率均值为 0.615 1,财政引导基金支持的被投资企业的创新效率为 0.651 4,初步表明财政引导基金对企业创新有显著的促进作用,并且在 5% 的水平下显著。此外,表格还显示出财政引导基金样本与社会风险投资样本在盈利能力、资产收益率、股权集中度以及企业现金流方面分别在 1%、5%、5% 的水平下有显著的差异性。受社会风险投资支持的企业的股权集中度更高,并且盈利能力和现金流优于受财政引导基金支持的企业。

表 9-5 财政引导基金与社会风险投资:描述性统计

Back	stats	RDEF	Size	Lev	Income	ROA	Growth	Conc	Cash	Age	Dual	Market
					社会风险投资支持的企业样本							
0	mean	0.615 1	20.763	0.224	20.096	0.101	−0.032	0.726	0.362	12.870	0.228	8.812 1
	sd	0.174 0	1.479	0.148	0.848	0.044	0.492	0.064	1.037	4.550	0.420	1.569 9
	min	0.121 7	0.157	0.013	18.138	0.007	−0.972	0.449	−9.472	4	0	1.02
	max	0.920 6	24.097	0.965	23.976	0.313	1.470	0.917	3.591	33	1	9.97
	N	486	486	486	486	486	486	486	486	486	486	486
					财政引导基金支持的企业样本							
1	mean	0.651 4	20.726	0.233	20.112	0.091	−0.061	0.712	0.146	13.219	0.188	8.874 2
	sd	0.156 8	1.587	0.132	0.745	0.035	0.485	0.077	1.700	4.647	0.391	1.166 5
	min	0.122 1	0.181	0.031	18.192	0.008	−0.936	0.435	−15.696	5	0	4.80
	max	0.874 9	22.762	0.779	22.517	0.285	1.490	0.901	4.734	31	1	9.97
	N	192	192	192	192	192	192	192	192	192	192	192

（续表）

Back	stats	RDEF	Size	Lev	Income	ROA	Growth	Conc	Cash	Age	Dual	Market
					整体样本							
Total	mean	0.625 4	20.753	0.227	20.101	0.098	−0.040	0.722	0.301	12.969	0.217	8.829 7
	sd	0.170 0	1.509	0.144	0.820	0.042	0.490	0.068	1.263	4.577	0.412	1.466 4
	min	0.121 7	0.157	0.013	18.138	0.007	−0.972	0.435	−15.696	4	0	1.02
	max	0.920 6	24.097	0.965	23.976	0.313	1.490	0.917	4.734	33	1	9.97
	MD	−0.036**	0.037	−0.01	−0.016	0.010***	0.029	0.014**	0.216**	−0.35	0.041	−0.062
	N	678	678	678	678	678	678	678	678	678	678	678

注：MD 表示子样本 mean difference 的 t 检验，***、**、*分别表示在 1%、5% 和 10% 的水平下显著。

表 9-6 将全部风险投资样本按照被投资企业的产权性质进行划分，结果初步显示相较于国有性质被投资企业，非国有性质被投资企业的创新效率更高，但差异并不具有显著性，后文需要进一步通过模型实证检验财政引导基金对两者的具体影响。国有性质的被投资企业与非国有性质的被投资企业在盈利能力、股权集中度、企业年龄以及 CEO 二元性方面有显著差异。就盈利水平而言，非国有企业的盈利能力显著高于国有企业，并且在 10% 的水平下显著。企业年龄的描述性统计结果显示，国有企业从成立到上市的年龄约为 15 年，显著高于非国有企业的 13 年，并在 5% 的水平下显著，这说明相较于非国有性质的被投资企业，国有性质被投资企业的发展往往更加稳健，公司战略倾向于逐步发展成熟稳定后再进入资本市场。在公司治理层面，非国有企业的股权集中度为 72.4%，比国有企业更集中，并在 1% 的水平下显著；22.6% 非国有企业的董事长和总经理由一人兼任，高于国有企业 CEO 二元性的比例，并在 5% 的水平下显著。

表 9-6 国有性质被投资企业与非国有性质被投资企业：描述性统计

Owner	stats	RDEF	Size	Lev	Income	ROA	Growth	Conc	Cash	Age	Dual	Market
					非国有性质被投资企业样本							
0	mean	0.627 6	20.744	0.226	20.096	0.099	−0.035	0.724	0.300	12.871	0.226	8.849
	sd	0.169 3	1.541	0.144	0.813	0.041	0.492	0.067	1.247	4.476	0.419	1.462
	min	0.121 7	0.157	0.013	18.138	0.007	−0.972	0.449	−15.696	4.000	0.000	1.020
	max	0.920 6	24.097	0.965	23.976	0.313	1.490	0.917	4.734	31.000	1.000	9.970
					国有性质被投资企业样本							

(续表)

Owner	stats	RDEF	Size	Lev	Income	ROA	Growth	Conc	Cash	Age	Dual	Market
1	mean	0.582 4	20.915	0.250	20.185	0.086	−0.136	0.683	0.329	14.879	0.030	8.451
	sd	0.179 8	0.612	0.143	0.957	0.045	0.446	0.078	1.569	5.999	0.174	1.527
	min	0.122 1	20.145	0.015	18.192	0.027	−0.902	0.435	−4.288	7.000	0.000	4.540
	max	0.857 8	22.731	0.648	22.517	0.279	0.573	0.819	2.873	33.000	1.000	9.970
整体样本												
Total	mean	0.625 4	20.753	0.227	20.101	0.098	−0.040	0.722	0.301	12.969	0.217	8.830
	sd	0.170 0	1.509	0.144	0.820	0.042	0.490	0.068	1.263	4.577	0.412	1.466
	min	0.121 7	0.157	0.013	18.138	0.007	−0.972	0.435	−15.696	4.000	0.000	1.020
	max	0.920 6	24.097	0.965	23.976	0.313	1.490	0.917	4.734	33.000	1.000	9.970
	MD	0.045 0	−0.171	−0.025	−0.089 0	0.012*	0.101	0.041***	−0.029 0	−2.007**	0.196***	0.398
	N	678	678	678	678	678	678	678	678	678	678	678

注：MD 表示子样本 mean difference 的 t 检验，***、**、*分别表示在 1%、5%、10%的水平下显著，下同。

表 9-7 是全部财政引导基金样本的描述性统计，区分了风险投资的政治层级。结果显示，相较于地方层级财政引导基金，中央层级财政引导基金对企业创新有明显的促进作用，并在 1%的水平下显著，这也初步证明了本章的 H3，财政引导基金的政治层级越高，对企业创新效率的促进作用越显著。第四列 Major 变量的描述性统计结果表明，从政府对风险投资机构的持股比例和控制权来看，在 192 只财政引导基金样本中，有 102 只是政府控股的财政引导基金，有 90 只是政府参股的财政引导基金，政府控股引导基金占比 53.1%，中央和地方层级风险投资对以参股或控股的方式参与风险投资的行为倾向无明显差异。描述性统计初步显示，相比于地方层级财政引导基金支持的企业，受到中央层级财政引导基金支持的企业规模更大、负债率更低、从成立到上市的年限更长。

表 9-7　不同政治层级的财政引导基金：描述性统计

level	stats	RDEF	Major	Size	Lev	Income	ROA	Growth	Conc	Cash	Age	Dual	Market
地方层级财政引导基金样本													
0	mean	0.625 5	0.537	20.640	0.240	20.142	0.091	−0.057	0.713	0.149	12.824	0.176	8.916
	sd	0.174 7	0.501	2.066	0.124	0.781	0.033	0.487	0.078	1.412	4.167	0.383	1.103
	min	0.168 1	0	0.181	0.031	18.192	0.027	−0.923	0.457	−4.288	5	0	6.14
	max	0.874 7	1	22.551	0.693	22.517	0.208	1.490	0.901	4.734	24	1	9.97
	N	108	108	108	108	108	108	108	108	108	108	108	108

(续表)

level	stats	RDEF	Major	Size	Lev	Income	ROA	Growth	Conc	Cash	Age	Dual	Market
						中央层级财政引导基金样本							
1	mean	0.684 7	0.524	20.837	0.225	20.073	0.091	−0.066	0.711	0.143	13.726	0.202	8.820
	sd	0.123 4	0.502	0.520	0.143	0.698	0.037	0.485	0.076	2.019	5.182	0.404	1.249
	min	0.176 2	0	20.002	0.032	18.889	0.008	−0.936	0.435	−15.70	5	0	4.80
	max	0.874 9	1	22.762	0.779	22.150	0.285	1.333	0.851	3.549	31	1	9.97
	N	84	84	84	84	84	84	84	84	84	84	84	84
						财政引导基金全部样本							
Total	mean	0.651 7	0.531	20.726	0.233	20.112	0.091	−0.061	0.712	0.146	13.219	0.188	8.874
	sd	0.156 8	0.500	1.587	0.132	0.745	0.035	0.485	0.077	1.70	4.647	0.391	1.166
	min	0.168 1	0	0.181	0.031	18.192	0.008	−0.936	0.435	−15.70	5	0	4.80
	max	0.874 9	1	22.762	0.779	22.517	0.285	1.490	0.901	4.734	31	1	9.97
	MD	−0.059***	0.013	−0.197	0.015	0.069	0.00	0.009	0.002	0.006	−0.90	−0.026	0.096
	N	192	192	192	192	192	192	192	192	192	192	192	192

9.3.2 相关性检验

为了确保自变量之间不存在多重共线性,本章采用 Pearson 分析方法检验变量之间的相关系数。由于本章不同假设涉及的样本量不同,因此对全部样本和财政引导基金样本分别进行相关性检验,表9-8和9-9的相关系数矩阵分别展示了不同变量间的相关系数和显著性水平。

表9-8显示,风险投资的背景(Back)与企业创新效率(RDEF)的相关系数为0.097,在5%的水平下显著正相关,说明财政引导基金能够促进企业创新,与H1的预测结果基本一致。资产负债率指标(Lev)、盈利能力指标(ROA)、现金流状况指标(Cash)以及企业年龄(Age)与不同变量之间存在不同水平的显著相关,但相关系数最大值为0.458,均未超过0.5,且方差膨胀因子 VIF 均小于5,说明变量间不存在严重的多重共线性。

表9-9展示了财政引导基金样本中变量之间的相关性,财政引导基金的政治层级(Level)与被投资企业创新效率(RDEF)在1%的水平下显著正相关,相关系数为0.187,这说明政治层级越高,被投资企业的创新效率越高,为本章假设提供了进一步的证据。自变量之间的相关性均小于0.5,相关程度较低,基本排除了多重共线性影响。

表 9-8 全部风险投资样本的 Pearson 相关性系数矩阵

	RDEF	Back	Owner	Size	Lev	Income	ROA	Growth	Conc	Cash	Age	Dual	Market
RDEF	1.00												
Back	0.097**	1.00											
Owner	−0.06	0.132***	1.00										
Size	0.03	−0.01	0.02	1.00									
Lev	0.078**	0.03	0.04	0.177***	1.00								
Income	−0.05	0.01	0.02	0.298***	0.458***	1.00							
ROA	−0.04	−0.106***	−0.064*	−0.03	−0.444***	−0.04	1.00						
Growth	−0.02	−0.03	−0.04	0.04	−0.066*	0.067*	0.208***	1.00					
Conc	−0.086**	−0.092**	−0.131***	0.01	−0.099***	0.080**	0.207***	0.05	1.00				
Cash	0.03	−0.078**	0.01	−0.01	−0.122***	0.01	0.261***	0.05	0.137***	1.00			
Age	−0.05	0.04	0.080**	0.00	0.114***	0.078**	−0.064*	−0.193***	−0.082**	0.05	1.00		
Dual	0.02	−0.04	−0.102***	−0.04	0.01	0.00	0.099***	−0.213***	0.02	0.05	0.070*	1.00	
Market	0.03	0.01	−0.065*	−0.03	−0.02	0.02	0.05	−0.06	0.03	0.04	0.02	0.106***	1.00

注：***、**、*分别表示在1%、5%和10%的水平下显著。

第九章 财政引导基金及其层级联合风险投资对企业创新效率的影响的实证检验

表 9-9 财政引导基金样本的 Pearson 相关性系数矩阵

	RDEF	Level	Major	Mana	Size	Lev	Income	ROA	Growth	Conc	Cash	Age	Dual	Market
RDEF	1.00													
Level	0.187***	1.00												
Major	−0.180**	−0.01	1.00											
Mana	0.05	−0.12	0.137*	1.00										
Size	0.186***	0.06	−0.06	−0.03	1.00									
Lev	0.11	−0.06	0.05	−0.07	0.171**	1.00								
Income	−0.06	−0.05	0.07	−0.145**	0.196***	0.491***	1.00							
ROA	0.04	−0.01	−0.10	−0.130*	−0.12	−0.366***	−0.06	1.00						
Growth	−0.122*	−0.01	0.128*	0.05	−0.02	−0.00	0.08	0.08	1.00					
Conc	−0.08	−0.01	−0.129*	−0.11	−0.01	0.00	0.01	0.10	0.06	1.00				
Cash	0.09	0.06	0.04	−0.181**	−0.01	0.01	−0.01	0.208***	−0.04	0.06	1.00			
Age	−0.05	0.09	−0.01	−0.149**	−0.01	0.11	0.07	0.00	−0.129*	−0.07	0.09	1.00		
Dual	0.161**	0.03	0.02	−0.245***	−0.155**	0.05	0.05	0.07	−0.154**	−0.03	0.11	0.12	1.00	
Market	−0.02	−0.04	−0.177**	−0.07	−0.02	0.09	0.129*	0.167**	0.07	0.224***	0.00	0.10	0.136*	1.00

注：***、**、*分别表示在1%、5%和10%的水平下显著。

9.3.3 随机前沿分析

变差率 γ 是判断是否适合使用 SFA 模型的关键参数,表示无效影响因素对个体效率差异的解释程度,当其接近于 1 时,说明其主要受技术无效率的影响,随机误差对其影响较小,见表 9-10。本章的 γ 值为 0.84,LR 值为 51.34,服从混合卡方分布并通过显著性检验,说明运用 SFA 模型是合理的,企业创新效率的测度结果如表 9-11 所示。

表 9-10 随机前沿模型参数估计结果

item	coefficient	standard-error	t-ratio
β_0	0.39**	0.15	2.57
β_1	0.47***	0.05	8.84
β_2	0.13**	0.05	2.37
sigma-squared	0.57***	0.05	12.13
γ	0.84***	0.03	26.11
log likelihood function＝−495.920 74			
LR test of the one−sided error＝51.341 772			

表 9-11 样本企业创新效率计算结果

Variable	Observations	Mean	Std. Dev.	Min	Max
RDEF	678	0.625	0.170	0.122	0.921

9.3.4 实证结果

(一) 假设 H1 的实证检验

为了检验财政引导基金对企业创新是否有影响,本章利用 stata15.0 软件对模型(9-4)进行多元线性回归分析,通过 robust 检验降低混合截面数据异方差的影响,控制时间和行业虚拟变量后的实证结果如表 9-12 所示。财政引导基金对企业创新效率的影响在 1% 的水平下显著为正,相关系数为 0.067。结果表明,财政引导基金的参与对创新的促进作用显著高于社会风险投资,该结论支持 H1 成立,即财政引导基金与被投资企业创新效率正相关。这也证明,财政引导基金具有一定的"信号作用"和"认证作用",能够帮助企业获得更多资源,有效促进企业创新效率的提升。

本章在考虑风险投资的背景特征时,还关注了政府背景的持股比例,结果显示政府以控股的形式参与风险投资与企业创新在1%的水平下显著负相关,相关系数为-0.058。这表明从总体来看,虽然相较于社会风险投资,财政引导基金能够促进企业创新,但是当政府占据风险投资的主导地位时,会凸显出国有产权性质的缺点和问题,抑制创新效率。可能的解释有:第一,基于委托代理的角度,政府控股引导基金公司治理的灵活性较低会导致资源冗余,对专业管理人员的激励不足易导致人才流失,相较于非政府控股企业,政府控股引导基金机构面临的委托代理和逆向选择问题可能更加严重。第二,基于效用函数的角度,政府控股的风险投资及其管理人员需要面临政治考核,承担更多的社会责任,保障就业和促进发展等宏观政策性目标的压力可能会降低政府控股引导基金的效用函数,市场化水平不足可能会导致专业能力较低,从而降低被投资企业的创新效率。

表9-12还展示了其他控制变量的回归结果,被投资企业的创新效率与企业规模、资产负债率、ROA、成长性、现金流水平、CEO二元性、市场化水平正相关,与企业营业收入、股权集中度、企业年龄显著负相关。其中,被投资企业负债水平与创新效率在1%的水平下显著正相关,在我国以债务融资为主导的融资渠道中,债务融资能够显著缓解企业融资约束,弥补营运资本短缺,让企业有更多的资金投入创新活动,也让管理层有更强的动机通过提高创新效率而增强企业市场竞争力[274]。企业营业收入在1%的水平下与创新效率负相关,在10%的水平下与现金流正相关,说明企业从初创期、成长期进入成熟期后,收入增加可能会降低企业创新意愿,但充裕的现金流使企业有更强的意愿将富余资金投入创新活动。股权集中度与创新效率在5%的水平下显著负相关,相关系数为-0.197,这可能是因为股权越集中,大股东的侵占效应越明显,导致创新效率降低。

表9-12 财政引导基金对企业创新效率影响的实证结果

VARIABLES	模型(9-4)	
	RDEF	t值
Back	0.067***	3.964
Major	-0.058***	-2.686

(续表)

VARIABLES	模型(9-4)	
	RDEF	t 值
$Size$	0.005	0.815
Lev	0.197***	3.204
$Income$	−0.028***	−2.758
ROA	0.120	0.544
$Growth$	0.001	0.042
$Conc$	−0.197**	−2.017
$Cash$	0.009*	1.885
Age	−0.002	−1.567
$Dual$	0.010	0.572
$Market$	0.002	0.400
$Constant$	1.173***	5.480
$Year$	Control	Control
$Industry$	Control	Control
$Observations$	678	678
$R\text{-}squared$	0.141	0.141

注：***、**、*分别表示在1%、5%和10%的水平下显著，若未有特殊说明，下同。

(二) 假设H2的实证检验

上文模型(9-4)证明了财政引导基金能够积极促进被投资企业创新效率的提升，本章进一步将具有风险投资背景的被投资企业分为国有企业和非国有企业，运用模型(9-5)进一步检验财政引导基金对不同产权性质被投资企业的差异性影响。为了分析在不同产权性质下，财政引导基金对企业创新效率的异质性影响，本章将678个全部样本按照产权性质分组，采用分组检验法检验产权性质对二者敏感性关系的影响。

实证结果如表9-13所示，在非国有被投资企业样本中，财政引导基金(Back)与被投资企业创新效率(RDEF)的相关系数为0.074，并且在1%的水平下通过显著性检验，在国有被投资企业样本中，财政引导基金(Back)与被投资企业创新效率（RDEF）的相关系数为 0.041，但是其回归系数并未通过显著性检验。在非国有企业子样本中，企业创新效率分别在 1%、5% 的水平下与资产负债率、现金流状况正相关；在 1% 的水平下与政府持股风险投资负相关，相关系数为 −0.073，分别在 1%、5% 的水平下与企业营业收入、股权集中度负相关。结果表明，产权性质会影响财政引导基金与企业创新效率之间关系的敏感性，由于被投资企业产权性质不同，财政引导基金对非国有企业创新效率的促进作用大于国有企业，H2 成立。相对于国有企业，财政引导基金对非国有企业的激励效应和补弱效应更强，该回归结果与王兰芳、胡悦[275]的研究结果一致。

表 9-13 财政引导基金对不同产权性质企业创新效率影响的实证结果

VARIABLES	非国有企业样本	国有企业样本
	RDEF	RDEF
Back	0.074***	0.041
	(4.607)	(0.219)
Major	−0.073***	0.211
	(−3.445)	(1.210)
Size	0.005	−0.236
	(0.835)	(−1.091)
Lev	0.194***	−0.016
	(3.074)	(−0.023)
Income	−0.028***	0.233*
	(−2.850)	(1.900)
ROA	0.045	1.923
	(0.203)	(0.797)
Growth	−0.002	−0.116
	(−0.089)	(−0.502)
Conc	−0.211**	0.481
	(−2.058)	(0.556)

(续表)

VARIABLES	非国有企业样本	国有企业样本
	RDEF	*RDEF*
Cash	0.010**	0.005
	(2.060)	(0.160)
Age	−0.002	0.005
	(−1.388)	(0.282)
Dual	0.010	−0.055
	(0.575)	(−0.206)
Market	0.002	−0.068
	(0.378)	(−1.377)
Constant	1.213***	0.736
	(5.556)	(0.276)
Year	Control	Control
Industry	Control	Control
R-squared	0.151	0.535

注：***、**、*分别表示在1%、5%和10%的水平下显著,若未有特殊说明,下同。

(三) 假设 H3 的实证检验

本章将财政引导基金样本按照政治层级进一步细分为中央层级和地方层级,代入模型(9-6)进行检验,探究不同政治层级的财政引导基金对企业创新效率的影响。本章所有实证检验的年份固定效应和行业固定效应均已控制,实证结果如表5-10所示,相较于地方层级财政引导基金,中央层级财政引导基金对企业创新效率的促进作用更强,相关系数为0.053,并在5%的水平下显著,假设H3成立,说明财政引导基金的政治层级与被投资企业创新效率正相关。

中央级财政引导基金对企业创新效率的促进作用大于地方级财政引导基金,这可能是因为不同政治层级的政府风投,在投资目标、资源禀赋等方面存在差异,其对企业创新的影响也有所不同,中央层级财政引导基金的政治关联优势明显,政治资源更加丰富,促进创新的动机更加纯粹。实证结果表明对财政引导基金进行进一步的分级研究具有实践意义。

变量 Major 表示财政引导基金的国有持股情况,相关系数为-0.053,且在 5%的水平下显著为负,说明相较于政府控股的风险投资,政府参股的风险投资能够更好地促进企业创新。相较于政府主导控制的风险投资机构,政府放弃主导话语权,以参股的形式参与风险投资机构,能够充分利用政府和社会资本的优势,避免国有资本的目标多样和效率低下问题,实现社会效益和经济效益的有效结合。一方面,可以利用财政引导基金的政治关联带来的资源优势,利用政府的监督和引导有效规范市场行为,扶持中小企业发展,积极推动具有正外部性的创新活动;另一方面,社会资本具有更强的激励机制,价值创造导向更明确,管理人员的专业性更强,非政府资本主导的风险投资会更充分地参与市场竞争,可以增强政府参股引导基金的专业性和竞争力,有利于提高企业创新效率。表 9-14 还展示了其他变量的显著性水平,其中企业规模、资产负债率在 1%的水平下与创新效率正相关,CEO 二元性在 5%的水平下与创新效率正相关,盈利能力(ROA)的回归系数在 10%的水平下显著为正,营业收入的回归系数在 10%的水平下显著为负。

表 9-14 财政引导基金的层级对企业创新效率影响的实证结果

VARIABLES	模型(9-6)	
	RDEF	t 值
Level	0.053**	2.299
Major	-0.053**	-2.284
Size	0.018***	6.260
Lev	0.328***	2.775
Income	-0.037*	-1.939
ROA	0.728*	1.898
Growth	-0.043	-1.277
Conc	-0.048	-0.330
Cash	0.001	0.276
Age	-0.003	-1.138
Dual	0.062**	2.175
Market	-0.009	-0.817

(续表)

VARIABLES	模型(9-6)	
	RDEF	t 值
Constant	1.034**	2.601
Year	Control	Control
Industry	Control	Control
Observations	192	192
R-squared	0.332	0.332

(四) 假设 H4 的实证检验

根据 Aiken 和 West[276]的研究,为使回归方程的系数更具解释意义,本章对变量进行中心化并计算出调节作用项。针对 H4,本章引入地方政府债务水平作为调节变量,将其代入模型(9-7),实证结果如表 9-15 所示,Level 的相关系数为 0.054,且在 5%的水平下显著,Debt 的相关系数为−0.032,且在 5%的水平下显著,交互项 Level*Debt 的相关系数为 0.032,显著性水平为 10%,模型的 R^2 为 35.2%,拟合度较好,假设 H4 成立。这说明地方政府债务水平对财政引导基金政治层级与企业创新效率之间的关系存在正向调节效应。

实证结果表明,地方政府债务水平会扭曲政府的资源和要素配置,异化财政引导基金的目标,降低企业创新效率。因为中央政府和地方政府对地方债承担的责任与义务不同,偿债压力也有所差异,所以地方债水平会影响风险投资政治层级与创新效率的关系。地方债水平越高,中央层级政府对地方债实行不救助原则,受地方债的影响较小,但地方层级政府的偿债压力较大,其会更关注短期经济收益,促进创新的意愿会相应较低,此时不同层级风险投资的行为差异较大,更加凸显出中央层级财政引导基金对创新的促进作用,财政引导基金的政治层级与企业创新效率之间的相关性越强。反之,地方债水平越低,风险投资政治层级与被投资企业创新效率的相关性越弱。即在地方债水平较高的地区,相较于地方层级的财政引导基金,中央层级财政引导基金对企业创新的促进作用明显较强;在地方债水平较低的地区,中央层级财政引导基金和地方层级财政引导基金对企业创新的影响差异较小。这体现了地方政府债务水平对于财政引导基金而言,起到抑制企业创新的作用。

表 9-15 地方债水平对风险投资政治层级与创新效率相关性影响的实证结果

VARIABLES	模型(9-7)	
	RDEF	t 值
Level	0.054**	2.336
Debt	−0.032**	−2.182
Level*Debt	0.032*	1.747
Major	−0.057**	−2.572
Size	0.018***	6.712
Lev	0.324***	2.744
Income	−0.042**	−2.223
ROA	0.727*	1.904
Growth	−0.042	−1.278
Conc	−0.047	−0.320
Cash	0.002	0.411
Age	−0.002	−0.682
Dual	0.066**	2.331
Market	0.002	0.161
Constant	1.027**	2.508
Year	Control	Control
Industry	Control	Control
Observations	192	192
R-squared	0.352	0.352

9.3.5 进一步研究：投后管理视角

(一) 投后管理中控制权的门槛效应

前文主要通过理论和实证分析了风险投资的背景特征与被投资企业创新效率之间的关系。风险投资机构除缓解企业融资约束，为其提供资金来源外，还可在投后管理阶段为被投资企业提供非资本增值服务,如参与企业管理决策和提供战略建议等。风险投资机构在管理经验和行业资源方面有无可比拟的优势,可以帮助企业建立与价值网各方的联系,促进合作并提高管理水平。本节基于投后管理的视角,从财政引导基金机构参与被投资企业管理角度开展进一步研究,探究风险投资对被投资企业不同的控制权程度对创新效率的影响。

风险投资控制权与企业创新效率的关系,已有学者发表了不同观点。部分学者认为,风险投资机构对被投资企业的控制权越强,促进被投资企业盈利的意愿越强,在高利益预期的驱动下,为了使企业获得自主创新的核心竞争力和可持续的盈利能力,风险投资往往会积极影响企业研发投入决策,进而推动企业技术创新。成果和陶小马认为,财政引导基金机构派驻专业董事参与被投资企业的管理决策,有利于对被投资企业的管理层进行监督和约束,降低代理成本,进而促进企业创新[101]。然而,也有学者认为如果政府对企业的控制权过强,企业的各方利益将难以取得共识,如政府背景管理人员可能基于政治考量,为了促进就业而做出导致企业人员冗余的次优决策,过于多样的决策目标会抑制企业创新。Brander和James以近3万家被投资企业的数据为基础,实证发现财政引导基金参与程度与创业企业经营绩效呈倒"U"形关系,财政引导基金应适度干预被投资企业的管理[277]。此外,从公司治理的角度来说,企业创新效率的提升,并非通过简单的资源堆砌就可以实现,需要有效的治理机制对企业拥有的互补性资源进行充分整合,控制权和现金流权的分离导致的代理问题即是公司治理的核心问题。陈金勇等人提出,两权分离会对企业创新产生明显的侵占效应,两权分离度上升会扭曲创新效率;当两权分离度高到一定程度时,两者间呈现负相关关系[278]。

两权分离度越高,控制权与现金流量权的分离越大,意味着代理问题越严重。初创期企业的两权分离度较低,管理团队往往聚焦于市场,缺乏管理经验,研发效率低,此时借助风险投资机构专业化的管理和服务,利用其资源和优势助推研发成果转化,有利于提高企业创新效率。然而,随着企业成熟和两权分离度的上升,利益相关者的目标会发生激烈冲突,多样化的企业目标导致公司战略难聚焦于经营业务本身。大股东的侵占行为会降低公司治理效率,无法有效整合创新资源,创新效率降低。此时财政引导基金的控制权过高并不能促进企业创新,政府过度干预反而会导致对创新的边际扶持效用由递增转化为递减,加重信息不对称和代理成本,降低决策效率和创新效率。

基于以上分析,选择控制权比例作为衡量参与被投资企业管理程度的标准,提出进一步研究假设 H5:

H5:财政引导基金控制权对企业创新效率的提升存在一定的门槛效应,当两权分离度较低时,财政引导基金参与企业管理,有利于企业创新效率的提升;当两权分离度高于门槛值时,政府参与管理反而会对企业创新产生抑制作用。

在变量选择方面,引入解释变量派驻高管比例(Mana)衡量财政引导基金对被投资企业的控制权,Mana 计算方式为财政引导基金派驻高管人数占被投资企业高管总人数的比例。选取两权分离度(Sep)作为公司治理角度的门槛变量,计算方式为实际控制人拥有上市公司控制权比例与所有权比例之差。

针对 H5,当两权分离度较低时,财政引导基金参与企业管理对企业创新起促进作用;当两权分离度高出一定范围时,财政引导基金参与程度与企业创新效率负相关。根据 Hansen 提出的门槛模型,其基本形式如下:

$$y_i = \begin{cases} \theta'_1 x_i + e_i, & q_i \leqslant \gamma, \\ \theta'_2 x_i + e_i, & q_i > \gamma \end{cases} \quad (9\text{-}8)$$

该模型本质上是一个分段函数,体现了门槛变量 q_i 在取不同值时,模型不同的回归参数,γ 表示未知的门槛值。基于此,建立模型(9-9),以检验在不同的两权分离度下,财政引导基金控制权程度对企业创新的不同影响:

$$RDEF_i = \theta_0 + \theta_1 Mana_i(Sep \leqslant \gamma) + \theta_2 Mana_i(Sep > \gamma) + \\ \theta_{ij} ControlVariables_{ij} + \varepsilon_i \quad (9\text{-}9)$$

式中,Sep 为两权分离度,表示为门槛变量;γ 为门槛值;$Mana_i$ 表示风险投资机构参与被投资企业管理的程度;θ_1 和 θ_2 分别为门槛变量 $Sep_i \leqslant \gamma$ 和 $Sep_i > \gamma$ 时风险投资机构控制权对因变量 $RDEF_i$ 的影响系数;$ControlVariables$ 代表控制变量;随机误差项 ε_i 服从独立同分布。

(二) 门槛效应检验

为了避免人为划分区间导致的误差,本章采用 Hansen 门槛模型,选择被投资企业的两权分离度作为门槛变量进行门槛效应分析,探讨财政引导基金控制权对企业创新效率的影响。首先,依次在零门槛、单门槛、双门槛设定下进行门槛效应检验,分别对门槛变量进行 500 次抽样,可以得到 LM 检验值、Bootstrap 方法计算的显著性。门槛效应分析中,单门槛通过了 1% 的显著性检验,双门槛和三重门槛皆没有通过检验,表明只存在单一门槛效应,单门槛检验的估计值及置信区间如表 9-16 所示。

表 9-16　门槛效应检验及置信区间

门槛变量	单门槛效应检验		双门槛效应检验		门槛值	
	F 值	P 值	F 值	P 值	估计值	置信区间
Sep	31.496	0.006	16.004	0.556	0.076 804	(0.056 429,0.080 881)

表 9-17 展示了门槛效应的检验结果,在两权分离度高于或低于门槛值 (0.076 804) 的区间,财政引导基金控制权对企业创新效率的影响存在差异。具体来说,当两权分离度小于门槛值,即 $Sep \leqslant 0.076\ 804$ 时,财政引导基金控制权与企业创新效率在 1% 的水平下显著正相关,回归系数为 0.795;当两权分离度超过门槛值,即 $Sep > 0.076\ 804$ 时,财政引导基金控制权与企业创新效率在 5% 的水平下显著性负相关,相关系数为 −0.898。检验结果与 H5 的预期一致,H5 成立,即当两权分离度较低时,财政引导基金参与被投资企业管理对企业创新起促进作用;当两权分离度高于门槛值时,财政引导基金过多参与被投资企业的管理会抑制企业创新效率。

表 9-17　门槛效应模型估计结果

VARIABLES	RDEF	RDEF
	$Sep \leqslant 0.076\ 804$	$Sep > 0.076\ 804$
$Mana$	0.795***	−0.898**
	(4.962)	(−2.504)
$Size$	0.021***	0.037
	(7.298)	(0.451)
Lev	0.248**	0.303
	(2.093)	(1.411)
$Income$	−0.036**	−0.069
	(−2.038)	(−1.374)

(续表)

VARIABLES	RDEF $Sep \leqslant 0.076\,804$	RDEF $Sep > 0.076\,804$
ROA	0.444	0.532
	(1.282)	(0.476)
Growth	−0.038	0.056
	(−0.951)	(0.376)
Owner	−0.033	0.369***
	(−0.718)	(3.838)
Conc	−0.010	−0.532
	(−0.064)	(−0.874)
Cash	0.002	−0.125***
	(0.428)	(−3.436)
Age	0.001	−0.014
	(0.225)	(−1.589)
Dual	0.059*	0.123*
	(1.958)	(1.853)
Market	0.004	−0.042
	(0.436)	(−1.613)
Constant	0.721*	2.038
	(1.783)	(1.496)
Year	Control	Control
Industry	Control	Control
R-squared	0.335	0.930

这可以解释为,当两权分离度较低时,财政引导基金通过派驻董监高等方式,积极参与企业管理,可以有效利用财政引导基金自身的资源和优势,通过专业化的管理和服务有效促进企业创新效率的提升;但是当两权分离度超过一定的门槛值时,不同利益相关者的目标冲突及高额的代理成本会抵消财政引导基

金的资源补弱作用,此时企业目标的多样化及大股东的侵占效应都会导致企业决策低效,对企业创新效率的提升起抑制作用。

9.3.6 稳健性检验

本章主要研究了财政引导基金与企业创新效率之间的关系,为了确保研究结果的稳健性,本节主要进行稳健性检验,检验结果如表 9-18 至 9-21 所示。

(一) 数据缩尾处理

离群值可能会对实证结果产生不利影响,为了有效控制极端值的影响,本章借鉴刘焕鹏和童乃文[279]的研究,通过 Winsorize 方法分别在 5%、95%分位数上对连续变量进行双侧缩尾处理,即将变量中小于 5%的数值替换为 5%分位的数值,将大于 95%分位的数值替换为 95%分位的数值,再次进行回归处理。

采用数据缩尾处理的稳健性检验结果如表 9-18 所示,表 9-18 中整体样本和非国有样本 Back 与 RDEF 的相关系数均在 1%的水平下为正,相关系数分别为 0.066 和 0.070,与 H1 和 H2 预期相符。模型 9-6 中 Level 的相关系数为 0.054,在 5%的水平下显著为正,与 H3 预期相符,模型 9-7 中 Level*Debt 的相关系数为 0.031,且在 10%的水平下显著为正,Level 和 Debt 均在 5%的水平下显著,与假设 H4 相符。

表 9-18 稳健性检验:缩尾处理

VARIABLES	模型(9-4)	模型(9-5)		模型(9-6)	模型(9-7)
	RDEF	非国有企业	国有企业	RDEF	RDEF
Back	0.066***	0.070***	0.033		
	(4.232)	(4.558)	(0.230)		
Level				0.054**	0.053**
				(2.509)	(2.310)
Debt					−0.031**
					(−2.136)
Level*Debt					0.031*
					(1.681)

(续表)

VARIABLES	模型(9-4) RDEF	模型(9-5) 非国有企业	模型(9-5) 国有企业	模型(9-6) RDEF	模型(9-7) RDEF
$Major$	−0.057***	−0.068***	0.189	−0.054**	−0.058***
	(−2.843)	(−3.396)	(1.347)	(−2.554)	(−2.635)
$Size$	0.005	0.005	−0.195	0.016***	0.019***
	(0.893)	(0.901)	(−1.235)	(5.413)	(6.696)
Lev	0.204***	0.206***	−0.673	0.379***	0.329***
	(3.314)	(3.270)	(−0.992)	(2.937)	(2.740)
$Income$	−0.027***	−0.028***	0.251*	−0.038**	−0.042**
	(−2.936)	(−3.028)	(2.224)	(−2.174)	(−2.227)
ROA	0.057	−0.009	0.977	0.673**	0.733*
	(0.279)	(−0.042)	(0.506)	(2.017)	(1.924)
$Growth$	0.010	0.008	−0.052	−0.042	−0.040
	(0.469)	(0.331)	(−0.283)	(−1.169)	(−1.210)
$Conc$	−0.177*	−0.191**	0.335	−0.048	−0.048
	(−1.944)	(−1.991)	(0.549)	(−0.340)	(−0.327)
$Cash$	0.011	0.013	0.031	0.005	0.002
	(1.481)	(1.641)	(0.546)	(0.502)	(0.221)
Age	−0.003*	−0.002	−0.002	−0.003	−0.002
	(−1.680)	(−1.489)	(−0.122)	(−1.317)	(−0.843)
$Dual$	0.009	0.009	−0.051	0.058**	0.065**
	(0.549)	(0.571)	(−0.209)	(2.172)	(2.315)
$Market$	0.001	0.002	−0.060	−0.007	0.002
	(0.290)	(0.315)	(−1.193)	(−0.733)	(0.141)
$Constant$	1.158***	1.199***	−0.142	1.079***	1.024**
	(5.852)	(5.938)	(−0.078)	(2.973)	(2.517)

(续表)

VARIABLES	模型(9-4)	模型(9-5)		模型(9-6)	模型(9-7)
	RDEF	非国有企业	国有企业	RDEF	RDEF
Year	Control	Control	Control	Control	Control
Industry	Control	Control	Control	Control	Control
R-squared	0.141	0.153	0.579	0.330	0.354

(二) 更换估计方法

本章在实证部分采用异方差稳健标准误进行估计,为了进一步检验结果的稳健性,解决可能存在的内生性和异方差问题,参考谭小芬等人[280]、余琰等人[265]的稳健性检验方法,在公司层面上聚类,采用聚类稳健标准误进行重新检验,该方法主要适用于异方差且观测值存在组内相关性的问题。

更换估计方法的稳健性检验如表 9-19 所示,其展示了对 H1～H4 进行 Cluster 估计的结果,其中模型(9-4)～(9-7)的主要解释变量系数均显著,假设 H1～H4 得到验证。结果表明,采用聚类标准误的估计方法后,本章的假设仍然成立。

表 9-19 稳健性检验:聚类标准误

VARIABLES	模型(9-4)	模型(9-5)		模型(9-6)	模型(9-7)
	RDEF	非国有企业	国有企业	RDEF	RDEF
Back	0.067***	0.074***	0.041		
	(3.964)	(4.607)	(0.219)		
Level				0.053**	0.054**
				(2.299)	(2.336)
Debt					−0.032**
					(−2.182)
Level*Debt					0.032*
					(1.747)
Major	−0.058***	−0.073***	0.211	−0.053**	−0.057**
	(−2.686)	(−3.445)	(1.210)	(−2.284)	(−2.572)

(续表)

VARIABLES	模型(9-4)	模型(9-5)		模型(9-6)	模型(9-7)
	RDEF	非国有企业	国有企业	RDEF	RDEF
Size	0.005	0.005	−0.236	0.018***	0.018***
	(0.815)	(0.835)	(−1.091)	(6.260)	(6.712)
Lev	0.197***	0.194***	−0.016	0.328***	0.324***
	(3.204)	(3.074)	(−0.023)	(2.775)	(2.744)
Income	−0.028***	−0.028***	0.233*	−0.037*	−0.042**
	(−2.758)	(−2.850)	(1.900)	(−1.939)	(−2.223)
ROA	0.120	0.045	1.923	0.728*	0.727*
	(0.544)	(0.203)	(0.797)	(1.898)	(1.904)
Growth	0.001	−0.002	−0.116	−0.043	−0.042
	(0.042)	(−0.089)	(−0.502)	(−1.277)	(−1.278)
Conc	−0.197**	−0.211**	0.481	−0.048	−0.047
	(−2.017)	(−2.058)	(0.556)	(−0.330)	(−0.320)
Cash	0.009*	0.010**	0.005	0.001	0.002
	(1.885)	(2.060)	(0.160)	(0.276)	(0.411)
Age	−0.002	−0.002	0.005	−0.003	−0.002
	(−1.567)	(−1.388)	(0.282)	(−1.138)	(−0.682)
Dual	0.010	0.010	−0.055	0.062**	0.066**
	(0.572)	(0.575)	(−0.206)	(2.175)	(2.331)
Market	0.002	0.002	−0.068	−0.009	0.002
	(0.400)	(0.378)	(−1.377)	(−0.817)	(0.161)
Constant	1.173***	1.213***	0.736	1.034**	1.027**
	(5.480)	(5.556)	(0.276)	(2.601)	(2.508)

(续表)

VARIABLES	模型(9-4)	模型(9-5)		模型(9-6)	模型(9-7)
	RDEF	非国有企业	国有企业	RDEF	RDEF
Year	Control	Control	Control	Control	Control
Industry	Control	Control	Control	Control	Control
R-squared	0.141	0.151	0.535	0.332	0.352

(三) 替换解释变量

在投后管理视角,本章借鉴杨文君等人[281]的研究,通过替换核心解释变量检验门槛效应的稳健性,将财政引导基金机构派驻在被投资企业的董监高人数,作为衡量财政引导基金对被投资企业控制权的替代变量,稳健性检验的相关结果如表 9-20 和表 9-21 所示。

表 9-20 展示了门槛效应检验及置信区间,结果显示在替换解释变量后,双门槛和三重门槛没有通过检验,单门槛效应通过了 1% 水平的显著性检验,F 值为 26.912,P 值为 0.05,门槛值为 0.080 377。

表 9-20 稳健性检验:门槛效应检验

门槛变量	单门槛效应检验		双门槛效应检验		门槛值	
	F 值	P 值	F 值	P 值	估计值	置信区间
Sep	26.912	0.05	18.169	0.3	0.080 377	(0.076 804, 0.080 881)

表 9-21 结果表明,用派驻的董监高人数代替高管比例后,在不同的两权分离度情况下,财政引导基金对被投资企业的控制权与创新效率之间仍然存在显著的门槛效应。当两权分离度小于门槛值 0.080 377 时,财政引导基金控制权与被投资企业创新效率的相关系数为 0.033,在 1% 的水平下显著正相关。当两权分离度大于 0.080 377 时,财政引导基金控制权与被投资企业创新效率的相关系数为 −0.059,在 10% 的水平下显著负相关,此时财政引导基金参与企业管理会抑制企业创新。

可以看出,财政引导基金参与管理程度与创新效率之间存在非线性关系。当两权分离度较低时,财政引导基金积极参与被投资企业管理能够显著促进企业创新;当两权分离度升高时,财政引导基金参与被投资企业管理将对被投资企业创新产生负面影响。总体而言,解释变量及控制变量的系数符号和显著性与前文的实证结果基本一致,符合设想,说明本章的门槛模型具有较好的稳健性。

表 9-21 稳健性检验:替换解释变量

VARIABLES	RDEF $Sep \leqslant 0.080\,377$	RDEF $Sep > 0.080\,377$
$Mana$	0.033***	−0.059*
	(2.943)	(−1.995)
$Size$	0.022***	0.012
	(7.326)	(0.121)
Lev	0.227*	0.348
	(1.847)	(1.288)
$Income$	−0.034*	−0.041
	(−1.868)	(−0.679)
ROA	0.445	0.273
	(1.284)	(0.225)
$Growth$	−0.037	0.026
	(−0.899)	(0.136)
$Owner$	−0.039	0.405***
	(−0.789)	(3.576)
$Conc$	0.043	−0.636
	(0.259)	(−0.857)
$Cash$	0.003	−0.125***
	(0.497)	(−3.170)
Age	−0.001	−0.016
	(−0.367)	(−1.482)
$Dual$	0.059*	0.171*
	(1.913)	(2.135)

(续表)

VARIABLES	RDEF $Sep \leqslant 0.080\ 377$	RDEF $Sep > 0.080\ 377$
Market	0.005	−0.048
	(0.453)	(−1.757)
Constant	0.681	2.182
	(1.610)	(1.357)
Year	Control	Control
Industry	Control	Control
R-squared	0.265	0.927

综上所述,本节通过数据缩尾处理、更换估计方法、替换解释变量三种方法来验证结论的稳健性,检验结果与前文实证模型基本相同,仅回归系数大小和显著性水平有细微差别,研究结论一致。这说明本章的研究结果具有稳健性,进一步支持了本章的结论。

9.4 研究结论

基于前文研究,根据实证结果,得出主要的研究结论如下:

(1) 财政引导基金促进企业创新,有财政引导基金支持的被投资企业表现出更好的创新绩效。风险投资的高技术导向性和正外部性容易诱发市场失灵问题,财政引导基金具有社会公共产品的属性,通过向有发展潜力的高质量企业提供资金和政策帮助,实现了其促进创新的政策初衷。这证明了财政引导基金具有"认证"作用和"信号"作用,政府背景的光环效应可以显著缓解创业企业的融资约束和研发投入不足情况,财政引导基金拥有的政治关联、对多方利益的协调和长期成长性也有利于促进企业研发效率的提升。这说明政府参与风险投资是必要的,但值得注意的是,政府参股引导基金的形式优于政府控股引导基金,政府在参与风险投资的过程中需要把握好对风险投资机构的控制权,减少绝对控股,避免过度介入,应该以引导为主,积极引入民间资本,完善股权结构，发挥二者的联合优势。

（2）在不同的产权性质下，财政引导基金对被投资企业创新效率的影响存在异质性，相较于国有企业，财政引导基金对非国有企业创新效率的促进作用更显著。这主要由两方面原因导致：一是国有企业比非国有企业承担更多的社会责任和政治使命，受到创新的正外部性的鼓励本身就愿意主动创新；二是国有企业拥有天然的政治关联和政治资源，而财政引导基金所带来的政治资源是其促进创新的主要机制，所以其促进创新的边际效益小于非国有企业。

（3）财政引导基金的政治层级越高，推动企业创新的积极作用越明显，中央层级财政引导基金对企业创新的促进作用大于地方层级财政引导基金。在我国经济转轨过程中，政府拥有巨大的企业干预能力。财政引导基金的政治层级越高，其政策优势、资源优势、信息优势越明显，促进企业创新的动机越强烈，对企业创新的培育效果越突出。

（4）地方政府债务水平，对财政引导基金层级与企业创新效率之间存在正向的调节效应。我国区域经济发展不平衡，不同地方政府债务的财政状况存在差异，高额的政府债务水平可能会扭曲市场要素配置，异化政府目标，不利于促进企业创新。在中央不救助地方债的原则下，中央政府受到地方债的影响相对较小，但地方政府往往会有较大的偿债压力，对地方层级财政引导基金的目标和行为产生较大的扭曲。在地方债水平越高的地区，高政治层级财政引导基金对企业创新的促进作用越强于低政治层级的财政引导基金，地方政府债务水平会正向调节风险投资政治层级与企业创新效率的关系。

（5）财政引导基金对被投资企业的控制权与被投资企业创新效率的关系存在门槛效应。财政引导基金能够为被投资企业提供增值服务，当两权分离度低于门槛值时，参与管理可以有效促进企业创新；当两权分离度高于门槛值时，会产生大股东的侵占效应，多样化的决策目标和严重的代理问题会导致决策效率低下，参与管理的边际效益递减，此时控制权比例过高会抑制企业创新。

第十章

财政引导基金联合风险投资对创业质量的影响

——基于 PLS 模型对长三角地区成功创业者的实证调研

基于文献检索,Bygrave 认为联合风险投资的主要动因是财务动机与资源动机[282];Lockett 和 Wright 发现,创业者选择风险投资的动因包括财务动机、交易流动机、资源动机[55];而 Hopp 和 Rieder 则运用德国的数据研究发现,风险投资机构联合投资主要受资源动机驱动[283]。孟卫东等人发现,财政创业引导基金对私人资本的补偿起到了有效的激励作用,降低了创业风险[120]。本章基于文献支持与专家小组意见法确立了非财务资源、交易流机会、财务支持三个维度考察财政引导基金联合风险投资对创业质量的影响,并以此作为外生潜变量,选择曾经获得财政引导基金的长三角地区成功创业者进行问卷调查,通过构建偏最小二乘法模型(PLS)对财政引导基金联合风险投资对创业质量的影响因素进行实证检验。

本章主要贡献在于:(1)视角创新,确立了非财务资源、交易流机会、财务支持三个维度考察财政引导基金联合风险投资对创业质量的影响,基于问卷调查确定了相关因素测度指标;(2)构建 PLS 分析模型,考察了三个维度的重要性水平;(3)对非财务资源、交易流机会、财务支持的相互作用进行了进一步分析。

10.1 理论分析与假设的提出

10.1.1 财务支持

无论是文献检索,还是基于笔者对长三角地区成功创业者的考察都显示,创业项目实施联合投资是降低创业风险,提升创业质量的必然选择。本章基于

Lockett 和 Wright 的研究获得启发,确立了非财务资源激励、交易流机会、财务支持三个维度考察财政引导基金联合风险投资对创业质量的影响。基于财务支持的视角,通过财政引导基金联合风险投资形成的投资组合能否提升创业质量,笔者的考察主要是基于创业者维度。通过在长三角地区展开的调查发现,创业者形成的共识是:其一,高质量的创业项目往往意味着高投入;其二,高质量的创业是一个长周期的步履维艰的历程;其三,联合投资者的信心对高质量的创业弥足珍贵。

一些研究显示,面临判断为可能的好机会创业项目,具有社会资本性质的风险投资机构会考虑到降低风险,并且可能是高质量的创业项目往往意味着更高的股权资本的投入,因此风险投资机构会采取联合多个风险投资进行资本分摊式的投资,通过协同管理控制财务风险,实现高风险高回报的预期效应[284]。笔者进一步的调查发现,在对创业项目投资信心方面,长三角地区的风险投资也不同程度地存在信息和信心不足的问题,Pierrakis 和 Saridakis 认为,只有更深入地了解属地的创新机构,才能与属地的创业者以及创新主体有更多的联系与沟通[285]。因此,本章认为,对于创业者和风险投资机构而言,财政引导基金占被投资公司资金规模这一指标,不仅有利于考察规避创业项目财务风险,还在一定程度上具有信心传递效应,对提升创业质量起到积极的作用。

基于财务动机视角的分析显示,风险资本联合投资能够通过构建多样化投资组合达到规避财务的风险目的[286]。实际上,创业项目财务风险随着时间的累计其不确定性边际减少,即较大的风险项目是初始风险投资决策;由于财政引导基金比较多地出现在第一轮投资中,可能引导更多的社会风险投资参与到创业项目之中。进一步地,基于资源观视角考察,高质量创业是一个需要高质量投入的过程,不仅是引导基金的投入,而且是风险投资机构智力资本的投入。一些文献显示,创业项目风险投资主体的增加形成的异质性,这一联合投资体实现了更多信息资源与管理资源的共享[287]。本章也因此判断,这一互补性联合提升了管理效率,夯实了财务支持的维度。

相比于开放的资本市场,风险投资市场的流动性相对较差,投资周期比较长,变现能力较差,投资组合调整也难以实现,制约了风险投资的投资热情[288]。考虑到风险投资通过联合投资有利于增加股权的流动性,提高变现能力[55]。黄嵩等人的研究显示,联合风险投资中,作为领投方的财政引导基金显著地产生的背书效果,促进了社会风险资本的投入[108]。因此,在笔者看来,具有长周期特征的财政引导基金的参与,提升了社会风险投资机构的参与度,并能够提高风险资本与创业者共同可接受的投资项目的风险水平,对提升创业项目的质量具有积极的作用。

基于此,提出如下假设:

假设1:财政引导基金联合风险投资的财务支持对创业质量的影响有正向关系。

10.1.2　交易流机会

互联网时代,创业质量的提升是基于资源优势发现机会实现价值的过程。因此,高质量创业的前提是高质量信息的获得与共享,提升管理水平,使投资的预期得以实现。Sorenson和Stuar发现,如果风险投资基于地理与文化的同质性选择投资与创业伙伴,则会减少更多的投资机会,难以获得稳定且高质量的商业价值[12]。

在笔者看来,财政引导基金联合风险投资形成的投资体促进了交易流机会集。这是因为:(1)社会风险投资对创业企业可能带来的投资机会,不同背景不同人力资本特征的风险联合投资体拓展了创业项目区域与行业范围,增加其他区域的投资机会,可以通过有效的商业网络实现更多的商业机会;(2)政府背景的创业引导基金对创业企业可能带来的投资机会,政府背景一方面有利于实现创业项目的跨行业与跨区域壁垒发展,且政府关联形成的背书提升了创业项目知名度,形成资金的集聚效应,有利于形成良性参与投资循环;另一方面,由于政策的敏感性,政府背景的创业引导基金关于财政税收金融优惠政策的理解与解读会更深刻,因此,也有利于实现高质量创业[289]。据此,提出如下假设:

假设2:财政引导基金联合风险投资的交易流动机对创业质量的影响有正向关系。

10.1.3　非财务资源

财务资源与非财务资源是造就创业质量的主要驱动因素。非财务资源可以理解为无形资源,包括声誉、无形资产、对潜在市场信息与经济政策的理解、特有的技能与知识等。基于风险投资视角,Bygrave指出,风险投资熟悉外部金融环境,有利于降低融资成本,有利于发挥"生产资源蓄水池"作用[282]。初创企业由于是刚刚起步,其创业风险主要表现为外部环境的不确定性、内部业务流程的不熟悉。因此,在早期创业阶段,大多数创业者的心态是通过抱团取暖来克服诸多不确定性。通过财政引导基金联合风险投资形成投资组合。

其一,财政引导基金是否能够产生积极的作用。财政引导基金弥补创业时期资金缺口,尤其是形成对社会资本的积极引导。Lerner 通过对受到美国政府背景风险投资计划——SBIC 项目资助的企业进行跟踪研究,发现受到 SBIC 资助的企业更容易吸引非政府背景风险投资,实现更高的销售增长并创造更多的就业机会[290]。吴志贞以主板 IPO 企业为样本,从上市审核通过率和上市后业绩表现两个角度展开研究,发现政府背景能够提高企业上市成功率,并且在市场化程度越低的地区,促进作用越显著[291]。本章将能够形成对社会资本的积极引导界定为财政引导基金的锚定作用,这一非财务资源能够提升创业质量。

其二,创业者与风险投资如果将所有资金投资初创或研发项目,需要承担更大的风险。姚婷发现,具有政府背景的风险投资形成的投资复合体,能够有效地发挥资源优势,分摊经营风险和财务风险,实证显示政府参股的混合风险投资的企业效率显著较高[16]。Alperovych 等人分别以欧盟、比利时企业为样本,研究发现相较于政府背景风险投资,受到非政府背景风险投资基金资助的被投资企业表现出更好的经营绩效[17]。本章认为,具有天使投资特征的财政引导基金产生的集聚效应对促进创业质量的提升将有积极的作用。

其三,无论是创业者在投资项目前的决定,还是后期的研发以及持续的投入决策,财政引导基金联合风险投资都具有独特的并能够形成对创业者互补需求的专有资源。具体包括:获得更多的高质量创业项目的评估信息、构建有效的联盟关系降低交易成本等。由于能够有效甄别投资目的,因此,联合投资能够改进投资项目的质量。

其四,通过财政引导基金联合风险投资形成的投资组合能够提高创业投资项目的声誉。研究显示,积累了良好声誉的风险资本,由于其已有的成功经历与风险管理历史,因此,能够有效获得更多潜在投资者的青睐[292]。在我国,政府背景作为一种资源发挥了重要的作用。据此,本章提出如下假设：

假设 3：通过财政引导基金联合风险投资形成的非财务资源对提升创业质量有正向影响。

假设 4：通过财政引导基金联合风险投资形成的非财务资源对创业项目财务支持有正向影响。

假设 5：通过财政引导基金联合风险投资形成的非财务资源对创业项目交易流机会有正向影响。

10.2 研究设计

10.2.1 相关变量的确定

基于文献检索，以"财政引导基金""非财务资源激励""财务支持"和"交易流机会"等关键词为参考依据[53,283,288,293]，将联合风险投资的内部动因划分为三个层次：财务支持、非财务资源激励、交易流机会，其中三个维度的动机并不是相互独立的。

由于财政引导基金联合风险投资对创业质量的影响有多个维度，各维度之间具有不可测性且并不相互独立，因此选择偏最小二乘法（PLS）结构方程模型。这是因为 PLS 模型对规避不确定性和小样本偏差更有效，能较好地刻画变量间的相关性[294]。

结合专家调查法，在实证调查之前，通过征求意见，删减、合并变量，经过 4 轮询证，最终确定了 11 项显变量。指标体系如表 10-1 所示。

本章结合已有文献，初步构建了一套用来衡量非财务资源激励、资源动机、交易流机会、财政引导基金联合风险投资对创业质量影响的指标体系；基于专家调查法，通过征求意见并经过 4 轮询证，对初步选定的指标进行实证筛选和验证，最终确定了 11 项显变量，具体过程如图 10-1 所示。

构建的指标体系如表 10-1 所示，非财务资源激励共包含财政引导基金的锚定作用、具有天使投资特征的财政引导基金产生的集聚作用、行业与区域壁垒、财政税收金融优惠政策的理解、声誉激励 5 个指标；财务支持共包含财政引导基金占被投资公司资金比例、财政引导基金与创业者共同可接受的投资项目

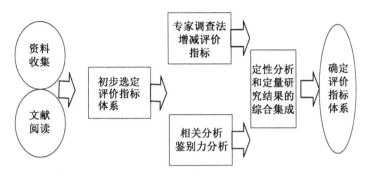

图 10-1 财政引导基金联合风险投资对创业质量的影响测量指标体系的确定过程

的风险水平、财政引导基金能够引导的社会风险投资所占的比例、财政引导基金与风险资本投资的长期性 4 个指标;交易流机会主要包含财政引导基金对创业企业可能带来的投资机会、社会风险投资对创业企业可能带来的投资机会两个指标;财政引导基金联合风险投资对创业质量的影响包含降低了创业风险、提高了创业成功率两个指标。

表 10-1 财政引导基金联合风险投资对创业质量的影响测量指标体系

指标分类	潜变量	测量变量
外生变量	非财务资源激励 ξ_1	财政引导基金的锚定作用 Q1
		具有天使投资特征的财政引导基金产生的集聚作用 Q2
		行业与区域壁垒 Q3
		财政税收金融优惠政策的理解 Q4
		声誉激励 Q5
	财务支持 ξ_2	财政引导基金占被投资公司资金比例 Q6
		财政引导基金与创业者共同可接受的投资项目的风险水平 Q7
		财政引导基金能够引导的社会风险投资所占的比例 Q8
		财政引导基金与风险资本投资的长期性 Q9
	交易流机会 ξ_3	财政引导基金对创业企业可能带来的投资机会 Q10
		社会风险投资对创业企业可能带来的投资机会 Q11

(续表)

指标分类	潜变量	测量变量
内源变量	财政引导基金联合风险投资对创业质量的影响 η	降低了创业风险 Q12 提高了创业成功率 Q13

10.2.2 数据来源

为了解当前财政引导基金联合风险投资对创业质量的影响的主要动因及现状,如上文所述,本章将结合 PLS 与问卷调查的方式来进行实证分析。其中,PLS 的结构方程模型设计如图 10-2 所示。在此基础上,笔者对有财政引导基金联合风险投资的长三角地区成功的创业企业进行问卷调查。调查问卷的核心内容是对非财务资源激励、财务支持和交易流机会 3 个部分的 11 项内容的重要程度进行打分,10 代表最高,1 代表最低。另外,另设两个问题是对财政引导基金联合风险投资对创业质量影响进行打分,其中 0~10% 打分为 1,以此类推 90%~100% 打分为 10。本次问卷发放时间自 2019 年 3 月至 2020 年 6 月,此次共发放了 200 份调查问卷,其中收回 153 份,去掉数据不全的样卷,有效问卷为 122 份。

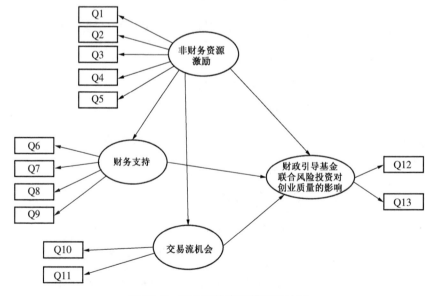

图 10-2　PLS 结构方程模型设计图

10.3 实证分析测量模型分析

10.3.1 信度与效度分析

交叉因子载荷系数能反映观测变量对潜变量的解释程度。由表10-2可知,非财务资源激励、财务支持、交易流机会、财政引导基金联合风险投资对创业质量的影响的各个观测变量的交叉因子载荷系数均较大,说明测量模型能很好地对各潜变量做出解释。就非财务资源激励而言,财政引导基金的锚定作用(Q1)的交叉因子载荷系数最大,说明其解释力度最强,其次是具有天使投资特征的财政引导基金产生的集聚作用(Q2)、行业与区域壁垒(Q3)、财政税收金融优惠政策的理解(Q4)、声誉激励(Q5);就财务支持而言,财政引导基金占被投资公司资金比例(Q6)的交叉因子载荷系数达到了0.883,说明其对财务支持指标的影响最大,其次是财政引导基金与创业者共同可接受的投资项目的风险水平(Q7)、财政引导基金能够引导的社会风险投资所占的比例(Q8)、财政引导基金与风险资本投资的长期性(Q9);就交易流机会而言,财政引导基金对创业企业可能带来的投资机会(Q10)的影响最大,其交叉因子载荷系数达到了0.949,其次是社会风险投资对创业企业可能带来的投资机会(Q11);就财政引导基金联合风险投资对创业质量的影响而言,降低了创业风险(Q12)的影响要比提高了创业成功率(Q13)大。

PLS结构方程模型检验首先是进行信度与效度分析。对于内部一致性信度分析而言,克隆巴赫系数(Cronbach's Alpha)大于0.6就可以接受,而大于0.7则表明信度较好。表10-2展示了模型信度与效度检验指标及其结果,其中克隆巴赫系数和组合信度(Composite Reliability)两个指标是用来检验信度的。从表中可以看出,非财务资源激励、财务支持、交易流机会、财政引导基金联合风险投资对创业质量影响的克隆巴赫系数分别为0.934、0.858、0.887、0.825,组合信度分别为0.950、0.904、0.947、0.919。由此可知,各潜变量的克隆巴赫系数和组合信度均大于0.7,说明此次问卷分析信度较高。

对于效度而言,本章选择平均方差提取率AVE作为效度分析的指标,该指标反映的是潜变量因测量误差从显变量处获得解释时的方差总量,一般而言

AVE 的取值大于 0.5，表明观测变量 50% 以上的信息得到利用。如表 10-2 所示，非财务资源激励、财务支持、交易流机会、财政引导基金联合风险投资对创业质量的影响的 AVE 分别为 0.792、0.702、0.898、0.851。由此可见，潜变量交易流机会的 AVE 值最高，其次分别是财政引导基金联合风险投资对创业质量的影响、非财务资源激励、财务支持，且各潜变量的 AVE 值均大于 0.5，说明该模型的效度较高，潜变量对各自显变量的反映效果很好。

表 10-2 测试模型的信度与效度检验

潜变量	观测变量	交叉因子载荷系数	Cronbach's 系数	组合信度	AVE
非财务资源激励	Q1	0.911	0.934	0.950	0.792
	Q2	0.902			
	Q3	0.899			
	Q4	0.876			
	Q5	0.860			
财务支持	Q6	0.883	0.858	0.904	0.702
	Q7	0.879			
	Q8	0.800			
	Q9	0.785			
交易流机会	Q10	0.949	0.887	0.947	0.898
	Q11	0.947			
财政引导基金联合风险投资对创业质量的影响	Q12	0.929	0.825	0.919	0.851
	Q13	0.915			

10.3.2 结构模型分析

为了验证上述假设，笔者进一步得出各变量间的路径系数来检验假设的真实性。图 10-3 是模型的测量效果图，图 10-3 是潜变量之间的标准化路径系数。在因果关系中，如果路径系数过小，表明显变量对潜变量的表征能力不足或主要成分作用不明显,但据表 10-3 可知,各假设的路径系数均较大,说明在该模型中,显变量能很好地代表潜变量。如图 10-3 和表 10-3 所示,财务支持→财政引导基金联合风险投资对创业质量影响的路径系数为 0.316,且检验结果支持该路径,说明具有长周期特征的财政引导基金的参与,提升了社会风险投资机构的参与度,并能够提高风险资本与创业者共同可接受的投资项目的风险水平,对提升创业项目的质量有积极的作用,即假设 1 成立;交易流机会→财政引导基金联合风险投资对创业质量的影响的路径系数为 0.255,且检验结果支持该路径,说明财政引导基金联合风险投资的交易流动机对创业质量的影响有正向影响,即假设 2 成立;非财务资源激励→财政引导基金联合风险投资对创业质量的影响的路径系数为 0.384,且检验结果支持该路径,说明通过财政引导基金联合风险投资形成的非财务资源对提升创业质量有正向影响,即假设 3 得到了验证。财务支持→财政引导基金联合风险投资对创业质量的影响的路径系数和交易流机会→财政引导基金联合风险投资对创业质量的影响的路径系数均小于非财务资源激励→财政引导基金联合风险投资对创业质量的影响的路径系数,说明在非财务资源激励、财务支持、交易流机会三者中,非财务资源激励对财政引导基金联合风险投资对创业质量的影响最大。

观察图 10-3 和表 10-3 还可知,非财务资源激励→财务支持的路径系数为 0.903,且通过了检验,说明通过财政引导基金联合风险投资形成的非财务资源对创业项目财务支持有正向影响,即假设 4 成立;非财务资源激励→交易流机会的路径系数为 0.943,且通过了检验,说明通过财政引导基金联合风险投资形成的非财务资源对创业项目交易流机会有正向影响,即假设 5 成立。由此可知,非财务资源激励→交易流机会的路径系数和非财务资源激励→财务支持的路径系数均大于 0.9,说明非财务资源激励对交易流机会和财务支持的影响均较大,且对交易流机会的影响更大。

R^2 的大小能说明其他潜变量对其所代表的内生潜变量的解释程度,即该模型的预测能力。如图 10-3 所示,财务支持、交易流机会、财政引导基金联合风险投资对创业质量的影响的 R^2 分别为 0.814、0.888、0.857。因此,非财务资源激励能够很好地预测财务支持、交易流机会两个指标,且非财务资源激励、财务支持、交易流机会三者能很好地解释财政引导基金联合风险投资对创业质量的影响,这进一步证实了模型的有效性。

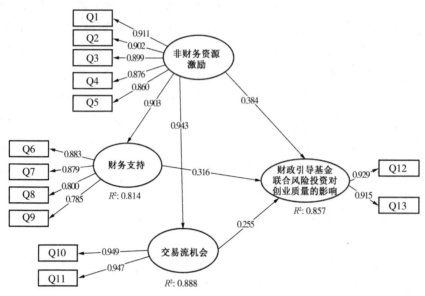

图 10-3　PLS 模型估计结果

表 10-3　模型的路径系数假设验证表

	路径系数	检验结果
非财务资源激励→财政引导基金联合风险投资对创业质量的影响	0.384	是
财务支持→财政引导基金联合风险投资对创业质量的影响	0.316	是
交易流机会→财政引导基金联合风险投资对创业质量的影响	0.255	是
非财务资源激励→财务支持	0.903	是
非财务资源激励→交易流机会	0.943	是

10.4　实证结果及启示

10.4.1　实证结果

本章基于 PLS 模型结合专家调查法设计了一份调查问卷。从而进行实证分析,通过回收、统计、分析调查问卷得出如下结论:就总体而言,非财务资源激励、财务支持以及交易流机会与财政引导基金联合风险投资对创业质量的影响呈显著正相关,它们的作用排序依次为非财务资源激励(0.384)、财务支持(0.316)以及交易流机会(0.255),且非财务资源激励对财政引导基金联合风险投资对创业质量的影响最大,其次是财务支持、交易流机会。就各指标间的关系而言,非财务资源激励对财务支持的影响系数是 0.903,对交易流机会的影响是 0.943,说明通过财政引导基金联合风险投资形成的非财务资源会对创业项目财务支持和交易流机会产生积极的影响,且对交易流机会的影响更大。

本章基于文献支持与专家小组意见法确立了非财务资源激励、交易流机会、财务支持三个维度,考察财政引导基金联合风险投资对创业质量的影响,并以此作为外生潜变量,选择曾经获得财政引导基金的长三角地区成功创业者进行问卷调查,通过构建偏最小二乘法模型(PLS)对财政引导基金联合风险投资对创业质量的影响因素进行实证检验。结果表明:按重要性水平的高低,财政引导基金联合风险投资影响创业质量依次为非财务资源激励、交易流机会、财务支持。进一步考察发现,非财务资源激励对交易流机会和财务支持有显著影响。由此推断:(1)非财务资源激励、交易流机会、财务支持三个维度对提升创业质量都有积极的影响,非财务资源激励对交易流机会、财务支持也产生了积极的影响;(2)财政引导基金的引领作用产生的声誉激励作用促进了风险投资社会资本的集聚,降低了创业失败的风险;(3)财政引导基金更多地起到了锚定效应,由此对促进社会风险资本跟投与增加创业者信心起到了积极的作用,并因此能够提升创业质量。

10.4.2 结论与启示

(1)从非财务资源激励、交易流机会、财务支持三个维度考察财政引导基金联合风险投资对创业质量的影响,三个维度之间不是相互独立或排斥的,非财务资源激励对财务支持、交易流机会有正向影响,并且能够共同影响创业质量。

(2)基于降低创业风险与提高创业成功率维度考察创业质量水平,本章肯定了具有天使特征的财政引导基金产生的集聚与锚定作用,不仅如此,发挥财政引导基金作用,还包括:其一,创业者期待财政引导基金参与者能够促进创业企业打破跨行业与区域壁垒;其二,基于对财政税收金融优惠政策的理解优化创业者的决策;其三,引导基金的背书具有声誉激励效应,促进并集聚更多的风险投资参与,形成合力降低创业风险、提高创业成功率。

(3) 财政引导基金较多地是发挥资金引领作用,本章进行的调查显示,创业质量的驱动因素还要求:其一,对财政引导基金的期待包括非财务资源激励能够对财务支持有促进作用;其二,财务支持能够促进高质量的创业取决于财政引导基金占被投资公司资金比例、财政引导基金与创业者共同可接受的投资项目的风险水平、财政引导基金能够引导的社会风险投资所占的比例、财政引导基金与风险资本投资的长期性。

第十一章

财政引导基金协同风险投资提升创业质量对策
——基于江苏的实地研究

改革开放以来,江苏经济取得了令人瞩目的成就,增长速度与增长质量都位居全国前列。笔者之所以选择江苏展开财政引导基金协同风险投资提升创业质量对策的实地调查研究,其原因在于:(1)江苏经济发展地域差距明显,从而使研究更有借鉴和参考价值。苏南、苏中、苏北存在经济发展梯次特征,民间有所谓的"苏大强"之称。选择江苏实地调研,对其他省市的财政引导基金管理具有一定的参考价值。(2)结合政策评价,为财政引导基金发展路径提供借鉴。江苏是较早提出财政引导基金管理引领政策的地区之一,密集出台了若干相关风险投资与财政引导基金管理政策。尤其是2015年9月25日获得江苏省政府批复的《江苏省政府投资基金管理办法》,提出了"政府引导、市场运作、规范管理、滚动发展"的引导基金管理理念。本章进行的实证考察也因此可以推断为是对以往政策效应的初步判断。(3)结合调查分析,为针对性地提出江苏高质量创业配套管理政策具有积极意义。江苏财政创业引导基金发展较早,陆续出台了包括"科技创新40条"等相关政策。江苏省及各地市政府设立的引导投资基金超过200只,因此形成了不同的财政引导基金发展模式。

本章基于GPEST(地理、政策、经济、社会、科技)分析视角,拟对制约财政引导基金发展的因素进行实证考察。在对江苏财政引导基金的发展现状进行综合评价的基础上,结合江苏经济现状与存在的区域差异化特征,就如何提高财政引导基金的运行效果与效率,从组织构建与运行机制等方面提出了具体的政策建议。

11.1 专家问卷调查：对制约江苏财政引导基金发展的因素进行初步判断

2021年1月至2021年4月期间,为了避免单纯依赖主观判断的局限,笔者利用调查问卷方式分析了江苏省(苏南、苏中、苏北)制约财政引导基金发展的因素。首先,基于文献研究和个别访谈,设计初步问卷;其次,确定问卷对象,采访对象为熟悉政府创业引导基金领域的省内3位专家(分别来自大学教授、江苏省创业投资协会、苏州某家风险投资公司高管),并与专家一道就问卷长度、问题含义以及措辞准确性等方面意见进行征询,进而修改并最终确定了问卷内容。

基于GPEST(地理Geography、政治法规Policy、经济Economy、社会Society、科技Technology)分析视角,对制约财政引导基金发展的因素进行了归纳,如表11-1所示,其中,目标层M为江苏财政引导基金发展制约因素;准则层A为GPEST分析的五个域,分别用$A_1,A_2,\cdots,A_5$来表示;因素层B的指标依次为$B_1,B_2,\cdots,B_{13}$。

11.2 财政引导基金发展制约因素的实证调查

(1) 组建专家建议权重。为避免评价过程中由受访者专业背景和个人认知偏差所带来的限制,对3位专家分别发放了问卷调查表,收集数据,并将3位专家建议权重设定为$P_k=(0.25,0.40,0.35)$。

(2) 构造各评价指标相对重要性判断矩阵。采用1~9标度法判断矩阵中两两元素相比较的数量结果。

(3) 层次单排序与检验。利用该方法计算每一个判断矩阵各个因素的相对权重。

(4) 归一化处理。对于一致性判断矩阵,每一列归一化后即是相应权重;对于非一致性判断矩阵,归一化后得到其近似相应权重,取算术平均值作为最后的权重。具体的公式为：$W_i=\dfrac{1}{n}\sum_{j=1}^{n}b_{ij}$($W_i$表示权重,$b_{ij}$表示各个因素的重要性评分)。

(5) 一致性检验。在层层排序中,为说明判断矩阵在逻辑上的合理性,须进行一致性检验。检验的步骤如下:计算一致性指标 C.I.(Consistency Index): $C.I. = \frac{\lambda - \lambda_{max}}{n-1}$,其中,C.I.表示一致性指标,$\lambda_{max}$ 表示最大特征值。查表确定相应的平均随机一致性指标 R.I.(random index)后,计算 C.R. 值:C.R. = C.I./R.I.。在对从 3 位专家收集来的问卷进行一致性检验的基础上,笔者发现 3 份问卷的 C.R. 值都小于 0.1,均为有效问卷。

(6) 计算总排序权重。排序权重 $U_{ij} = r_j^* W_i$; $i = 1, 2, \cdots, 5$; $j = 1, 2, \cdots, 13$。其中,W_i 是第 i 个准则的权重,r_j 是第 j 个因素的权重。根据其影响程度赋予不同的权重 P_k,便可计算出综合重要度指标 $f_i = \sum U_{ij} P_k (i = 1, 2, \cdots, 5; j = 1, 2, \cdots, 13; k = 1, 2, 3)$。将 3 位专家的判断矩阵输入 yaahp0.5.2 层次分析法软件得到综合权重如表 11-1 所示。

表 11-1 财政引导基金发展制约因素分析

准则层		因素层	苏南地区权重	苏中地区权重	苏北地区权重
制约因素	A1 地理	B1 地理位置	0.026 9	0.033 2	0.046 9
		B2 交通环境	0.009 0	0.008 3	0.009 4
	A2 政策法规	B3 政策扶持力度(税收、风险补贴)	0.186 1	0.191 3	0.222 8
		B4 法律监管体系	0.035 5	0.036 0	0.042 5
		B5 信用体系	0.081 3	0.067 8	0.048 7
	A3 经济	B6 财政引导基金配比比例	0.036 1	0.046 6	0.045 6
		B7 外部资金收益保障	0.103 6	0.114 9	0.119 5
		B8 外部资金退出限制	0.326 7	0.283 3	0.208 9
	A4 社会	B9 风险投资专业人才	0.054 4	0.071 5	0.082 9
		B10 风险投资社会认可度	0.013 6	0.014 3	0.013 8
	A5 科技	B11 研发投入水平	0.017 3	0.030 5	0.037 9
		B12 优质项目来源	0.079 3	0.086 1	0.099 4
		B13 知识产权保护	0.030 2	0.016 2	0.021 7
		合计	1	1	1

11.3 实证调查结论

11.3.1 基于 GPEST（地理、政策、经济、社会、科技）分析

从专家调查问卷的实证结果来看，制约财政引导基金发展的主要因素包括资金退出限制、政策扶持力度（税收、风险补贴）、外部资金收益保障、优质项目来源等。

(1) 政策法规因素上，对比苏南、苏中、苏北不同地区，政策扶持力度对苏北的影响更大，而信用体系的构建对苏南影响更大。苏北地区的创业投资产业和财政引导基金的发展尚处于起步阶段，因而对政策的依赖性更高；而苏南地区强调构建创业投资企业信用体系，其原因是已有部分创业投资企业发行债券进行融资，效仿美国的 SBIC 计划，这样有利于发展引导基金的融资担保模式。

(2) 经济因素上，苏中、苏北地区更加关注资金的收益保障及财政引导基金的配比比例，而苏南地区更加关注资金退出限制。财政引导基金以参股形式吸引社会资本设立创业投资企业，在运作中不可避免的一个问题是公共资本与私人资本的目标冲突，公共资本关注政府目标的实现，即发挥引导与杠杆放大效应，而私人资本则更加关注收益最大化。从地区之间的比较来看，苏中、苏北地区更加强调社会资本的安全性与收益保障，而苏南地区由于创业投资产业较为成熟，其关注重点是灵活多样的退出渠道。

(3) 社会因素上，风险投资专业人才对苏北地区的影响更大，这也与苏北地区的实际情况一致，苏北地区创业投资起步较晚，且高等院校较少，造成风险投资专业人才缺乏的现状。

(4) 科技因素上，优质项目来源是最重要的影响因素。因为这将对创业投资产业及财政引导基金的发展起到决定性作用。此外，由于苏北地区以传统产业为主，新兴产业较少，因此更加重视项目的科技含量。

11.3.2 基于江苏区域特征的分析

由此，笔者对江苏财政引导基金的发展制约因素总结如下：

(1) 创业投资行业地区发展不平衡，南北差距明显

创业投资机构目前主要是给以高科技为背景的公司提供融资活动的机构，

其重点关注的是投资前景,也就是说,一个地区对创业投资机构是否有吸引力,关键在于该地区新兴产业的发展程度。由于历史、经济、政策等原因,苏南、苏中、苏北在新兴产业发展程度上差距明显,大力扶持新兴产业、孵化条件良好、配套设施齐全的苏南地区显然更受到创业投资机构的欢迎。创业投资行业的发展也间接影响了政府创业引导基金的发展,受资金来源、投资项目的限制,苏北地区已设立的引导基金相对来说,规模较小,影响力度有限。

(2) 引导基金来源以财政资金为主,缺少持续性

江苏财政引导基金的资金来源主要是省市级政府的财政资金,由于缺少成功经验,一些地方政府在设立引导基金的时候多抱着尝试的心态,对基金的未来资金来源缺乏清晰的计划,资金来源持续性规划不够。与此同时,为了吸引更多民间资本的参与,财政引导基金在实际操作中也出现过背离现象,从旨在引导社会资金投资于创新型、早期项目,变相成为"地方招商引资的工具",大大影响了财政引导基金的预期效果。

(3) 多头领导导致风险约束机制缺失、监管措施不利

由于江苏地区的财政引导基金多是既有省政府出资同时又有各地市地方财政出资,多头领导下出现了风险约束机制缺失的现象。此外,财政引导基金注册和投资的地域广泛且分散,增加了主管部门的监管难度,一些地方甚至出现财政引导基金监管措施不力现象,因此担心因财政引导基金使用不当而引发寻租腐败等道德风险的大有人在。

(4) 财政引导基金管理机构能力参差不齐,总体水平有待提高

目前,江苏地区财政引导基金部分采用了委托管理方式,即财政引导基金的设立形式为公司型,同时设立一家基金管理公司来受托管理财政引导基金。笔者的调查发现,在江苏一些新成立的财政引导基金管理机构,机构管理人员大多来源于原有政府职能部门,行政化色彩较浓,有风险投资背景和相关专业管理能力的人员相对缺乏,这些地区财政引导基金管理机构专业管理能力有待提高。

(5) 项目"择地不择优"不利于吸引国内外优秀风险投资管理机构的加入

作为来源于地方政府财政资金的引导基金,江苏地区财政引导基金同样带有较强的地方政策性色彩。由于江苏一些财政引导基金参股的创业投资基金都附带了许多约束条件,包括要求与其合作投资的创业投资企业的管理团队在不同地方均设立管理公司,投资范围仅限于本地等,部分财政引导基金出现了

"择地不择优"的现象,不利于吸引优秀的投资管理机构的加入,并因此而丧失了财政引导基金与一些优秀的创投企业的战略合作,引导作用也因此受到制约,难以提高资金的使用效果。

(6) "利益共享,风险不共担"导致创业投资机构与财政引导基金利益诉求存在分歧

目前江苏财政引导基金与创业投资机构的利益诉求分配机制大致可分为:一是完全要求本金安全,即在基金清盘或分红时,优先给予政府本金支付或利息支付;二是愿意承担部分风险,但同时要求创业投资机构做出承诺,即在一定的年限内按最早的出资额或原值加上利息,回购政府在基金中的股份;三是与创业投资机构共同承担风险及收益。从实施效果来看,笔者发现,由于没有完全按照市场化运作规则进行利益分配,有些地方政府主管部门出于财政出资而以资本安全考虑为先,而创业投资机构则追求更高的投资回报,这导致"利益共享,但风险不共担"的局面出现,影响了财政引导基金引导作用的发挥。

11.4 基于江苏调查分析的政策建议

完善的法规、税收激励政策、高效的交易市场、宽松的投资政策等是一国或地区创业投资行业发展程度的决定性因素。通过因地制宜选择运作模式,明确政策引导目标,坚持市场化运作原则,引导基金可有效促进国内创业投资行业的发展。江苏各省市级政府在借鉴国内外成功的引导基金发展模式的基础上,应积极探索并建立适合自身实际、可持续发展的财政引导基金模式。基于江苏不同地区经济发展现状与创业投资行业发展程度的差异,针对引导基金在发展过程中所面临的困难与局限,笔者提出以下发展对策:

11.4.1 基于制度设计等战略视角的管理建议

(1) 各级政府创业引导基金应各有侧重,协调发展

政策激励、诱导以及必要的组织协调,对区域的发展有重要作用。在我国,作为政府支持的重要方式,引导基金及其所扶持的创业投资机构也正成为区域经济发展、产业结构调整的重要工具及手段。江浙地区是中国经济最为活跃的

地区,同时也是财政引导基金发展最为成熟、设立最为聚集的地区。在江苏省,除省级层面的财政引导基金,如江苏新兴产业创业投资引导基金外,在苏州、南京、无锡、常州等地也已设立了多个地市级引导基金,且有向区县级基金发展的趋势。这种趋势有着其内在的合理性,江苏省内特别是苏南地区,聚集着大量的中小企业,是资金需求的源头,而区县政府长期与企业接触,深知当地产业发展的方向和经济现状,故纷纷设立引导基金,扶持当地企业发展。

可对江苏不同层级(国家级、省级、市县级)的财政引导资金进行定位,就其如何促进科技型中小企业发展提出差异化的战略。国家级引导基金定位于战略上把握金融资源的合理分配,应该根据各地统计的新兴企业项目数或引资计划核定预算;在创业投资市场条件较好的地区,为更好地发挥引导基金的杠杆放大效应,资金支持可以相对小一些;在创业投资市场条件较差的地区,为有效扶持子基金,资金支持可以相对大一些。省级引导基金应该定位于引导民间资本流向,促进新兴产业的形成与发展。该层级的引导基金应该根据当地政府的产业规划目标制定预算,同时按照效率优先、兼顾地域经济发展的原则,选择与有关市、县合作。市县级引导基金在扶持创业投资企业的设立与发展的同时,应更加关注本地区的经济发展需要。

伴随各级引导基金的设立,引导侧重与协调配合就成了一个亟待解决的难题。地方政府在设立引导基金应各有侧重,协调发展。国家级引导基金应从国家战略的角度出发,支持科技型中小企业、新兴产业发展。省级引导基金应从本省产业规划、创新战略、持续竞争力的培养方面设计本省的引导基金。地市级与区县级引导基金应紧密结合当地产业发展方向与经济现状,注意与周边县市的协调配合,提出符合地区发展特点的引导基金。

(2) 因地制宜创新引导基金的管理模式

由于财政引导基金具有较高的运作风险,收益不确定,且在发展之初又存在评价标准缺失和所有权缺位等问题,完全由政府部门管理或是设立国资企业管理会带来各种弊端。政府作为行政管理机构,在市场运作、投资管理方面缺乏经验,为提高引导基金的运作绩效,必须由专业的管理机构进行管理。笔者建议,财政引导基金可以委托管理模式为主,将引导基金的日常管理与运作事务委托给符合资质条件的管理机构负责,借此消除由政府部门管理和国资企业管理的弊端,实现财政引导基金的长期良性运作。

拟提出并设计以江苏不同层级财政引导基金为主体的联合社会资本的激

励契约机制,以进一步发挥财政引导基金引导社会资本形成创业资本集聚效应。

第一,地方财政引导基金在参股设立创业投资企业时应该采取分期注资的方式。即不先于社会资本到位,可根据社会资本前期投入的大小,适当更改引导基金的后期投入,总投资额控制在一定比例内,对单个创业投资企业的参股不超过一定比例,且不成为第一大股东。通过该种方式来充分发挥引导基金的杠杆作用,同时降低政府资金管理风险。

第二,设计有效的激励契约协调财政引导基金与民间投资机构的关系。一方面,政府弱化对所合作基金的干预,原则上不参与基金的运作管理,但可通过约定相应的条款,如保留一票否决权,以确保政府资金的权益。另一方面,对联合管理机构设定有效的激励机制:一是收益补偿机制。政府资本以优先股形式投入子基金,只收取固定股息。子基金的赢利中政府资本应占的份额用于补偿社会资本或创业投资企业,亏损由政府资本有限清偿。二是风险补偿机制。若子基金赢利,则政府资本按其投资额所占比例进行分红,而若子基金亏损,则社会资本的亏损部分由政府资本部分或完全承担。

针对苏南、苏中、苏北地区的经济环境及创业投资行业的不同,笔者认为,地方政府在发展引导基金时应该采用不同的运作模式:对创业投资发展处于初期阶段的苏北地区,可引入"风险补贴+跟进投资"的模式以快速启动引导基金,提高创业投资企业的投资热情,引导社会资本进入创业投资领域;对创业投资发展处于成长阶段的苏中地区,可通过引入"引导基金+担保机构"的模式,为创业投资企业打造融资平台,扩大融资规模,加速创业投资行业发展;对创业投资发展相对成熟的苏南地区,政策法规更为完善,资金、人才也更为充裕,可采用"母基金"的模式,以此来吸引社会投资,最大限度地促进创业投资的发展。

(3)适当取消投资限制,择优选择项目

为了保障本地的财政税收收入,目前,江苏境内的政府创业引导基金大多对投资地域进行了限制,其中有些地方还对政府创业引导基金的合作基金进行了注册地限制,要求这些合作基金的注册地限制在本地。这些举措在一定程度上对地方支柱产业以及地方经济起到了积极的作用。然而,投资地域限制会带来诸多问题,如优质项目的稀缺加上投资地域限制导致引导基金所投项目存在产业同构和重复投入问题,不利于引导效应的发挥。

考虑到克服区域发展不平衡以及提高引导基金投资效率,笔者认为,江苏财政引导基金在进行投资时,可进一步开阔视野,可以考虑在江苏设立引导基金时在一定比例内取消投资地域限制,或者从引导基金内部拿出部分比例作为苏北地区扶持基金,鼓励苏南地区去苏北地区选择优质的项目。此外,应根据江苏不同地区高新技术产业对于资金的需求进行投资,以使投资接近融资,让资金流向真正需要的地方。

(4) 明确资金使用方向

从江苏已设立的引导基金的使用与预期的比较来看,引导基金目标出现一定程度的偏离。有些引导基金虽是间接支持商业性创业投资机构的设立,但在运作过程中却以商业利益驱动,偏离最初的政策性目标。为体现引导基金的政策导向,在明确资金使用方向的同时,可以奖励形式鼓励创业投资机构对处于种子期、成长期等高科技企业进行投资。可建立省级风险投资管理协调管理委员会等相关组织。①建立省级引导基金管理委员会,由该部门来协调全省各地的政府创业引导基金,建立区域互补协调发展的合理规划,具体内容包括资金筹措、合资合作方选择、管理制度、运作机制、风险控制、绩效奖惩等。为了协调全省财政引导基金日常管理,可以在省引导基金管理委员会下设办公室,负责管理委员会的日常事务。②建立省市两级专家评审制度。该部门负责对市、县和创投管理团队的申请方案进行合规性初选,组织有关部门和专家对引导基金投资和合作方案进行独立评审,并将评审意见上报管理委员会审查批准。

在支持方式和支持力度方面,在创业投资市场条件较好的苏南地区,为更好地发挥引导基金的杠杆作用,对单个创业投资企业的支持额度可相对小些;在创业投资市场条件较差的苏中、苏北地区,由于在短期不可能设立太多的子基金,可集中财力支持有限的几家子基金,支持额度可相对大些。

(5) 建立风险补偿机制

由于引导基金的政策目标导向与社会资本的收益最大化目标存在客观冲突,为了更好地吸引社会投资,政府应适当对社会资本进行补偿。可采用亏损保底、亏损补偿等风险补偿机制,在提高投资者预期收益的同时降低预期风险,有助于吸引更多的社会资本投入。此外,政府应进一步完善引导基金的退出机制,实现上市减持、股权转让、企业回购等多渠道退出方式,保证政府创业引导基金的使用效率。

11.4.2 执行视角的管理建议

(1) 对江苏建立不同层级创业投资服务中心与科技创新融资平台提出具体方案

第一,建立创新科技与金融的沟通平台。可以通过组建专业化的科技金融服务团队,逐步完成下列工作:开通融资服务的电话热线;建立金融服务网站;设立现场咨询洽谈服务中心;开发科技型企业数据库以及专家库等。

第二,发展新型科技金融组织,探索建立一批科技担保公司、科技保险公司、小额贷款公司和科技支行,鼓励银行加大对科技型企业的信贷支持力度,发展科技金融中介服务机构。通过集成风投、银行、保险、担保等各类金融服务资源,建立起"信息共享、业务联动、风险分担、联合创新"的合作机制,为科技型中小企业提供全方位融资服务。

第三,加强科技和金融结合实施成效的监测评估。设计科技金融发展水平和服务能力评价指标,建立相应的统计制度和监测体系,并在监测基础上建立评估体系,对科技和金融结合实施成效进行动态评估。根据评估的结果,对促进科技和金融结合、支持自主创新表现突出的人员和相关机构给予表彰。

(2) 拟基于政府创业引导基金绩效评价指标体系提出管理政府创业引导基金的 PDCA 对策

结合《关于创业投资引导基金规范设立与运作的指导意见》对引导基金绩效评价的要求,建立并完善不同层级的财政引导基金考核体系(见图 11-1)。

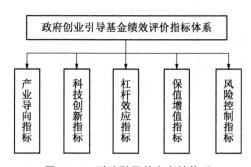

图 11-1　财政引导基金考核体系

(3) 应用 PDCA 循环管理政府创业引导基金

建议结合 PDCA 循环框架(见图 11-2)构建政府创业引导基金,提升创业质量。

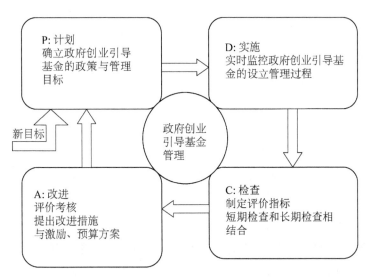

图 11-2 基于 PDCA 循环的政府创业引导基金管理流程图

第一,在结合江苏地区产业规划和产业政策基础上,制定和实施通过政府创业引导基金促进实现产业结构优化升级的中长期规划,并进行广泛宣传,使社会各界特别是江苏科技型中小企业和金融界充分了解政府创业引导基金政策,引导社会资金投向,促进产业优化升级。

第二,制定正式的规章制度规定政府创业引导基金不得用于贷款或股票、期货、房地产、金融衍生品等投资,不得用于赞助、捐赠等支出,即使资金闲置也只能存放银行或购买国债。对于创业投资企业,提高对种子期、创建期科技型中小企业的投资,并予以适当比例进行奖励。

第三,建立政府创业引导基金专业银行资金托管制度以及全流程风险防范监管制度。对于前者,将政府创业引导基金委托给专业的管理公司经营,政府成立监管机构,资金委托给银行进行托管。与此同时,建立引导基金所扶持的创业投资企业财务会计报告、市级引导基金管理中心投资运作报告、建立托管银行(部门)等审计制度,进行全流程监控。

11.5 结 论

政府创业引导基金在治理过程中普遍存在以下问题:(1)难以建立起与创

业投资相适应的收益激励机制;(2)难以建立起与创业投资相适应的风险约束机制;(3)难以发挥财政资金的杠杆放大效应。鉴于此,规范合理的运作模式能有效地解决以上问题,于是笔者提出以下建议:

(1) 培养优秀的基金管理人和创业投资管理人,促进创业企业发展。我国的创业投资产业尚处于发展的初级阶段,各类人才相对缺乏,专业水平参差不齐,必须要加强本土基金管理人和创业投资管理人的培养,才能实现我国创业投资产业的自主、可持续发展。

(2) 提高引导基金的运作水平,有效控制引导基金投资风险。各个地区应因地制宜,选择适合本地区的组织形式、运作形式、激励约束方式,以提高引导基金的运作水平。在引导基金投资风险的控制上,主要是加强项目选拔、实施、退出时的风险控制,建立有效的激励约束机制,保证引导基金的可持续发展。

(3) 明确引导基金的宗旨,坚持市场化运作导向。引导基金的宗旨是发挥财政资金的杠杆放大效应,增加创业投资资本的供给,克服单纯通过市场配置创业投资资本的市场失灵问题,鼓励创业投资企业投资处于种子期、起步期等创业早期的企业。不与市场争利,不投资于已高度竞争的产业,是创业投资引导基金在开展过程中必须坚持的原则。

(4) 建立有效的绩效考核机制,促进创业投资产业及经济发展。对于引导基金、子基金、创业企业都必须建立有效的绩效考核机制,发挥资金的最大使用效率,促进创业投资产业和经济发展。

(5) 完善引导基金的退出机制,促进创业投资有序发展。创业投资引导基金采用事业法人形式设立,纳入公共财政考核评价体系,有效地解决了股权退出难的问题。我国还应该加强制度建设,实现退出机制的多样化,提高民间资本的投资热情,促进创业投资产业有序发展。

第十二章 结论与建议

本章是全书的总结,是基于前述研究的进一步归纳。本章提出财政引导基金协同风险投资以促进高质量创业创新,提升创业质量的对策建议,试图丰富相关理论,能够对提高创业创新经营效率,优化各方利益,在政策层面与实践层面有所借鉴。

12.1 研究结论

12.1.1 机理分析结论

结合公共选择及委托代理理论,建立静态的合作博弈模型演绎财政引导基金、风险投资、创业者等利益相关者因激励缺失滋生的逆向选择、道德风险及负效应,阐述有效协同的必要性和重要性。

(1) 财政引导基金协同风险投资支持创业合作博弈模型

第一,在信息完全对称情况下,财政引导基金形成的主导型风险投资(LVC)、辅助型风险投资(NLVC)、创业者(EN)构建的完全合作博弈模型中,创业者(EN)有更多的努力付出。主导型风险投资无须也没有必要对辅助型风险投资(NLVC)、创业者(EN)单方或者双方合谋倾向进行监督,产生了合作共赢。

第二,辅助型风险投资(NLVC)和创业者(EN)中其中一方合谋倾向的增加将导致主导型风险投资(LVC)监督成本的增加,由于 LVC 是财政引导基金,是公共财政支出的组成部分,监督成本的增加降低了财政支出效率。合谋滋生的道德风险也增加了财政引导基金使用中的代理成本,虚耗了社会资源,使政府支持创业的资金其投入产出效率下降。

第三,以创业者(EN)持股比例为核心变量,假定具有政府背景的主导型风险投资(LVC)能够确定创业者持股比例。分配给创业者(EN)的股权越高,创业者的积极性越高,创业者(EN)努力水平会随着持股比例的增加而增加,从而能够抑制其合谋行为。但创业者(EN)持股比例增加的另外一个负效用是,降低了辅助型风险投资(NLVC)的努力水平,同时也会增加其合谋倾向,并因此减少辅助型风险投资(NLVC)的资金投入。当辅助型风险投资感到分配给企业家的持股比例过高时,也会减少资金投入。

(2) 财政引导基金协同风险投资支持创业的动态控制权配置博弈模型

在满足财政引导基金、风险投资、创业者效用函数及相关约束条件下,建立博弈模型,以此求解降低合谋倾向和提高创业者(EN)努力水平的途径。

本书建立的财政引导基金、风险投资、创业企业家联合风险投资控制权配置模型,分阶段地对具有公共财政性质的 VC_1 实施股权溢价,对 VC_2 和创业者(EN)努力水平的影响进行了理论推演和模拟演算,结果表明:在获得 VC_1 股权溢价激励后,随着 VC_2 和 EN 相对持股比例的增加,考虑控制权收益等相关因素,由此有效地提高了 VC_2 和 EN 的努力水平。进一步的研究发现,除与自身股权比例和努力成本系数有关外,外部环境对 VC_1 的努力水平同样具有重要的影响。

(3) 构建信息传播的 Bass 改进模型演绎与仿真复杂网络下财政引导基金引导机理

考虑到政府的行政能力和信誉的差异,财政引导基金会产生不同的作用。基于经济物理学视角,构建信息传播的 Bass 改进模型,通过复杂网络方法演绎与仿真财政引导基金的引导机理。模型实验结果表明:第一,增加财政引导基金的数量有助于驱动创业者进行高质量创业,吸引社会资本以及提高创业成功率;第二,声誉更高的财政引导基金能够吸引更多的风投机构加入,有利于提高创业的成功率;第三,在好的营商环境下,财政引导基金对风险投资引导的效果更显著,对促进高质量创业的积极作用更显著。

12.1.2 实证结论

(1) 基于机会主义视角,风险投资参与是否导致了企业"脱实向虚"的实证考察

以 2015—2019 年 A 股制造业公司为研究对象,基于风险投资的视角探讨其可能对上市公司"脱实向虚"行为产生的影响。结果表明:①风险投资参与投

资的比例越高,对企业"脱实向虚"的影响越大;②相比于国有企业,风险投资对非国有企业"脱实向虚"的影响越显著;③市场竞争程度越高,风险投资对企业"脱实向虚"的影响越明显。进一步从企业决策者的视角出发,考察 CEO 背景特征对上述关系的影响发现:当 CEO 具备技术背景、海外经历、贫困经历、高学历或者长任职期限的特征时,风险投资驱动企业"脱实向虚"的效应会被削弱甚至抑制。

(2) 财政引导基金与异质性的风险投资联合是否导致协同效应的实证考察

本书探索性地提出了衡量风险投资声誉的指标,即将风险投资机构的管理资本、成立时间、已完成 IPO 数、已完成 IPO 金额界定为风险投资声誉特征指标,针对引导基金和不同声誉风险投资的联合类型对企业绩效的影响进行实证检验,进一步检验了不同联合类型对发挥协同效应的差异。结果表明,相对而言,更具有资源与能力互补特征的财政引导基金和高声誉风险投资机构之间的联合,对提升被投资企业的绩效作用更显著,表现出更好的协同效应,这一结果也支持了联合风险投资协同效应取决于资源与能力互补强弱的理论分析结果。即:财政引导基金联合风险投资形成了协同效应,且相较于联合低声誉风险投资,财政引导基金联合高声誉风险投资的协同效应更显著;基于地区差异视角,相较于联合低声誉风险投资,财政引导基金联合高声誉风险投资形成的协同效应更显著,这一特征的强弱顺序依次为东部、中部、西部地区。

(3) 不同层级财政引导基金联合社会资本是否能够提升企业创新效率的实证考察

实证考察方面,其一,基于风险投资机会主义视角,风险投资参与是否导致了企业"脱实向虚"?其二,财政引导基金联合风险投资是否导致了协同效应?这一协同效应因风险投资声誉是否存在差异性?其三,财政引导基金联合社会资本是否能够提升企业创新效率?基于不同层级财政引导基金视角是否存在差异?

本书选择 2010—2018 年在中小板和创业板 IPO 的企业为样本,通过 SFA 方法测度企业创新效率,从政治背景、政治层级、产权性质、地方债水平等维度,研究财政引导基金与企业创新效率之间的相关性,对其影响机制进行讨论。此外,从投后管理角度进一步讨论了政府背景风险投资控制权的门槛效应问题。

研究表明:①财政引导基金能够显著促进企业创新效率的提高。②财政引导基金对企业创新效率的影响存在异质性,对创新的促进作用在非国有企业更显著。③将财政引导基金内部按照政治层级分类,结果表明政治层级与企业创新效率正相关。④引入地方债作为调节变量,地方债水平正向调节风险投资政治层级与企业创新效率之间的关系。⑤进一步研究发现,基于投后管理的视角,财政引导基金控制权与企业创新存在门槛效应,当被投资企业的两权分离度低于门槛值时,控制权比例与创新效率正相关;当两权分离度高于门槛值时,反而会抑制企业创新。

12.1.3 对策研究结论

(1) 实地调查

基于非财务资源激励、交易流机会、财务支持三个维度,考察财政引导基金联合风险投资对创业质量的影响,结合长三角地区成功创业者进行问卷调查,建立偏最小二乘法模型(PLS)对财政引导基金联合风险投资对创业质量的影响因素进行实证判断,基于文献支持与专家小组意见法确立了非财务资源激励、交易流机会、财务支持三个维度考察财政引导基金联合风险投资对创业质量的影响,并以此作为外生潜变量,选择曾经获得财政引导基金的长三角地区成功创业者进行问卷调查,通过构建PLS模型(偏最小二乘法)对财政引导基金联合风险投资对创业质量的影响因素进行实证检验。结果表明:按重要性水平的高低,财政引导基金联合风险投资影响创业质量依次为非财务资源激励、交易流机会、财务支持。

进一步考察发现,非财务资源激励对交易流机会和财务支持有显著影响。由此推断:(1)非财务资源激励、交易流机会、财务支持三个维度对提升创业质量都有积极的影响,非财务资源激励对交易流机会、财务支持也产生了积极的影响;(2)财政引导基金的引领作用产生的声誉激励作用促进了风险投资社会资本的集聚,降低了创业失败的风险;(3)财政引导基金更多地起到了锚定效应,由此对促进社会风险资本跟投与增加创业者信心起到了积极的作用,并因此能够提升创业质量。

(2) 对策研究

基于制度设计等战略视角的管理建议包括:各级政府创业引导基金应各有侧重,协调发展;因地制宜创新引导基金的管理模式;适当取消投资限制,择优选择项目;明确资金使用方向等。

执行视角的管理建议包括：江苏建立不同层级创业投资服务中心与科技创新融资平台；基于政府创业引导基金绩效评价指标体系提出管理政府创业引导基金的 PDCA 对策；应用 PDCA 循环管理政府创业引导基金。

12.2 政策建议

（1）大力发展财政引导基金，充分发挥其积极的信号作用和深层次的引导作用

通过设立财政引导基金等方式，以引导为主，以政府参股的形式参与风险投资，控制政府资本持股比例，积极引入社会资本，实行以社会资本为主、政府资本为辅的混合所有制的风险投资股权结构，引导和推动社会资本投向处于初创期的优质企业，在政府正外部性投资的引导下，鼓励更多的企业积极开展研发活动。政府背景风险投资在投资和运作过程中要紧密结合供给侧改革的时代背景，重点支持能够推动产业转型和新兴产业发展的创新型企业。财政部2015 年发布的《政府投资基金暂行管理办法》（财预〔2015〕210 号）规定政府基金主要用于支持创业企业、中小企业发展以及产业转型和升级等；2016 年发改委印发的《政府出资产业投资基金管理暂行办法》划定了政府产业引导基金投资方向的白名单，鼓励具有政府背景的金融资本主要支持新兴产业，引导包括信息通信、新材料、互联网医疗、新能源等在内的重点发展领域的企业和项目的发展。政府部门应充分发挥其在社会服务、市场监管、经济调节等方面的主导作用，解决资源错配、市场失灵、挤出效应等问题。

（2）财政引导基金投资应重点投资具有创新能力和发展潜力的创业创新项目，促进非国有企业创新发展

鼓励政府背景风险投资机构在市场化机制下，投资发展潜力大、成长性强的非国有企业，提高市场经济活力。改革开放以来，非国有经济获得了蓬勃发展，2019 年非国有经济占 GDP 的比重已超过 60%，非国有经济成为支持我国经济发展的中坚力量。由于产权性质的特殊性，相较于投资国有企业，政府背景风险投资机构投资非国有企业，可以获得更高的资金使用效率和边际效益。政府背景风险投资可以发挥财政资金的产业扶持作用，有效缓解非国有企业的融资困难，尤其是中小创业企业。此外，政府背景风险投资应利用自身经验和

资源优势,帮助非国有企业发展创新,建立政治关联,提高投资基金的边际效益。政府背景风险投资需要选择和甄别具有高创新性和高成长性的高质量标的企业,本书的研究结果为政府背景风险投资基金的有效投放提供了参考,具有一定的积极价值。

(3) 不同政治层级的财政引导基金应该根据自身情况扮演不同的角色,并对财政引导基金进行专业化管理

财政引导基金应该紧密结合"十四五"规划等国家战略目标,做好统一规划,中央层级的财政引导基金尤其适合承担和引导国家级的攻关项目,如长三角一体化战略投资,在新能源新材料等战略新兴领域形成重点布局,组建一支强有力的国家队。例如,2016年6月国家设立了"京津冀协同发展基金",2017年12月设立了"中国制造2025发展基金",2018年成立了"国家级战略性新兴产业基金",明确规定投资领域为新一代信息技术、新能源、数字创意、高端装备等战略性新兴产业。对于地方层级的政府背景风险投资,地方政府需要在考虑本地区实际情况的基础上,决定地方风险投资的规模、投向以及后续监管,引导本省特定产业发展。2018年山东省政府设立了6 000亿元的"山东省新旧动能转换基金",资金用于山东省内新旧动能转换建设;2018年上海杨浦区政府出资50亿元设立了"东方明珠传媒产业基金",主要投资于传媒娱乐、TMT以及大消费等领域的优质项目。

此外,还需加强对地方引导基金的管理,引进专业化的治理机制,如职业经理人等专家团队,提升政府背景风险投资的市场化运作程度,避免地方政府的引导基金被异化扭曲为扶贫基金。2017年重庆市政府发布《重庆市产业引导股权投资基金管理办法》(渝府办发〔2017〕32号),标志着西南地区省级政府规范引导基金管理的开端,体现了地方政府对政府背景风险投资的大力支持和规范管理。

(4) 财政引导基金要配合地方政府贯彻落实去杠杆去库存任务,控制地方政府债务总额

2014年国务院出台了《关于加强地方政府性债务管理的意见》,促使地方政府在"拨改投"环境下转变投融资方式,成立财政引导基金,短时间内推动了政府产业引导基金数量和规模大幅增加。政府在配置风险投资的过程中,应将地方政府债务对创新的抑制作用纳入决策考虑范畴。各地区应采取政策措施,深入贯彻落实供给侧结构性改革,推动经济的去杠杆化,最大限度地缩小地方政

府债务规模,降低地方债对企业创新的抑制作用,以达到促进创新的目的。此外,在考虑不同投资主体时,各地区应该根据债务实际情况,选择不同的政治层级投资主体。对于地方政府债务较高的地区,地方背景风险投资的创新初衷易被扭曲为财务性动机,财政引导基金也容易被异化为扶贫基金。在这种情况下,我们要牢牢控制住地方债总额和增长幅度,并且考虑由中央层级的财政引导基金进行主导投资;此外,高杠杆地区还可以积极开展中央和地方财政引导基金混合所有制改革,避免单一地方层级政府背景风险投资的目标扭曲和投资效率低下。

(5) 在投后管理角度,财政引导基金要"因企制宜",既要注重事前甄选,又要重视事后培育

财政引导基金根据被投资企业的治理情况和自身的角色定位,决定参与被投资企业管理的形式和程度。既要充分利用政府背景风险投资优质的管理资源、政治资源、社会资源,派驻董监高参与被投资企业管理,也要避免过度干预,避免较强的政治关联带来的寻租行为、目标异化、组织惰性等负面影响,选择合适的参与程度,克服市场失灵问题。此外,还应加强和完善政府背景风险投资的监督和管理机制。无论是对政府部门提供的风险资金还是对被投资企业,都应建立相关的激励和监督机制,尤其在创新效率和创新成果方面,应建立明确的考核指标以实现风险资本对创新的引导作用。

(6) 围绕动力、引领、运作、退出机制构建"三者结合"的支持财政引导基金高质量发展的科技金融创新策略

动力机制:企业自主创新高不确定性和研发过程呈现的"外部溢出效应",由此具有"公共品"性质,构成了财政扶持的内生动力。因此,有必要建立苏南产业创新基金,并使其成为企业自主创新的引擎,这是研究的重点。引领机制:"引领"是指利用财政发挥"伞型"投资方式产生的放大倍数效应,联合金融机构与社会风险投资形成合力。即:通过有效的激励契约引领(如建立政府贷款担保基金、股权对价等)金融机构构建科技银行功能与风险投资等民间资本积极参与,由此引导并推动建设多层次的科技金融体系。因此,研究重点是政府创业引导基金、信贷风险补偿专项资金等如何发挥"引领"功能,并借此促进企业自主创新。运作机制:通过政府管理机制创新与构建科技投融资平台等扶持措施提升企业自主创新能力,为此,将如何全方位深化苏南科技金融服务作为研究重点,包括"科技金融特区"的打造;政府、金融机构、风险资本如

何"相互渗透、相互反孵";如何建立"科技＋人才＋资本"的投融资平台等。退出机制：不以盈利为主要目的,财政资金通过资本市场操作、企业并购、产权交易等方式退出,进一步体现了扶持效应,同时也解决了财政资金的可持续性问题,建立了完善的公共财政绩效评价体系等促进财政扶持引领可持续性的制度。

12.3 研究局限

受制于作者学术水平限制,本书尚存在一些不足之处,值得未来进行深入的研究和探讨。

(1) 受制于数据的可获得性和易获得性、研究样本的局限性,本书假设的有效性在一定程度上受到了影响。

(2) 本书只结合了江苏的经验,忽略了对其他地区的考察,地区差异与政策差异使得本书的研究效度存在局限,是值得进一步深入研究的课题。

(3) 创业质量的衡量是一个较长时间的观察变量,由于研究周期比较短,因此对研究的科学性存在影响。

12.4 后续研究展望

(1) 在财政引导基金与风险投资和创业者合作的制度不确定性安排方面,其一,联合治理契约的不确定性,越来越多的实践显示,风险投资的加入,使得被投资企业与创业项目在控制权与股权安排方面具有随机抉择特征,出现对赌特征;其二,互联网与大数据时代,创业项目异质性使得对创业质量的评价具有时间的不确定性,即财政引导基金与风险投资和创业者合作契约往往是定期的,创业质量的考察时间周期过短,将引起激励不足,形成代理成本,如何设置合理的契约值得深入研究。

(2) 风险投资业基于可转换证券等现代金融工具提升共同的激励水平,从而提升创业项目与创新质量,这方面研究出现在更多的高水平国内外期刊上。国内的研究较多是围绕着如何设计财政引导基金持股比例展开讨论,财政引导基金结合现代金融工具讨论激励机制尚不多见，因而，结合大数据与机器学习模型探讨证券设计以及财政引导基金投资方式的选择具有理论与现实意义。

（3）区域差异（资源禀赋、产业结构、财政收支不平衡等）使得财政引导基金赋予了更多的经济目标之外的社会责任，也因此呈现了各具特色的管理特征，甚至偏离了财政引导基金的职责。笔者认为，结合区域经济学维度的考察，财政引导基金激励机制值得学术界关注。

参 考 文 献

［1］ Leleux B, Surlemont B. Public versus private venture capital: Seeding or crowding out? A pan-European analysis[J]. Journal of Business Venturing, 2003, 18(1): 81-104.

［2］ 林本初. 基于政府视角的国有创投跟进投资方式的效用价值研究[J]. 上海经济研究, 2012,7: 7.

［3］ 刘健钧. 解读创业投资引导基金指导意见[J]. 中国科技投资,2009(3): 21-26.

［4］ 陈玉荣. 完善科技型中小企业融资体系研究[J]. 理论探讨,2009(4): 99-102.

［5］ Cumming D. Government policy towards entrepreneurial finance: Innovation investment funds[J]. Journal of Business Venturing, 2007, 22(2): 193-235.

［6］ Tian X. The causes and consequences of venture capital stage financing[J]. Journal of Financial Economics, 2011, 101(1): 132-159.

［7］ Hellmann T, Puri M. Venture capital and the professionalization of start-up firms: Empirical evidence[J]. The Journal of Finance, 2002, 57(1): 169-197.

［8］ Chen C J. Technology commercialization, incubator and venture capital, and new venture performance[J]. Journal of Business Research, 2009, 62(1): 93-103.

［9］ Gebhardt G, Schmidt K M. Conditional allocation of control rights in venture capital finance[J]. SSRN Electronic Journal, 2006: 27-50.

［10］ Keschnigg C. "Venture Capital"Bacjed Growth[D]. CESifo Working,2002.

［11］ 王兰芳,胡悦. 创业投资促进了创新绩效吗？: 基于中国企业面板数据的实证检验[J]. 金融研究,2017(1): 177-190.

［12］ Maula M, Autio E, Murray G. Corporate venture capitalists and independent venture capitalists: What do they know, who do they know and should entrepreneurs care? [J]. Venture Capital, 2005, 7(1): 3-21.

［13］ Grilli L, Murtinu S. Government, venture capital and the growth of European high-tech entrepreneurial firms[J]. Research Policy, 2014, 43(9): 1523-1543.

［14］ Bertoni F, Tykvova T. Which form of venture capital is most supportive of innovation? [J]. SSRN Electronic Journal, 2012: 12-18.

[15] 陈敏灵. 创业投资引导基金的组织运作模式研究[J]. 现代经济探讨,2010(6):17-20.

[16] 马素芳,朱丽. 科技金融创新使企业走向跨越式发展道路[J]. 科技潮,2010(2):18-19.

[17] Arping S. The Role of Convertibles in Syndicated Venture Financing[J]. Journal of Business Venturing,2002(2),139-154.

[18] Goldenberg J,Libai B,Moldovan S,et al. The NPV of bad news[J]. International Journal of Research in Marketing,2007,24(3):186-200.

[19] 陈和. 创业投资的政策性引导基金模式研究[J]. 科学学与科学技术管理,2006,27(5):79-83.

[20] 张静,吴菡,何国杰. 政府设立创业风险投资引导基金的模式探讨[J]. 科技管理研究,2007,27(2):4-6,17.

[21] 李朝晖. 基于委托代理的创业投资引导基金管理模式研究[J]. 科技进步与对策,2011,28(23):42-45.

[22] 张华,王杰. 政府创业投资引导基金管理模式的选择[J]. 工业技术经济,2012,31(4):140-145.

[23] 谭中明,朱忠伟. 我国政府创业投资引导基金实践模式比较与改进策略[J]. 地方财政研究,2013(11):25-28.

[24] 陈士俊,柏高原. 创业投资引导基金参股运作方式的国际比较[J]. 商业研究,2010(5):14-18.

[25] 庞跃华,曾令华. 创业投资引导基金运作模式的国际比较与中国选择[J]. 湖南大学学报(社会科学版),2011,25(3):34-38.

[26] 陈少强,郭骊,郑紫卉. 财政引导基金演变的逻辑[J]. 中央财经大学学报,2017(2):3-13.

[27] 李洪江. 政府导向型创业投资引导基金绩效评价指标体系研究[J]. 科技管理研究,2010,30(15):45-49.

[28] 李洪江,鲍晓燕. 政府导向型创业投资基金绩效评价研究[J]. 商业研究,2011(6):112-116.

[29] 梁娟,孔刘柳. 创业投资引导基金绩效管理模式探析[J]. 科技管理研究,2011,31(12):180-182.

[30] Audretsch D B,Link A N,Scott J T. Public/private technology partnerships:Evaluating SBIR-supported research[J]. Research Policy,2002,31(1):145-158.

[31] Bartzokas A,Mani S. Introduction[M]//Financial Systems,Corporate Investment in Innovation,and Venture Capital. Edward Elgar Publishing,2004.

[32] 刘春晓,刘红涛,孟兆辉. 政府创业投资引导基金参股基金绩效评价研究[J]. 上海金融,2015(10):61-65,39.

[33] Sohl J E. The U. S. angel and venture capital market[J]. The Journal of Private Equity, 2003, 6(2): 7-17.

[34] Marc C, Gordon M, Pete B. Promoting Equity Flows into Smaller Businesses: The UK Enterprise Investment Scheme and Venture Capital Trust[C]//Baptista Rui, Leitao Joao. Public Policies for Fostering Entrepreneurship: A European Perspective. International Studies in Entrepreneurship. Dordrecht and New York: Springer, 2009: 207-230.

[35] Leleux B, Surlemont B. Public versus private venture capital: Seeding or crowding out? A pan-European analysis[J]. Journal of Business Venturing, 2003, 18(1): 81-104.

[36] Luukkonen T, Deschryvere M, Bertoni F. The value added by government venture capital funds compared with independent venture capital funds[J]. Technovation, 2013, 33(4/5): 154-162.

[37] Guerini M, Quas A. Governmental venture capital in Europe: Screening and certification[J]. Journal of Business Venturing, 2016, 31(2): 175-195.

[38] Cumming D, Fleming G, Schwienbacher A. Liquidity risk and venture capital finance[J]. Financial Management, 2005, 34(4): 77-105.

[39] Cumming D, Walz U. Private equity returns and disclosure around the world[J]. Journal of International Business Studies, 2010, 41(4): 727-754.

[40] 杨敏利,李昕芳,仵永恒. 政府创业投资引导基金的引导效应研究[J]. 科研管理, 2014,35(11): 8-16.

[41] 陈旭东,刘畅. 政府创业投资引导基金带动创业了吗[J]. 上海经济研究,2017,29(11): 22-32.

[42] 房燕,鲍新中. 中国政府创业投资引导基金效用:基于随机效应模型的实证研究[J]. 技术经济,2016,35(2): 58-62,101.

[43] 施国平,党兴华,董建卫. 引导基金能引导创投机构投向早期和高科技企业吗?:基于双重差分模型的实证评估[J]. 科学学研究,2016,34(6): 822-832.

[44] 董建卫,王晗,郭立宏. 单独投资还是联合投资:创业投资引导基金投资对创业企业融资的影响[J]. 经济问题,2017(6): 34-38,102.

[45] 冯冰,杨敏利,郭立宏. 财政引导基金投资对创业企业后续融资的影响机制研究[J]. 科研管理,2019,40(4): 112-124.

[46] 邓晓兰,孙长鹏. 企业创新、产业升级与财政引导基金的作用机制[J]. 山西财经大学学报,2019,41(5): 54-67.

[47] 陈旭东,杨硕,周煜皓. 财政引导基金与区域企业创新:基于"政府+市场"模式的有效

性分析[J]. 山西财经大学学报,2020,42(11):30-41.

[48] 倪文新,李毅光,冯雪. 我国西部地区创业风险投资引导基金存在的问题与对策[J]. 软科学,2013,27(7):93-97.

[49] 李丹丹,杨大楷. 中国风险投资税收激励政策研究[J]. 江苏科技信息(学术研究), 2012(11):8-9.

[50] Lerner J. The syndication of venture capital investments[J]. Financial Management, 1994,23(3):16.

[51] Casamatta C, Haritchabalet C. Experience, screening and syndication in venture capital investments[J]. Journal of Financial Intermediation, 2007, 16(3):368-398.

[52] Brander J A, Amit R, Antweiler W. Venture-capital syndication: Improved venture selection vs. the value-added hypothesis[J]. Journal of Economics & Management Strategy, 2002, 11(3):423-452.

[53] Manigart S, Lockett A, Meuleman M, et al. Venture capitalists' decision to syndicate [J]. Entrepreneurship Theory and Practice, 2006, 30(2):131-153.

[54] Dimov D, Milanov H. The interplay of need and opportunity in venture capital investment syndication[J]. Journal of Business Venturing, 2010, 25(4):331-348.

[55] Lockett A, Wright M. The syndication of venture capital investments[J]. Omega, 2001, 29(5):375-390.

[56] Pollock T G, Porac J F, Wade J B. Constructing deal networks: Brokers as network "architects" in the U.S. IPO market and other examples[J]. Academy of Management Review, 2004, 29(1):50-72.

[57] Chung S, Singh H, Lee K. Complementarity, status similarity and social capital as drivers of alliance formation[J]. Strategic Management Journal, 2000, 21(1):1-22.

[58] Meuleman M, Wright M, Manigart S, et al. Private equity syndication: Agency costs, reputation and collaboration[J]. Journal of Business Finance & Accounting, 2009, 36 (5/6):616-644.

[59] Meuleman M, Lockett A, Manigart S, et al. Partner selection decisions in interfirm collaborations: The paradox of relational embeddedness[J]. Journal of Management Studies, 2010, 47(6):995-1019.

[60] Trapido D. Competitive embeddedness and the emergence of interfirm cooperation[J]. Social Forces, 2007, 86(1):165-191.

[61] Sorenson O, Stuart T E. Bringing the context back In: Settings and the search for syndicate partners in venture capital investment networks[J]. Administrative Science Quarterly, 2008, 53(2):266-294.

[62] Du Q. Birds of a Feather or Celebrating Differences? The Formation and Impact of Venture Capital Syndication[D]. Unpublished working paper, University of British Columbia, 2009.

[63] Cumming, D. J. Robust Financial Contracting among Syndicated Venture Capitalists [J]. Review of Finance, 2000, 8: 75-108.

[64] Das S R, Jo H, Kim Y. Polishing diamonds in the rough: The sources of syndicated venture performance[J]. Journal of Financial Intermediation, 2011, 20(2): 199-230.

[65] Giot P, Schwienbacher A. IPOs, trade sales and liquidations: Modelling venture capital exits using survival analysis[J]. Journal of Banking & Finance, 2007, 31(3): 679-702.

[66] Nahata R. Venture capital reputation and investment performance[J]. Journal of Financial Economics, 2008, 90(2): 127-151.

[67] De Clercq D, Dimov D. Internal knowledge development and external knowledge access in venture capital investment performance[J]. Journal of Management Studies, 2008, 45(3): 585-612.

[68] Lerner J. Venture capitalists and the oversight of private firms[J]. The Journal of Finance, 1995, 50(1): 301-318.

[69] Sorenson O, Stuart T. Syndication networks and the spatial distribution of venture capital investments[J]. American Journal of Sociology, 2001, 106(6): 1546-1588.

[70] Fritsch M, Schilder D. Does Venture Capital Investment really Require Spatial Proximity? [D] An Empirical Investigation, Freiberg working papers, 2006.

[71] Megginson W L, Weiss K A. Venture capitalist certification in initial public offerings [J]. The Journal of Finance, 1991, 46(3): 879-903.

[72] Tian X. The role of venture capital syndication in value creation for entrepreneurial firms[J]. Review of Finance, 2012, 16(1): 245-283.

[73] Mote J. Syndication, networks and the growth of venture capital in Philadelphia, 1980—1999[J]. Industry & Innovation, 2011, 18(1): 131-150.

[74] Lerner J. When bureaucrats meet entrepreneurs: The design of effective 'public venture capital' programmes[J]. The Economic Journal, 2002, 112(477): F73-F84.

[75] Alperovych Y, Hübner G, Lobet F. How does governmental versus private venture capital backing affect a firm's efficiency? Evidence from Belgium[J]. Journal of Business Venturing, 2015, 30(4): 508-525.

[76] 姚婷. 政府与私人背景风险投资对企业效率的影响差异研究[D]. 上海: 上海社会科学院, 2017.

［77］Gompers P, Lerner J. The use of covenants: An empirical analysis of venture partnership agreements[J]. The Journal of Law and Economics, 1996, 39(2): 463-498.

［78］Black B S, Gilson R J. Venture capital and the structure of capital markets: Banks versus stock markets[J]. Journal of Financial Economics, 1998, 47(3): 243-277.

［79］Hood N. Public venture capital and economic development: The Scottish experience[J]. Venture Capital, 2000, 2(4): 313-341.

［80］Kortum S, Lerner J. Assessing the contribution of venture capital to innovation[J]. The RAND Journal of Economics, 2000, 31(4): 674.

［81］Munari F, Toschi L. Assessing the impact of public venture capital programmes in the United Kingdom: Do regional characteristics matter?[J]. Journal of Business Venturing, 2015, 30(2): 205-226.

［82］Brander J A, Du Q Q, Hellmann T. The effects of government-sponsored venture capital: International evidence[J]. Review of Finance, 2015, 19(2): 571-618.

［83］Audretsch D B. Standing on the Shoulders of Midgets: The U. S. Small Business Innovation Research Program (SBIR)[J]. Small Business Economics, 2003(2): 129-135.

［84］Feldman M P, Kelley M R. The ex ante assessment of knowledge spillovers: Government R&D policy, economic incentives and private firm behavior[J]. Research Policy, 2006, 35(10): 1509-1521.

［85］Douglas E J, Shepherd D A, Prentice C. Using fuzzy-set qualitative comparative analysis for a finer-grained understanding of entrepreneurship[J]. Journal of Business Venturing, 2020, 35(1): 105970.

［86］宋正刚,张玉利,何良兴.高质量创业：如何提高创业活动创新性：对两家"科技小巨人"企业的跨案例研究[J].科技进步与对策,2019,36(5): 1-10.

［87］谢智敏,王霞,杜运周,等.创业生态系统如何促进城市创业质量：基于模糊集定性比较分析[J].科学学与科学技术管理,2020,41(11): 68-82.

［88］周莉,许佳慧.创业投资对企业技术创新能力的影响[J].山西财经大学学报,2020,42(12): 81-96.

［89］Gompers P, Kovner A, Lerner J. Specialization and success: Evidence from venture capital[J]. Journal of Economics & Management Strategy, 2009, 18(3): 817-844.

［90］Chemmanur T J, Krishnan K, Nandy D K. How does venture capital financing improve efficiency in private firms? A look beneath the surface[J]. The Review of Financial Studies, 2011, 24(12): 4037-4090.

［91］董静,汪立,吴友.风险投资介入与创业企业国际化：基于我国高科技上市公司的实证研究[J].财经研究,2017,43(4): 120-132.

[92] 李善民,杨继彬,钟君煜. 风险投资具有咨询功能吗?:异地风投在异地并购中的功能研究[J]. 管理世界,2019,35(12):164-180.

[93] 温军,冯根福. 风险投资与企业创新:"增值"与"攫取"的权衡视角[J]. 经济研究,2018,53(2):185-199.

[94] 漆苏,刘立春. 新创企业专利对于风险投资决策的影响研究:基于中国创业板企业的实证分析[J]. 科研管理,2020,41(10):227-237.

[95] 操武. 风险投资管理投入与创业企业技术商业化绩效[J]. 中南财经政法大学学报,2020(5):147-156.

[96] 赵淑芳. 创业投资异质性与企业创新绩效关系研究:基于创业板经验数据[J]. 管理现代化,2020,40(6):49-52.

[97] 孙德峰,范从来,胡恒强. 风险投资阶段选择对企业创新能力提升的影响[J]. 商业研究,2020(8):71-81.

[98] 许昊,万迪昉,徐晋. 风险投资、区域创新与创新质量甄别[J]. 科研管理,2017,38(8):27-35.

[99] 唐曼萍,彭馨怡,王运陈. "增值"还是"逐名":风险投资与企业科技创新:基于不同资本背景风险投资的比较研究[J]. 财经科学,2019(9):39-52.

[100] Pierrakis Y, Saridakis G. The role of venture capitalists in the regional innovation ecosystem: A comparison of networking patterns between private and publicly backed venture capital funds[J]. The Journal of Technology Transfer, 2019, 44(3): 850-873.

[101] 成果,陶小马. 政府背景风险投资会促进企业创新吗:基于创业板企业的实证分析[J]. 科技进步与对策,2018,35(23):99-105.

[102] 王珍义,苏丽,陈璐. 中小高新技术企业政治关联与技术创新:以外部融资为中介效应[J]. 科学学与科学技术管理,2011,32(5):48-54,135.

[103] 罗明新. 企业政治关联影响技术创新的作用机理研究:多重理论整合的视角[J]. 科技管理研究,2015,35(20):21-27.

[104] 乐菲菲,张金涛,修浩鑫. 高管政治关联会导致创业板企业上市后创新绩效"变脸"吗?[J]. 经济与管理,2018,32(1):73-79,86.

[105] 陈鑫,陈德棉,乔明哲. 国有风险投资真的低效吗?:基于区域技术进步的视角[J]. 经济与管理研究,2019,40(1):51-63.

[106] 马嫣然,蔡建峰,王淼. 风险投资背景、持股比例对初创企业技术创新产出的影响:研发投入的中介效应[J]. 科技进步与对策,2018,35(15):1-8.

[107] 章妍珊. 我国财政引导基金的引导效应研究[D]. 广州:华南理工大学,2019.

[108] 黄嵩,倪宣明,张俊超,等. 财政引导基金能促进技术创新吗?:基于我国科技型初创企业的实证研究[J]. 管理评论,2020,32(3):110-121.

[109] 黄福广,张慧雪,彭涛,等. 国有资本如何有效参与风险投资:基于引导与直投的比较证据[J/OL]. 研究与发展管理:1-14[2021-03-31]. https://doi.org/10.13581/j.cnki.rdm.20190852.

[110] 蔡地,陈振龙,刘雪萍. 风险投资对创业企业研发活动的影响研究[J]. 研究与发展管理,2015,27(5):1-11.

[111] Bertoni F, Tykvová T. Does governmental venture capital spur invention and innovation? Evidence from young European biotech companies[J]. Research Policy, 2015, 44(4):925-935.

[112] 苟燕楠,董静. 风险投资背景对企业技术创新的影响研究[J]. 科研管理,2014,35(2):35-42.

[113] James A Brander, Edward J Egan, Thomas F Hellmann. Government sponsored versus private venture capital:Canadian evidence[R]. NBER Working Paper, 2008,No14029.

[114] 刘亮,刘碧波. 政府参与和民间资本进入风险投资行业的关系研究[J]. 运筹与管理,2008,17(5):101-107.

[115] 张岭,张田莉,张胜. 风险投资对技术创新绩效的影响研究:基于政府干预的调节作用[J]. 科技管理研究,2021,41(3):100-108.

[116] Lerner J. The syndication of investment[J]. Finance Management, 1994, 49(2):371-402.

[117] Bachmann R, Schindele I. Theft and Syndication in Venture Capital Finance[J]. Journal of Economics and Management Strategy, 2010.

[118] Admati A R, Pfleiderer P. Robust financial contracting and the role of venture capitalists[J]. The Journal of Finance, 1994, 49(2):371-402.

[119] Cumming D J. Robust financial contracting among syndicated venture capitalists[J]. Review of Finance, 2000(8):74-108.

[120] 孟卫东,王利明,熊维勤. 创业投资引导基金中公共资本对私人资本的补偿机制[J]. 系统工程理论与实践,2010,30(9):1572-1578.

[121] Hart O, Moore J. Property rights and the nature of the firm[J]. Journal of Political Economy, 1990, 98(6):1119-1158.

[122] Aghion P, Bolton P. An incomplete contracts approach to financial contracting[J]. The Review of Economic Studies, 1992, 59(3):473-494.

[123] Chan Y S, Siegel D, Thakor A V. Learning, corporate control and performance requirements in venture capital contracts[J]. International Economic Review, 1990, 31(2):365-381.

[124] Dewatripont M, Tirole J. A theory of debt and equity: Diversity of securities and manager-shareholder congruence[J]. The Quarterly Journal of Economics, 1994, 109(4): 1027-1054.

[125] 王声凑,曾勇. 现金流权不一致、利益冲突与控制权阶段转移[J]. 管理科学学报, 2010, 13(9): 76-86.

[126] Kaplan S, Strömberg P. How do venture capitalists choose investments? [R]. Chicago: Graduate School of Business, University of Chicago, Working paper, 2000.

[127] 吴斌,刘灿辉. 风险企业高管人力资本特征与控制权配置关系研究:来自深圳中小板的证据[J]. 软科学, 2010, 24(10): 113-117.

[128] 吴斌,黄明峰. 企业绩效、高管人力资本特征与控制权配置:基于我国中小企业板风险企业的经验数据[J]. 中国软科学, 2011, (4): 161-174.

[129] Baker M, Gompers P. An analysis of executive compensation ownership and control in closely held firms[R]. Cambridge: Harvard business school, Working paper, 1999.

[130] Schmidt K M. Convertible securities and venture capital finance[J]. The Journal of Finance, 2003, 58(3): 1139-1166.

[131] 吴斌,徐小新,何建敏. 双边道德风险与可转换债券设计[J]. 管理科学学报, 2012, 15(1): 12-21.

[132] Cumming D J. United states venture capital contracting: Foreign securities-Advances in Financial Economics, forthcoming [EB/OL]. http://ssrn.com/author=75390, 2002.

[133] Gompers P, Kovner A, Lerner J, et al. Venture capital investment cycles: The impact of public markets[J]. Journal of Financial Economics, 2008, 87(1): 1-23.

[134] Cooper R, Ross T W. Product warranties and double moral hazard[J]. The RAND Journal of Economics, 1985, 16(1): 103.

[135] Cumming D J, MacIntosh J G. Crowding out private equity: Canadian evidence[J]. Journal of Business Venturing, 2006, 21(5): 569-609.

[136] Lerner J. The future of public efforts to boost entrepreneurship and venture capital[J]. Small Business Economics, 2010, 35(3): 255-264.

[137] 丛菲菲,李曜,谷文臣. 政府创业投资引导基金的引导效应研究[J]. 财贸经济, 2019, 40(10): 95-110.

[138] Jaynes E T. Information theory and statistical mechanics. II[J]. Physical Review, 1957, 108(2): 171-190.

[139] Mirowski P. Physics and the 'marginalist revolution'[J]. Cambridge Journal of Economics, 1984, 8(4): 361-379.

[140] Boumans M. A case of limited physics transfer: Tinbergen's resources for re-shaping economics [M]. University of Amsterdam, 1992.

[141] Chen S H, Li S P. Econophysics: Bridges over a turbulent current[J]. International Review of Financial Analysis, 2012, 23: 1-10.

[142] Benhabib J. Cycles and chaos in economic equilibrium[M]. Princeton, NJ: Princeton University Press, 1992.

[143] Duan J C. The garch option pricing model[J]. Mathematical Finance, 1995, 5(1): 13-32.

[144] McCauley J L, Gunaratne G H. An empirical model of volatility of returns and option pricing[J]. Physica A: Statistical Mechanics and Its Applications, 2003, 329(1/2): 178-198.

[145] Mandelbrot B. The pareto-levy law and the distribution of income[J]. International Economic Review, 1960, 1(2): 79.

[146] Simon H A, Bonini C P. The size distribution of business firms[J]. The American Economic Review, 1958, 48(4): 607-617.

[147] Osborne M F M. Brownian motion in the stock market[J]. Operations Research, 1959, 7(2): 145-173.

[148] Keenan D C, O'Brien M J. Competition, collusion, and chaos[J]. Journal of Economic Dynamics and Control, 1993, 17(3): 327-353.

[149] Leydesdorff L. The complex dynamics of technological innovation: A comparison of models using cellular automata[J]. Systems Research and Behavioral Science, 2002, 19(6): 563-575.

[150] Chakraborti A, Chakrabarti B K. Statistical mechanics of money: How saving propensity affects its distribution[J]. The European Physical Journal B — Condensed Matter and Complex Systems, 2000, 17(1): 167-170.

[151] Dragulescu A, Yakovenko V M. Statistical mechanics of money[J]. The European Physical Journal B — Condensed Matter and Complex Systems, 2000, 17(4): 723-729.

[152] Cont R, Bouchaud J P. Herd behavior and aggregate fluctuations in financial markets [J]. Macroeconomic Dynamics, 2000, 4(2):170-196.

[153] Iori G. Avalanche dynamics and trading friction effects on stock market returns[J]. International Journal of Modern Physics C, 1999, 10(6): 1149-1162.

[154] Iori G. A microsimulation of traders activity in the stock market: The role of heterogeneity, agents' interactions and trade frictions[J]. Journal of Economic Behavior & Or-

ganization, 2002, 49(2): 269-285.

[155] Sornette D, Zhou W X. Importance of positive feedbacks and overconfidence in a self-fulfilling Ising model of financial markets[J]. Physica A: Statistical Mechanics and Its Applications, 2006, 370(2): 704-726.

[156] Zaklan G, Westerhoff F, Stauffer D. Analysing tax evasion dynamics via the Ising model[J]. Journal of Economic Interaction and Coordination, 2009, 4(1): 1-14.

[157] Bala V, Goyal S. A noncooperative model of network formation[J]. Econometrica, 2000, 68(5): 1181-1229.

[158] Battiston S, Rodrigues J F, Zeytinoglu H. The network of inter-regional direct investment stocks across Europe[J]. Advances in Complex Systems, 2007, 10(1): 29-51.

[159] Aoyama H, Fujiwara Y, Ikeda Y, Iyetomi H, Souma W, Yoshikawa H. Econophysics and companies: Statistical life and death in complex business networks [M]. Springer, 2010.

[160] Kogut B, Urso P, Walker G. Emergent properties of a new financial market: American venture capital syndication, 1960—2005[J]. Management Science, 2007, 53(7): 1181-1198.

[161] Mizuno T, Takayasu H, Takayasu M. Correlation networks among currencies[J]. Physica A: Statistical Mechanics and Its Applications, 2006, 364: 336-342.

[162] Fagiolo G, Reyes J, Schiavo S. The evolution of the world trade web: A weighted-network analysis[J]. Journal of Evolutionary Economics, 2010, 20(4): 479-514.

[163] Gallegati M, Keen S, Lux T, et al. Worrying trends in econophysics[J]. Physica A: Statistical Mechanics and Its Applications, 2006, 370(1): 1-6.

[164] Yakovenko V M, Rosser J B. Colloquium: Statistical mechanics of money, wealth, and income[J]. Reviews of Modern Physics, 2009, 81(4): 1703-1725.

[165] 哈罗德·拉斯韦尔(Harold Lasswell). 社会传播的结构与功能[M]. 北京：中国传媒大学出版社,2013.

[166] 沃纳·赛佛林(Werner J. Severin),小詹姆斯·坦卡德(James W. TankardJr). 郭传播理论：起源、方法与应用[M]. 郭镇之,等译. 北京：华夏出版社,2000.

[167] 魏玖长,周磊,赵定涛. 基于BASS模型的危机信息扩散模式[J]. 系统工程,2011,29(9): 16-22.

[168] Shi Y Y, Zeng Y C, Engo J, et al. Leveraging inter-firm influence in the diffusion of energy efficiency technologies: An agent-based model[J]. Applied Energy, 2020, 263: 114641.

[169] Hsiao J P H, Jaw C, Huan T C. Information diffusion and new product consumption:

A bass model application to tourism facility management[J]. Journal of Business Research, 2009, 62(7): 690-697.

[170] 李萧薇,刘铁忠,鲁云蒙. 基于BASS模型的公众危化品危害信息扩散行为研究[J]. 管理学报,2019,16(11): 1703-1711.

[171] Watts D J. Networks, dynamics, and the small-world phenomenon[J]. American Journal of Sociology, 1999, 105(2): 493-527.

[172] Garber T, Goldenberg J, Libai B, et al. From density to destiny: Using spatial dimension of sales data for early prediction of new product success[J]. Marketing Science, 2004, 23(3): 419-428.

[173] Watts D J, Strogatz S H. Collective dynamics of 'small-world' networks[J]. Nature, 1998, 393: 440-442.

[174] Dholakia U M, Bagozzi R P, Pearo L K. A social influence model of consumer participation in network- and small-group-based virtual communities[J]. International Journal of Research in Marketing, 2004, 21(3): 241-263.

[175] Granovetter M S. The strength of weak ties[J]. American Journal of Sociology, 1973, 78(6): 1360-1380.

[176] Jeffry A. Timmons. 创业学[M]. 6版. 北京: 人民邮电出版社,2011.

[177] 齐玮娜. 创业质量的理论与实证研究[D]. 广州: 暨南大学,2015.

[178] 谢智敏,王霞,杜运周,等. 创业生态系统如何促进城市创业质量: 基于模糊集定性比较分析[J]. 科学学与科学技术管理,2020,41(11): 68-82.

[179] Gries T, Naudé W. Entrepreneurship and human development: A capability approach [J]. Journal of Public Economics, 2011, 95(3/4): 216-224.

[180] Wu B, Liu P F, Xu X F. An evolutionary analysis of low-carbon strategies based on the government-enterprise game in the complex network context[J]. Journal of Cleaner Production, 2017, 141: 168-179.

[181] Wang Q, Wang H C, Zhang Z X, et al. Heterogeneous investments promote cooperation in evolutionary public goods games[J]. Physica A: Statistical Mechanics and Its Applications, 2018, 502: 570-575.

[182] Xu L, Cao X B, Du W B, et al. Effects of taxation on the evolution of cooperation[J]. Chaos, Solitons & Fractals, 2018, 113: 63-68.

[183] 张成思,郑宁. 中国实业部门金融化的异质性[J]. 金融研究,2019(7): 1-18.

[184] Rabinovich J. The financialization of the non-financial corporation. A critique to the financial turn of accumulation hypothesis[J]. Metroeconomica, 2019, 70(4): 738-775.

[185] Davis L E. Identifying the "financialization" of the nonfinancial corporation in the U. S.

economy: A decomposition of firm-level balance sheets[J]. Journal of Post Keynesian Economics, 2016, 39(1): 115-141.

[186] 刘珺,盛宏清,马岩. 企业部门参与影子银行业务机制及社会福利损失模型分析[J]. 金融研究,2014(5): 96-109.

[187] 张成思,张步昙. 中国实业投资率下降之谜: 经济金融化视角[J]. 经济研究,2016,51(12): 32-46.

[188] Tori D, Onaran Ö. The effects of financialization on investment: Evidence from firm-level data for the UK[J]. Cambridge Journal of Economics, 2018, 42(5): 1393-1416.

[189] Seo H J, Kim H S, Kim Y C. Financialization and the slowdown in Korean firms' R&D investment[J]. Asian Economic Papers, 2012, 11(3): 35-49.

[190] 王红建,李茫茫,汤泰劼. 实体企业跨行业套利的驱动因素及其对创新的影响[J]. 中国工业经济,2016(11): 73-89.

[191] 彭俞超,倪骁然,沈吉. 企业"脱实向虚"与金融市场稳定: 基于股价崩盘风险的视角[J]. 经济研究,2018,53(10): 50-66.

[192] 张成思. 金融化的逻辑与反思[J]. 经济研究,2019,54(11): 4-20.

[193] 张成思,张步昙. 再论金融与实体经济: 经济金融化视角[J]. 经济学动态,2015(6): 56-66.

[194] 杨筝,王红建,戴静,等. 放松利率管制、利润率均等化与实体企业"脱实向虚"[J]. 金融研究,2019(6): 20-38.

[195] Kang W S, Lee K, Ratti R A. Economic policy uncertainty and firm-level investment[J]. Journal of Macroeconomics, 2014, 39: 42-53.

[196] 彭俞超,韩珣,李建军. 经济政策不确定性与企业金融化[J]. 中国工业经济,2018(1): 137-155.

[197] Ali Akkemik K, Özen Ş. Macroeconomic and institutional determinants of financialisation of non-financial firms: Case study of Turkey[J]. Socio-Economic Review, 2014, 12(1): 71-98.

[198] 顾雷雷,郭建鸾,王鸿宇. 企业社会责任、融资约束与企业金融化[J]. 金融研究,2020(2): 109-127.

[199] 杜勇,谢瑾,陈建英. CEO金融背景与实体企业金融化[J]. 中国工业经济,2019(5): 136-154.

[200] 吴斌,施瑶. 风险投资参与是否影响企业纳税筹划的积极性?: 基于中国资本市场的经验证据[J]. 审计与经济研究,2016,31(1): 110-118.

[201] Stulz R M. Ethinking Risk Management[J]. Journal of Applied Corporate Finance, 2010, 9: 8-25.

[202] 胡奕明,王雪婷,张瑾. 金融资产配置动机:"蓄水池"或"替代"?:来自中国上市公司的证据[J]. 经济研究,2017,52(1):181-194.

[203] Duchin R, Gilbert T, Harford J, et al. Precautionary savings with risky assets: When cash is not cash[J]. The Journal of Finance, 2017, 72(2): 793-852.

[204] Krishnan K, Nandy D K, Puri M. Does financing spur small business productivity? evidence from a natural experiment[J]. The Review of Financial Studies, 2015, 28(6): 1768-1809.

[205] Kliman A, Williams S D. Why 'financialisation' hasn't depressed US productive investment[J]. Cambridge Journal of Economics, 2015, 39(1): 67-92.

[206] Gehringer A. Growth, productivity and capital accumulation: The effects of financial liberalization in the case of European integration[J]. International Review of Economics & Finance, 2013, 25: 291-309.

[207] 杜勇,张欢,陈建英. 金融化对实体企业未来主业发展的影响:促进还是抑制[J]. 中国工业经济,2017(12):113-131.

[208] Orhangazi Ö. Financialisation and capital accumulation in the non-financial corporate sector: A theoretical and empirical investigation on the US economy: 1973-2003[J]. Cambridge Journal of Economics, 2008, 32(6): 863-886.

[209] Demir F. Financial liberalization, private investment and portfolio choice: Financialization of real sectors in emerging markets[J]. Journal of Development Economics, 2009, 88(2): 314-324.

[210] 董静,汪江平,翟海燕,等. 服务还是监控:风险投资机构对创业企业的管理:行业专长与不确定性的视角[J]. 管理世界,2017(6):82-103.

[211] Wang C K, Wang K M, Lu Q. Effects of venture capitalists' participation in listed companies[J]. Journal of Banking & Finance, 2003, 27(10): 2015-2034.

[212] 文春晖,任国良. 虚拟经济与实体经济分离发展研究:来自中国上市公司 2006—2013 年的证据[J]. 中国工业经济,2015(12):115-129.

[213] 王垒,曲晶,赵忠超,等. 组织绩效期望差距与异质机构投资者行为选择:双重委托代理视角[J]. 管理世界,2020,36(7):132-152.

[214] Bena J, Ferreira M A, Matos P, et al. Are foreign investors locusts? The long-term effects of foreign institutional ownership[J]. Journal of Financial Economics, 2017, 126(1): 122-146.

[215] 李越冬,严青. 机构持股、终极产权与内部控制缺陷[J]. 会计研究,2017(5):83-89.

[216] Hui K W, Klasa S, Yeung P E. Corporate suppliers and customers and accounting conservatism[J]. Journal of Accounting and Economics, 2012, 53(1/2): 115-135.

[217] Gompers P A. Grandstanding in the venture capital industry[J]. Journal of Financial Economics,1996,42(1):133-156.

[218] 曾庆生,陈信元,洪亮. 风险投资入股、首次过会概率与 IPO 耗时:来自我国中小板和创业板的经验证据[J]. 管理科学学报,2016,19(9):18-33.

[219] 杨瑞龙,王元,聂辉华. "准官员"的晋升机制:来自中国央企的证据[J]. 管理世界,2013(3):23-33.

[220] 苏丹妮,盛斌,邵朝对. 产业集聚与企业出口产品质量升级[J]. 中国工业经济,2018(11):117-135.

[221] Harford J, Klasa S, Maxwell W F. Refinancing risk and cash holdings[J]. The Journal of Finance,2014,69(3):975-1012.

[222] 黄群慧. 论新时期中国实体经济的发展[J]. 中国工业经济,2017(9):5-24.

[223] 宋军,陆旸. 非货币金融资产和经营收益率的 U 形关系:来自我国上市非金融公司的金融化证据[J]. 金融研究,2015(6):111-127.

[224] 闫海洲,陈百助. 产业上市公司的金融资产:市场效应与持有动机[J]. 经济研究,2018,53(7):152-166.

[225] 吴超鹏,吴世农,程静雅,等. 风险投资对上市公司投融资行为影响的实证研究[J]. 经济研究,2012(1):105-119,160.

[226] 陈思,何文龙,张然. 风险投资与企业创新:影响和潜在机制[J]. 管理世界,2017(1):158-169.

[227] Haveman H A, Jia N, Shi J, et al. The dynamics of political embeddedness in China [J]. Administrative Science Quarterly,2017,62(1):67-104.

[228] 连燕玲,叶文平,刘依琳. 行业竞争期望与组织战略背离:基于中国制造业上市公司的经验分析[J]. 管理世界,2019,35(8):155-172.

[229] Hambrick D C, Mason P A. Upper echelons:The organization as a reflection of its top managers[J]. Academy of Management Review,1984,9(2):193-206.

[230] Hambrick D C. Upper echelons theory:An update[J]. Academy of Management Review,2007,32(2):334-343.

[231] Marquis C, Tilcsik A. Imprinting:Toward a multilevel theory[J]. Academy of Management Annals,2013,7(1):195-245.

[232] Mathias B D, Williams D W, Smith A R. Entrepreneurial inception:The role of imprinting in entrepreneurial action[J]. Journal of Business Venturing,2015,30(1):11-28.

[233] 韩忠雪,崔建伟,王闪. 技术高管提升了企业技术效率吗?[J]. 科学学研究,2014,32(4):559-568.

[234] 王士红. 所有权性质、高管背景特征与企业社会责任披露：基于中国上市公司的数据[J]. 会计研究, 2016(11)：53-60.

[235] Giannetti M, Liao G M, Yu X Y. The brain gain of corporate boards：Evidence from China[J]. The Journal of Finance, 2015, 70(4)：1629-1682.

[236] Dittmar A, Duchin R. Looking in the rearview mirror：The effect of managers' professional experience on corporate financial policy[J]. The Review of Financial Studies, 2016, 29(3)：565-602.

[237] Malmendier U, Tate G, Yan J. Overconfidence and early-life experiences：The effect of managerial traits on corporate financial policies[J]. The Journal of Finance, 2011, 66(5)：1687-1733.

[238] Mehta D, Klengel T, Conneely K N, et al. Childhood maltreatment is associated with distinct genomic and epigenetic profiles in posttraumatic stress disorder[J]. Proceedings of the National Academy of Sciences of the United States of America, 2013, 110(20)：8302-8307.

[239] 许年行, 李哲. 高管贫困经历与企业慈善捐赠[J]. 经济研究, 2016, 51(12)：133-146.

[240] Feng X N, Johansson A C. Living through the Great Chinese Famine：Early-life experiences and managerial decisions[J]. Journal of Corporate Finance, 2018, 48：638-657.

[241] 刘贯春, 张军, 刘媛媛. 金融资产配置、宏观经济环境与企业杠杆率[J]. 世界经济, 2018, 41(1)：148-173.

[242] Kaplan S N, Stromberg P. Financial contracting theory meets the real world：An empirical analysis of venture capital contracts[J]. Review of Economic Studies, 2003, 70(2)：281-315.

[243] Hellmann T, Puri M. The interaction between product market and financing strategy：The role of venture capital[J]. The Review of Financial Studies, 2000, 13(4)：959-984.

[244] Brander J A, Amit R, Antweiler W. Venture-capital syndication：Improved venture selection vs. the value-added hypothesis[J]. Journal of Economics & Management Strategy, 2002, 11(3)：423-452.

[245] Lerner J. The syndication of venture capital investments[J]. Financial Management, 1994, 23(3)：16.

[246] Lockett A, Wright M. The syndication of private equity：Evidence from the UK[J]. Venture Capital, 1999, 1(4)：303-324.

[247] 吴斌, 徐小新, 何建敏. 双边道德风险与风险投资企业可转换债券设计[J]. 管理科学

学报,2012,15(1):11-21.

[248] Peneder M. The impact of venture capital on innovation behaviour and firm growth[J]. Venture Capital, 2010, 12(2):83-107.

[249] Wright M, Lockett A. The structure and management of alliances: Syndication in the venture capital industry[J]. Journal of Management Studies, 2003, 40(8):2073-2102.

[250] 党兴华,贺利平,王雷. 基于典型相关的风险企业控制权结构与企业成长能力的实证研究[J]. 软科学,2008,22(4):136-139,144.

[251] Cumming D, Walz U. Private equity returns and disclosure around the world[J]. Journal of International Business Studies, 2010, 41(4):727-754.

[252] Bruining H, Verwaal E. Successful management buyouts: Are they really more entrepreneurial? [R]. Erim Report Series Research In Management,working paper,2005.

[253] Gompers P, Ishii J, Metrick A. Corporate governance and equity prices[J]. The Quarterly Journal of Economics, 2003, 118(1):107-156.

[254] 胡志颖,周璐,刘亚莉. 风险投资、联合差异和创业板IPO公司会计信息质量[J]. 会计研究,2012(7):48-56.

[255] McConnell J J, Servaes H. Additional evidence on equity ownership and corporate value[J]. Journal of Financial Economics, 1990, 27(2):595-612.

[256] 李汉涯,袁超文,蒋天. 风险投资与企业创新:基于中国中小板上市公司的研究[J]. 金融学季刊,2017,11(1):103-124.

[257] 程聪慧,王斯亮. 创业投资财政引导基金能引导创业企业创新吗?[J]. 科学学研究,2018,36(8):1466-1473.

[258] 乐怡婷,李慧慧,李健. 高管持股对创新可持续性的影响研究:兼论高管过度自信与产权性质的调节效应[J]. 科技进步与对策,2017,34(2):139-146.

[259] 谭庆美,刘楠,董小芳. CEO权力、产权性质与创新绩效[J]. 哈尔滨工业大学学报(社会科学版),2015,17(3):126-134.

[260] 王旭. 债权治理、创新激励二元性与企业创新绩效:关系型债权人视角下的实证检验[J]. 科研管理,2017,38(3):1-10.

[261] 陈海声,刘四娟. 产权性质、政府R和D补贴与企业价值研究[J]. 财会通讯,2015(6):56-59,129.

[262] 赵晶,李林鹏,祝丽敏. 产学研合作与企业创新:基于企业博士后工作站的研究[J]. 中国人民大学学报,2020,34(2):97-113.

[263] 桂黄宝,李航. 政府补贴、产权性质与战略性新兴产业创新绩效:来自上市挂牌公司微观数据的分析[J]. 科技进步与对策,2019,36(14):69-75.

[264] 刘继兵,王定超,夏玲. 政府补助对战略性新兴产业创新效率影响研究[J]. 科技进步与对策,2014,31(23):56-61.

[265] 余琰,罗炜,李怡宗,等. 国有风险投资的投资行为和投资成效[J]. 经济研究,2014,49(2):32-46.

[266] Cavallo E, Daude C. Public investment in developing countries: A blessing or a curse?[J]. Journal of Comparative Economics, 2011, 39(1): 65-81.

[267] Wang T Y, Thornhill S, De Castro J O. Entrepreneurial orientation, legitimation, and new venture performance[J]. Strategic Entrepreneurship Journal, 2017, 11(4): 373-392.

[268] 余海跃,康书隆. 地方政府债务扩张、企业融资成本与投资挤出效应[J]. 世界经济,2020,43(7):49-72.

[269] 张杰,周晓艳,李勇. 要素市场扭曲抑制了中国企业 R 和 D?[J]. 经济研究,2011,46(8):78-91.

[270] 陈言,郭琪. 融资约束影响企业行为的作用机制研究[J]. 理论学刊,2019(2):80-86.

[271] 戴魁早,刘友金. 要素市场扭曲与创新效率:对中国高技术产业发展的经验分析[J]. 经济研究,2016,51(7):72-86.

[272] 蒋蕴春. 风险投资行为对创业板上市公司创新能力影响机制的研究[D]. 南京:南京大学,2019.

[273] 刘刚,李佳,梁晗. 股权结构、产权性质与债券融资成本:基于中国上市公司的实证研究[J]. 经济理论与经济管理,2020(3):34-50.

[274] 王靖宇,张宏亮. 债务融资与企业创新效率:基于《物权法》自然实验的经验证据[J]. 中国软科学,2020(4):164-173.

[275] 王兰芳,胡悦. 创业投资促进了创新绩效吗?:基于中国企业面板数据的实证检验[J]. 金融研究,2017(1):177-190.

[276] Aiken L S, West S G, Reno R R. Multiple regression: testing and interpreting interactions[M]. Newbury Park, Calif.: Sage Publications, 1991.

[277] Brander James A, Du Qianqian, Hellmann Tomas F. Government as Venture Capitalists: Striking the Right Balance[R]. The Goble Economic Impact of Private Equity Report,2010:27-38.

[278] 陈金勇,汤湘希,赵华,等. 终极所有权结构差异、两权分离程度与自主创新[J]. 山西财经大学学报,2013,35(10):81-91.

[279] 刘焕鹏,童乃文. 政府债务如何影响高技术产业创新:基于调节效应与门槛效应的经验证据[J]. 山西财经大学学报,2019,41(9):45-60.

[280] 谭小芬,李源,王可心. 金融结构与非金融企业"去杠杆"[J]. 中国工业经济,2019(2):

23-41.

[281] 杨文君,何捷,陆正飞. 家族企业股权制衡度与企业价值的门槛效应分析[J]. 会计研究,2016(11):38-45.

[282] Bygrave W D. Syndicated investments by venture capital firms: A networking perspective[J]. Journal of Business Venturing, 1987, 2(2):139-154.

[283] Hopp C, Rieder F. What drives venture capital syndication? [J]. Applied Economics, 2011, 43(23):3089-3102.

[284] 谢科范,彭华涛,谢冰. 联合风险投资的风险不守恒分析[J]. 财经理论与实践,2004,25(3):43-46.

[285] Pierrakis Y, Saridakis G. Do publicly backed venture capital investments promote innovation? Differences between privately and publicly backed funds in the UK venture capital market[J]. Journal of Business Venturing Insights, 2017, 7:55-64.

[286] Smith J K, Smith L S. Entrepreneurial Finance[M]. New York: Wiley, 2000.

[287] Brander J A, Amit R, Antweiler W. Venture-capital syndication: Improved venture selection vs. the value-added hypothesis[J]. Journal of Economics & Management Strategy, 2002, 11(3):423-452.

[288] 潘庆华,达庆利. 创业投资公司联合投资的动因及合作策略的选择[J]. 经济问题探索,2006,4:63-68.

[289] Hochberg Y V, Ljungqvist A, Lu Y. Networking as a barrier to entry and the competitive supply of venture capital[J]. The Journal of Finance, 2010, 65(3):829-859.

[290] Lerner J. When bureaucrats meet entrepreneurs: The design of effective 'public venture capital' programmes[J]. The Economic Journal, 2002, 112(477):F73-F84.

[291] 吴志贞. 风投背景、上市资格与长期业绩[D]. 厦门:厦门大学,2014.

[292] 刘刚,梁晗,殷建瓴. 风险投资声誉、联合投资与企业创新绩效:基于新三板企业的实证分析[J]. 中国软科学,2018(12):110-125.

[293] 金永红,奚玉芹. 风险投资中的联合投资机制研究[J]. 商业研究,2006,18:169-172.

[294] 吴斌,曾韵,王惠兰. 客户经理胜任力特征分析:基于江苏省城市商业银行的调查[J]. 金融论坛,2012,17(4):63-68.